할리우드가 독일 영화와 문학을 만났을 때

이광복

서울대학교 사범대학 독어교육과 및 인문대학 독어독문학과 대학원(석사)을 졸업하고 독일 지겐대학교(Siegen
Uni.)에서 하이네 연구로 박사학위를 받았다. 저서로《Heine: Rezeption – Vermittlung – Reflexion》(Peter
Lang),《독일 현대문학의 이해》(공저, 서울대학교 출판문화원),《독일어권 문화 II》(공저, 서울대학교 출판문화원),
《영화예술의 이해》(샘물) 등이 있으며, 독일 문학, 문학교육, 독일 영화 및 할리우드 영화 등에 관한 다수의 논문을
발표했다. 현재 목포대학교 인문대학 독일언어문화학과 교수로 재직 중이며, 미국 위스콘신대학교 독문과 방문교수를
지냈고, 한국독일언어문학회 회장, 한국독어독문학회 부회장, 목포대학교 기획처장 등을 역임했다.

할리우드가 독일 영화와 문학을 만났을 때

2020년 4월 25일 초판 인쇄
2020년 4월 30일 초판 발행

지은이 | 이광복
교정교열 | 정난진
펴낸이 | 이찬규
펴낸곳 | 북코리아
등록번호 | 제03-01240호
주소 | 13209 경기도 성남시 중원구 사기막골로 45번길 14
       우림2차 A동 1007호
전화 | 02-704-7840
팩스 | 02-704-7848
이메일 | sunhaksa@korea.com
홈페이지 | www.북코리아.kr
ISBN | 978-89-6324-700-7(93680)

값 17,000원

* 이 저서는 2015년 정부(교육부)의 재원으로 한국연구재단의 지원을 받아 수행된 연구입니다(NRF-2015S1A6A4A01014305).

할리우드가
독일 영화와 문학을
만났을 때

이광복 지음

불코
리아

책머리에

생각해보면 영화에 대한 필자의 관심은 그 뿌리가 꽤 깊다. 물론 그 것이 대단한 성과로 연결된 것은 아니지만 말이다. 1992년 독일 유학길 에 올랐던 필자는 지겐대학교 독문과 헬무트 샨체Helmut Schanze 교수의 연구실을 찾았다. 그는 당시 독일 낭만주의 전문가로 매체학 연구를 선 도하고 있었다. 샨체 교수는 필자가 하인리히 하이네를 문학교수법의 관 점에서 연구해보겠다는 의사를 조심스럽게 피력하자 대뜸 '상호문화성', '상호매체성', '상호텍스트성'이라는 개념을 제시하면서 연구의 이론적 틀로 삼을 것을 제안했다.

이후 필자의 연구는 이 세 가지 개념을 중심으로 이루어졌다고 해 도 과언이 아니다. 박사학위논문《하이네: 수용 – 중개 – 성찰》은 상호문 화적 · 상호매체적 · 상호텍스트적 관점에서 하이네의 수용을 고찰했으 며, 대학에 재직하면서 발표한 연구논문《하이네 수용과 상호문화적 성 찰》,《'텍스트'에서 '하이퍼텍스트'로: 매체의 변화와 그것의 문학교수법 적 수용에 대하여》,《문화적 기억과 상호텍스트성, 그리고 문학교육》등도 '상호문화성', '상호매체성', '상호텍스트성' 개념을 적용했다.

이와 함께 필자의 관심은 독일 문학에 바탕을 둔 영화들에 집중되었다. 소위 말하는 '문학작품의 영화화'는 인쇄 텍스트와 영상매체가 만나고 어긋나는 지점들을 '상호매체성'의 관점에서 분석하기에 좋은 대상이라고 생각했기 때문이다. 결과물로《문학교육과 미디어-'문학작품의 영화화': 〈칠레의 지진〉을 중심으로》,《문학교육의 대상으로서 '문학작품의 영화화'》,《독일 아동 및 청소년 문학의 '영화화'》등을 내놓았다.

그리고 2007년 미국 위스콘신 대학의 방문교수로 체류하면서 영화에 대한 관심의 폭을 할리우드로까지 확대했다. 특히 이때 필자는 할리우드 취향을 보인 독일 출신의 감독들, 즉 볼프강 페테르센, 퍼시 애들런, 롤란트 에머리히, 톰 티크베어를 집중 조명한 크리스틴 하세의《할리우드가 고향을 만났을 때》라는 책을 접하고 독일 영화와 할리우드 영화가 만나는 지점들을 깊이 있게 고찰해보려는 계획을 세웠다.

하지만 이 계획은 목포대학교의 기획처장, 교육혁신개발원장 등을 역임하면서 마냥 뒤로 미루어졌다. 그러다가 2015년 한국연구재단의 저술출판지원사업에 선정된 것을 계기로 이 계획을 다시 실행에 옮길 수 있었고, 오늘에야 비로소 이 책을 세상에 내놓게 되었다.

이 책은 먼저 '트랜스내셔널' 영화사를 지향하는 입장에서 독일 영화와 할리우드 영화가 맺어온 관계의 역사를 살펴보고자 했다. 무엇보다 영화의 탄생 초기부터 어떤 교류가 있었고, 할리우드로 망명한 독일어권 영화인들이 어떤 역할을 했으며, 그들이 만든 할리우드 영화에는 어떤 것들이 있는가에 대해 주목했다. 그리고 1930년 마일스톤의 〈서부전선 이상 없다〉를 시작으로 해서 독일 문학을 수용한 할리우드 영화들을 분석하면서 독일 문학이 할리우드와 만났을 때 어떤 일이 일어났는가를 심층적으로 살펴보는 데 많은 시간과 지면을 할애했다. 이 경우 특히 독일적인 것과 할리우드적인 것이 영화에서 어떤 형식으로 드러났는지에 주목했다.

필자는 독일 문학이나 영화를 전공하는 이들뿐만 아니라 이에 관심 있는 일반인들을 염두에 두고 이 책을 집필했다. 이것은 교양서 출판지원사업을 따로 마련하여 학문적 성과를 폭넓게 확산하려 한 한국연구재단의 사업 의도에 부합하는 것이기도 하다. 곧 이 책은 굳이 이름 붙이자면 '진중한 교양서'로 기획된 셈이다.

따라서 필자는 특히 독일어권 문학을 수용한 할리우드 영화들을 분석할 때 이런 기획 의도를 벗어나지 않으려고 노력했다. 줄거리를 먼저 소개한 다음에 문학과 영화의 분석을 시도하고 영화이론적인 논의는 되도록 제외했으며, 이해를 돕기 위해 해당 영화의 포스터나 특징적인 영상 이미지를 가능한 한 많이 제시하려고 한 것도 바로 이런 이유에서였다.

그러함에도 불구하고 이 책이 '서가의 장식품'으로 전락한다면 책임은 전적으로 필자의 몫일 것이다. 우리나라에서 지금까지 한 번도 시도되지 않았던, 독일 영화와 문학의 할리우드와의 만남을 종합적으로 기술했다는 데서 스스로 위안을 얻을 수 있을지 모르지만 말이다.

끝으로 이 책이 나오기까지 도움을 준 이들에게 감사의 마음을 전하고 싶다. 우선 가족의 고마움을 잊을 수 없다. 바쁜 일상에도 불구하고 묵묵히 응원해준 아내와 할리우드 고전 영화들을 볼 수 있게 도와준 딸이 없었더라면 이 책의 출판은 마냥 늦어졌을 것이다. 그리고 이 책의 집필에 전념할 수 있도록 소속 학과의 일을 도맡아 해준 안미현, 오장근 교수님께도 감사의 말을 전한다. 마지막으로 책의 출간을 기꺼이 허락해준

북코리아 이찬규 사장님과 영문 인명 표기를 도와준 친구 박우상에게도 감사의 뜻을 전한다.

이광복

CONTENTS

CONTENTS

서언:
트랜스내셔널
영화사를
지향하며

영화의 역사에 대한 관심은 1980년대 이후 본격화되었다. 배리 솔트Barry Salt의 《영화의 양식과 기술: 역사와 분석》(1983), 로버트 C. 앨런Robert C. Allen과 더글라스 고머리Douglas Gomery의 《영화 역사》(1985), 데이비드 보드웰David Bodwell, 크리스틴 톰슨Kristin Thomson, 재닛 스타이거Janet Staiger의 연구서 《고전 할리우드 영화: 1960년까지의 영화 양식과 제작 방식》(1985) 등은 이를 잘 설명해준다.

이에 비해 독일 영화사는 조금 늦은 1990년대부터 크게 두 가지 경향을 띠면서 서술되기 시작했다. 첫째, 바이마르와 나치 시대 독일 영화사를 할리우드 관련성을 고려하면서 고찰하려는 경향을 보인다. 예를 들면 토머스 샌더스Thomas Sanders의 《베를린의 할리우드》(1994), 마르쿠스 스피커Markus Spieker의 《십자 휘장 아래 놓인 할리우드》(1999), 토마스 엘세서Thomas Elsaesser의 《바이마르 시네마와 그 이후: 독일의 역사적 이미저리》(2000), 루츠 쾨프닉Lutz Koepnick의 《어두운 거울: 히틀러와 할리우드 사이의 독일 시네마》(2002) 등이 있다. 둘째, 독일 영화사를 트랜스내셔널transnational 입장에서 기술하려는 경향을 보인다. 트랜스내셔널 영화사는 (아직 담론으로 확고하게 정립된 것은 아니지만) 국가들 사이의 공동 영화 제작, 배급뿐만 아니라 이주, 이산, 망명 영화인들의 상호문화적 활동, 국제 영화 페스티벌의 역할과 효과 등에 대해 중요하게 다루는 것을 목표로 한다. 이런 점에서 트랜스내셔널 영화사는 민족국가 개념에 기초한 내셔널 영화사와 지향점이 다르다고 할 수 있다.

트랜스내셔널 영화사의 관점에서 보면, 먼저 볼프강 야콥센Wolfgang Jacobsen, 안톤 케스Anton Kaes, 한스 헬무트 프린츨러Hans Helmut Prinzler 등 무려 18명이 집필에 참여한 《독일영화사》가 유의미한 책으로 보인다. 이 책은 1993년 처음 출간되었다가 11년 후에 개정증보판으로 다시 발간되었는데, 필자들은 "영화가 어떻게, 왜 생겨났으며, 영화는 어떤 언어를 사용하고, 문화적 · 정치적 맥락에서 어떤 기능을 하는가?"라는 물음을 던진다. 그리하여 영화와 다른 예술 분야의 접점들을 연결하고, 그 영향 관계들을 살펴보며, 역사적 · 정치적 동인들도 함께 탐구한다. 그리고 무엇보다 '독일적인 것'을 국가 경계 내로 제한하지 않고 그것을 초월하여 찾으려 한다.《독일영화사》서문에서 볼프강 야콥센, 안톤 케스, 한스 헬무트 프린츨러는 '독일적인 것'을 정의하기 위해 영화평론가 프리다 그라페Frieda Grafe의 말을 인용한다. 그라페는 "독일 영화에서 독일적인 것은 무엇인가?"라는 스스로의 질문에 대해 "조국의 것, 모국어적인 것, 토착적인 것? 어쨌든 국적은 아니다. 자금 조달, 주제, 촬영장소, 토비스클랑사Tobisklang社 영화의 색조? 차라리 여론에 부합하는 것이 독일적이리라"(볼프강 야콥센 외, 2009, I: 19)라고 답했다는 것이다. 같은 맥락에서 볼프강 야콥센, 안톤 케스, 한스 헬무트 프린츨러는 '독일적인 것'을 "낯선 것에서 자기 것 발견하기, 그리고 자기 것에서 낯선 것 발견하기"(볼프강 야콥센 외, 2009, I: 19)로 보면서, 《독일영화사》를 "의미심장한 패러독스"(볼프강 야콥센 외, 2009, I: 19)로 정의한다. 요컨대 《독일영화사》는 서술범위를 독일 영화에 한정하지 않고 할리우드 이주 혹은 망명 영화, 독일과 미국의 합작 영화 등으로 확장하려 했다는 점에서 높이 평가할 만하다.

트랜스내셔널 영화사의 관점에서 또 하나의 유의미한 책을 꼽는다면, 크리스틴 하세Christine Haase의 《할리우드가 고향을 만났을 때》를 들 수 있다.[1] 이 책에서 하세는 "영화의 역사는 다른 민족적 · 문화적 전통

---

1) 이 책 외에 하나를 더 꼽는다면, 동독의 국영 영화사였던 DEFA(Deutsche Film-Aktiengesellschaft)를 트랜스내셔널 입장에서 고찰한 다음 책을 들 수 있다. Marc Silberman, Henning Wrage (Eds.): Defa at the Crossroads of East German and International Film Culture, Berlin/

들 사이의 복잡한 연계와 협력의 이야기이자 다른 나라, 종족, 성, 종교, 계급 사이의 연계와 협력의 이야기"(Christine Haase, 2007: 1)라고 정의한다. 사운드의 발전과 함께 훨씬 민족적으로 정향된 영화가 번성한 시기도 있었지만, 대체로 대중적인 시네마로 변모하면서, 특히 1980년대 이후 탈(脫)민족적 · 탈(脫)국가주의적 이슈에 대한 관심이 증가하는 문화적 현상에 주목한 것이다. 그리고 그녀는 영화분석을 위한 핵심 키워드로 '혼종성Hybridity'을 내세우면서 할리우드에 대해 친연성을 보인 독일 출신 영화감독들, 즉 볼프강 페테르센Wolfgang Petersen, 롤란트 에머리히Roland Emmerich, 퍼시 애들런Percy Adlon, 톰 티크베어Tom Tykwer를 높이 평가한다.

우선 페테르센은 베를린 영화학교 출신으로, 1970년대까지는 '뉴저먼 시네마'의 패러다임 내에 머물면서 독일적인 영화들을 만들었다. 하지만 1980년대에 들어와서는 〈특전 유보트Das Boot〉(1981)를 기점으로 할리우드를 겨냥한 국제적인 영화를 만들기 시작했다. 이후 미국에서 활동한 페테르센은 주로 판타지와 '하이 콘셉트high concept' [2]영화들을 내놓아 상업적으로 성공을 거뒀다. 슈투트가르트 출신의 롤란트 에머리히는 페테르센보다 훨씬 더 할리우드 지향적이었다. 페테르센이 할리우드로 가기 전에 쌓은 독일에서의 경험이 그의 영화에 영향을 미쳤다면, 에머리히의 경우는 영화 관련 활동을 시작한 이래 일관되게 할리우드 취향을 보였다. 이들과 달리, 독일 바이에른주 출신으로 할리우드에서 활동한 퍼시 애들런은 자주 혁신적이고 도전적인 시네마 스타일을 선보였다. 한편 미국에서 작품 활동을 한 적이 없으나 미국적인 영화 스타일에 익

Boston 2014.

[2] '하이 콘셉트' 영화란 매우 쉽게 전달되고 쉽게 이해할 수 있는 내러티브와 대중을 끌어들이는 마케팅을 활용하여 최소 제작비용으로 흥행 수입의 극대화를 노리는 개념의 영화를 말한다.

숙했던 톰 티크베어는 〈롤라 런Lola rennt〉(1998) 등의 영화를 통해 할리우드 영화의 전통과 독일 또는 유럽 영화의 전통을 혼합하는 유니크한 모델을 제시했다.

    이 책은 볼프강 야콥센, 안톤 케스, 한스 헬무트 프린츨러 등의《독일영화사》와 크리스틴 하세의《할리우드가 고향을 만났을 때》처럼 트랜스내셔널 영화사의 입장을 지향하면서 독일 영화와 할리우드가 만나고 어긋나는 지점의 역사를 종합적으로 살펴본다. 그리고 할리우드가 독일 문학을 수용한 예들을 구체적으로 분석하는 것을 목표로 한다.

    영화는 프랑스에서 1895년 뤼미에르 형제가 만든 1~2분짜리 〈열차의 도착〉, 〈공장을 나서는 노동자들〉, 독일에서 같은 해 스클라다노브스키Max & Emil Skladanowsky 형제가 만든 〈복싱하는 캥거루Das boxende Känguruh〉, 미국에서 1896년 윌리엄 헤이즈William Heise가 만든 1분짜리 영화 〈키스The Kiss〉로부터 시작을 알렸다. 이는 곧 유럽과 미국에서 거의 동시에 영화들이 탄생했으며, 영화 기술의 발전에 있어 국가 간 경계선이 아직 명확하게 드러나지 않았다는 점을 말해준다. 1920년대 말 유성영화의 탄생 시점까지 유럽과 미국에서 영화 기술의 발전은 탈국가적 협력을 통해 이루어진 셈이다. 장르 측면에서 보면, 초기 영화들은 기록영화에서 출발하여 극영화로 나아가는 과정을 보여준다. 프랑스에서는 마술사였던 멜리에스Georges Méliès가 일찍이 영화가 재미있는 이야기를 할 수 있다는 사실을 알아내고 코믹한 내용의 〈광고금지Défense d'afficher〉(1896)와 동화에서 소재를 따온 〈신데렐라〉(1899) 등의 극영화를 만들기 시작했다. 또한 그는 스튜디오에서 〈달나라 여행Le Voyage dans la lune〉(1902)이라는 최초의 우주공상 영화를 제작하기도 했다. 약 14분 분량의 30개 쇼트로 구성된 이 영화는 시간을 압축하거나 생략하고 슬로모션 등으로 시간을 변형하는 기법을 사용했다. 독일에서는 베를린에 첫 필름 스튜디오를 여는 등 영화산업의 발전에 기여한 오스카 메스터Oskar Messter의 영향으로 소설, 동화, 전설 등을 바탕으로 한 극영화들이 만들어지기 시작했다. 스텔란 리에Stellan Rye 감독의 〈프라하의 대학생Der Student von Prag〉(1913), 파울 베게너Paul Wegener 감독의 〈쥐잡이Der Rattenfänger〉(1918) 등이 대표적인 예다. 한편 미국에서는 그리피스David Wark Griffith 감독이 장편 영화 〈국가의 탄생The Birth of a Nation〉(1915)을 통해 극영화 시대를 열었다. 이 영화는 특히 교차편집crosscutting 방식을 사용하고, 수많은 엑스트라를 등장시켰으며, 바그너, 베버 등의 음악을 삽입한 것으로 유명하다.

넓은 의미에서 독일 이주자들의 할리우드 입성은 1910년대부터 확인된다. 일찍이 미국으로 이주한 지그문트 루빈Siegmund Lubin(본명: Sigmund Lubszynski)은 영화사를 설립하고 1910년부터 필라델피아에 '루빈 스튜디오'를 운영하기 시작했으며, 17세 때 미국으로 이주한 칼 렘리Carl Laemmle는 1912년 할리우드에 유니버설 픽처스를 설립했다. 그리고 UFA에서 경력을 쌓은 에리히 포머Erich Pommer는 1926년부터 약 2년간 파라마운트와 MGM에서 일했으며, 영화감독 프리드리히 무르나우Friedrich Wilhelm Murnau는 할리우드에서 〈일출Sunrise〉을 감독했다. 할리우드에서 활약한 독일 배우로는 에밀 야닝스Emil Jannings와 마를레네 디트리히Marlene Dietrich가 있다. 전자는 베를린에서 연극배우로 활동하다가 할리우드로 진출하여 1929년 최초의 아카데미 남우주연상을 수상했으며, 후자는 슈테른베르크 감독의 〈푸른 천사Der blaue Engel〉에서 요부 역으로 출연하여 일약 스타덤에 올랐다. 1933년 나치 정권 출현 이후에는 많은 영화인들이 망명을 선택했다. 그중에서 프리츠 랑Fritz Lang, 로버트 지오트막Robert Siodmak, 오토 프레밍거Otto Preminger, 빌리 와일더Billy Wilder 등은 할리우드에서 '망명 영화'의 흐름을 주도했다. 특히 이들이 개척한 독특한 스타일의 '느와르' 장르는 할리우드 영화사에 큰 자취를 남겼다.

제2차 세계대전이 끝나자 할리우드 망명인들은 대부분 미국 잔류를 선택했다. 프리츠 랑, 더글라스 서크Douglas Sirk, 프레드 친네만Fred Zinnemann 등은 귀향하지 않고 할리우드에서 활동을 이어나갔다. 다만 로버트 지오트막이 독일로 돌아와 1940년대 할리우드 느와르 영화의 기법을 1950년대 독일 영화에 적용하려고 했다.

1950년대에 들어와 재건 노력에도 불구하고 할리우드의 그늘에서 벗어나지 못했던 독일 영화는 1960년대 이후에야 할리우드와 확연히 다른 길을 걷는다. 1962년 오버하우젠 선언으로 시작된 '뉴 저먼 시네마' 운동은 당대의 할리우드 상업영화를 멀리하고 독일 표현주의 영화의 맥을 잇는 영화예술의 지위를 회복하고자 했다. 알렉산더 클루게Alexander Kluge, 베르너 파스빈더Rainer Werner Fassbinder, 폴커 슐렌도르프Volker Schlöndorff 등 젊은 영화감독들이 주축이 되었다. 이들은 특히 사회비판적 성찰을 내포하는 문학작품의 영화화에 대해 많은 관심을 가졌다.

그러나 1982년 파스빈더가 사망하고 보수정권이 들어서자 '뉴 저먼 시네마' 운동은 해체되었다. 독일 국내 영화 시장은 침체되고 외국 영화들이 대거 수입되면서 영화 제작에서도 국제적 협력이 가속화되었다. 그 결과 할리우드에서 활동하거나 할리우드 취향을 보여준 영화감독들이 늘어났다. 독일식 블록버스터 〈특전 유보트〉(1981)와 엔데의 판타지 소설을 영화화한 〈끝없는 이야기〉(1984)로 유명해진 볼프강 페테르센은 할리우드에서 활동하면서 〈퍼펙트 스톰The Perfect Storm〉(2000), 〈트로

이Troy〉(2004), 〈포세이돈Poseidon〉(2006) 등을 제작했다. 독일대학 졸업 때부터 일찍이 할리우드 취향을 보였던 에머리히는 할리우드의 대규모 생산방식과 '하이 콘셉트' 영화에 매료되었다. 그가 만든 영화로는 〈인디펜던스 데이Independence Day〉(1996), 〈고질라Godzilla〉(1998), 〈투모로우The Day After Tomorrow〉(2004) 등이 있다. 1989년 캘리포니아로 이주하기까지 고향 바이에른에서 줄곧 살면서 라디오와 텔레비전 방송 관련 일을 했던 퍼시 애들런은 페테르센, 에머리히와는 달리 독일 문화와 미국 문화 간 접속과 소통을 시도했다. 대표작으로 〈바그다드 카페Bagdad Cafe; Out of Rosenheim〉(1987)가 있다. 한편, 1965년 독일 부퍼탈 출생으로 베를린 장벽 붕괴 이후 가장 유명한 영화감독 중 한 사람인 톰 티크베어는 유럽적인 예술 영화 스타일을 가지고 할리우드 패러다임을 전유하였다. 대표작으로 〈롤라 런〉(1998), 〈향수Parfume〉(2006) 등이 있다.

독일 문학이 단순한 소재가 아니라 온전한 문학작품의 형태로 할리우드에 처음 소개된 것은 마일스톤Lewis Milestone 감독의 전쟁영화 〈서부전선 이상 없다All Quiet on the Western Front〉(1930)를 통해서다. 〈재즈 싱어The Jazz Singer〉(1927)에서 사운드가 도입된 것을 기화로 뮤지컬, 갱스터, 웨스턴, 호러 등 장르영화들이 크게 발전할 무렵, 독일 출신으로 유니버설 스튜디오 책임자였던 칼 렘리는 마일스톤 감독에게 레마르크의 《서부전선 이상 없다》를 영화로 제작하도록 했는데, 이것이 독일 문학 수용의 첫걸음이 된 것이다. 마일스톤의 〈서부전선 이상 없다〉는 제1차 세계대전의 단면을 독일군의 관점에서 조망하면서 전쟁의 공포, 덧없음, 부조리 등을 비판적으로 보여준다.

독일 문학은 두 번째로 애니메이션 장르를 통해 할리우드에 수용되었다. 1937년 월트디즈니사가 독일 그림 형제의 동화 《백설공주》를 바탕으로 최초의 장편 애니메이션 〈백설공주와 일곱 난쟁이Snow White and the Seven Dwarfs〉를 탄생시켰다. 이 애니메이션은 경제공황 이후 침체된 미국 사회의 분위기를 전환하려는 의도에 따라 청교도적인 윤리와 자본주의적 이데올로기를 반영한 것으로 평가받는다.

1940년대 초에 들어서면 할리우드가 괴테의 파우스트 모티프를 차용한 예를 찾을 수 있다. 독일 태생으로 무르나우 밑에서 조감독 생활을 한 바 있는 디터를레William Dieterle가 할리우드로 이주하여 만든 영화 〈악마와 다니엘 웹스터The Devil & Daniel Webster〉(1941)가 바로 그것이다. 이 영화의 특색은 미국 문화의 관점에서 파우스트 소재를 수용했다는 점이다. 파우스트 박사의 변형에 해당하는 주인공 스톤은 미국시민으로서 기대했던 물질적 행복이 채워지지 않자 부를 누리기 위해 악마의 유혹에 빠지는 인물이다. 또한 괴테의 《파우스트》에서는 신(神)이 올바른 길을 가려는 의지와 타인에 대한 헌신적인 사랑 때문에 파우스트의 영혼을 악마 메피스토펠레스로부터 구원하지만, 여기서는 변호사 다니엘 웹스터가 스톤이 기독교적인 미국 시민으로서 가치를 지킬 수 있다고 보았기 때문에 악마 스크래치로부터 그의 영혼을 구해낸다.

제2차 세계대전 이후에는 할리우드 영화들이 유럽 시장을 장악했다. 독일로 귀향한 망명인들은 이전의 상태로 복귀하는 데 실패했고, 귀향을 선택하지 않은 독일어권 출신의 망명 영화인들은 할리우드의 변화된 시스템에서 살아남기 위해 고군분투해야 했다. 이 시기에 할리우드 영화의 장르 관습에 잘 어울리지 않는 독일 문학은 수용되기 어려웠다.

1960년대에 들어와서는 이례적으로 할리우드 감독 출신의 오손 웰스Orson Wells가 1962년 카프카 소설 《소송》을 영화 화한 〈심판TheTrial〉을 내놓았다. 1941년 〈시민 케인Citizen Kane〉을 통해 할리우드에 화려하게 데뷔했으나 흥행 부진과 영화제작진들과의 잦은 마찰로 인해 1948년 유럽행을 택했던 오손 웰스는 셰익스피어의 《맥베스》, 《오델로》 등을 자신의 영화미학으로 재해석한 영화들을 만들다가 카프카의 소설 《소송》에도 관심을 갖고 영화화에 착수하게 된 것이다. 그는 미국 배우 앤서니 퍼킨스Anthony Perkins를 캐스팅하고, 파리, 로마, 자그레브 등에서 촬영했다. 이 영화는 원작의 초현실적 공간 이미지를 탁월하게 형상화함과 동시에 주인공 K의 죄가 1960년대 유럽의 현실이라는 거울에 비춰 재해석될 수 있음을 보여주었다.

또한 할리우드의 월트디즈니사는 1964년에 에리히 캐스트너Erich Kästner의 《에밀과 탐정들Emil und die Detektive》을 각색하여 영상으로 옮긴 동명의 영화 〈에밀과 탐정들Emil and the Detectives〉(1964)을 선보였다. 이 영화는 이미 1931년 람프레히트Gerhard Lamprecht, 1954년 슈템레Robert A. Stemmle 감독에 의해 동명의 타이틀로 독일에서 영화화된 바 있는 에리히 캐스트너의 원작을 월트디즈니사가 극영화 형태로, 그것도 할리우드 범죄영화의 콘텍스트 속으로 옮겨온 것이다. 따라서 이 영화에서는 캐스트너가 원작에서 내포했던 당대 사회에 대한 비판은 무시되었다.

1980년대에 할리우드는 독일 청소년문학 중 미하엘 엔데Michael Ende의 판타지소설을 합작, 리메이크 등의 형태로 수용했다. 독일의 블록버스터에 해당하는 〈특전 유보트Das Boot〉(1981)로 유명해진 볼프강 페테르센은 1984년 워너브라더스와 손잡고 미하엘 엔데의 《끝없는 이야기Die Unendliche Geschichte》를 영화화하였다. 미국 시장에서 〈네버 엔딩 스토리The NeverEnding Story〉라는 타이틀로 성공을 거둔 이 영화는 후속작인 밀러George T. Miller의 〈네버 엔딩 스토리 II〉(1989)와 피터 맥도날드Peter McDonald의 리메이크 영화 〈네버 엔딩 스토리 III〉(1994) 제작에도 영향을 미쳤다.

특히 피터 맥도날드가 리메이크한 영화는 부모의 이혼과 재혼, 소비 욕구, 팝음악, 자유방임적인 학교생활 등에 익숙한 미국 청소년 관객을 의식하여 지나치게 상업적으로 접근했다.

1990년대에 독일 문학을 영화화하여 할리우드를 비롯해서 국제시장에 널리 알려진 영화감독으로는 슐렌도르프Volker Schlöndorff가 있다. 그는 뉴 저먼 시네마의 핵심 인물로, 일찍이 독일 문학의 영화화에 지대한 관심을 보였다. 초기 대표작으로 클라이스트Heinrich von Kleist의 노벨레 《미하엘 콜하스Michael Kohlhaas》(1910)를 현대적 관점에서 재해석한 영화 〈미하엘 콜하스: 반역자Michael Kohlhaas-der Rebell〉(1969), 뵐Heinrich Böll의 소설을 영화화한 〈카타리나 블룸의 잃어버린 명예Die verlorene Ehre der Katharina Blum〉(1975), 귄터 그라스Günter Grass의 장편소설이 원전이 된 〈양철북Die Blechtrommel〉(1979) 등이 있다. 슐렌도르프는 1982년 독일에 보수정권이 들어서고 영화 제작 환경이 후퇴하자 미국으로 건너가 〈세일즈맨의 죽음Death of a Salesman〉(1985) 등을 감독했으나 베를린 장벽이 무너지자 다시 유럽으로 돌아와 세계 시장을 겨냥한 영화를 만들었다. 프리쉬Max Frisch의 소설 《호모 파버Homo Faber》를 영상으로 옮긴 〈여행자Voyager〉(1991)가 여기에 해당한다. 미국 배우 샘 세퍼드Sam Shepard, 프랑스 여배우 줄리 델피Julie Delpy, 독일 여배우 바바라 수코바Barbara Sukowa 등 다국적 배우들이 출연했으며, 기계적인 인간의 사랑과 운명을 다뤘다.

20세기 말의 시점에서는 할리우드의 명감독 큐브릭Stanley Kubrick이 아르투어 슈니츨러Arthur Schnitzler의 《꿈의 노벨레Traumnovelle》(1926)를 각색하여 〈아이즈 와이드 셧Eyes Wide Shut〉(1999)을 내놓았다. 큐브릭은 이 영화에서 당시 실제 부부였던 할리우드 스타 니콜 키드먼Nicole Kidman과 톰 크루즈Tom Cruise를 캐스팅하고 무대를 세기말 오스트리아 빈에서

20세기 뉴욕으로 옮겨 '젊은 부부의 성적 욕망과 갈등'이라는 주제에 현실성을 부여했을 뿐만 아니라 미장센과 음악 등 영화 매체의 수단으로 서사를 보완하는 치밀함을 보여주었다. 이를 통해 큐브릭은 미국 할리우드의 현실적인 수용조건에서 유럽 문학을 자신의 영화 미학적 감각으로 재해석함으로써 영화의 대중성과 예술성을 동시에 추구했다는 평가를 받는다.

21세기에 들어와서는 프리드리히 뒤렌마트Friedrich Dürrenmatt의 소설 《약속Das Versprechen》(1958)을 숀 펜Sean Penn 감독이 영화화한 〈맹세The Pledge〉(2001)가 독일 문학의 수용을 이어갔다. 그런데 원작소설은 바이다Ladislao Vajda 감독의 영화 〈사건은 환한 대낮에 일어났다Es geschah am hellichten Tag〉(1958)의 시나리오 작업에 참여했던 뒤렌마트가 그것을 바탕으로 쓴 것이다. 뒤렌마트의 소설이 범죄 사건보다는 사건을 쫓는 수사관에 초점을 맞췄다면, 펜감독은 뒤렌마트의 소설을 변형하여 할리우드 범죄 스릴러에 가까운 영화로 재탄생시켰다. 펜 감독의 영화는 공간적 배경을 스위스에서 미국 네바다주로 옮기고 결말 부분에서 범인에 대한 암시를 주는가 하면 잔혹한 장면들을 삽입하고 있다.

또한 영화사 드림웍스가 2001년부터 내놓은 3D 애니메이션 〈슈렉Shrek〉 시리즈도 (비록 패스티시, 즉 혼성모방 형식을 취했지만) 독일 문학 중에서 동화의 현대적 수용에 해당한다. 특히 〈슈렉〉 시리즈는 특히 기존의 디즈니 동화 애니메이션에 대한 대항 담론을 제기했다는 점에서 의미가 크다. 한편 2010년 월트디즈니사가 독일 동화를 바탕으로 만든 3D 애니메이션 〈라푼첼Tangled〉은 미국 현대사회를 직간접적으로 반영하고 관객에게 유머와 오락을 제공하기 위해 동화의 인물들을 변형하여 새로운 캐릭터를 창조했다.

최근의 영화 중에서는 영국의 달드리Stephan Daldry 감독이 독일과 합작하여 만든 〈더 리더The Reader〉(2008)를 넓은 의미에서 독일 문학의 할리우드 수용으로 볼 수 있다. 이 영화는 슐링크Bernhard Schlink의 소설《책 읽어주는 남자Der Vorleser》(1995)의 서사구조를 비교적 충실하게 따르고 있으나, 21세기 할리우드 관객의 취향과 사회적 분위기를 고려하여 독일 역사에 대한 성찰의 치열함을 약화시키는 대신에 15세 소년과 36세 여인의 로맨스를 부각시켰다.

결국 이 책의 목적은 영화의 탄생 시기부터 독일 영화와 할리우드 영화가 맺어온 관계의 역사를 개관[3]하고, 할리우드에서 독일 문학을 수용한 영화의 예들을 조사, 분석하면서 독일 문학이 할리우드와 만났을 때 어떤 일이 일어났는가를 심층적으로 살펴보는 데 있다.

---

[3] 이 중 '바이마르 시대 독일 영화와 할리우드 관계', '독일어권 출신 망명자들과 할리우드 망명 영화' 등의 일부 내용은 필자의 저서《영화예술의 이해》(2019)에서 다룬 것을 수정 · 보완한 것임을 밝힌다.

독일 영화,
할리우드를
만나다

1.
영화 기술의 발전과 인적 교류

　　초기 영화사는 사진술의 발명에 이은 촬영 및 영사 기술의 발달과 함께 시작되었다.[1] 우선 미국에서는 에디슨이 촬영 기술의 발전을 주도했다. 에디슨은 35mm 셀룰로이드 필름의 길이를 30초 분량까지 확장했을 뿐 아니라 가장자리에 일정한 간격의 구멍을 뚫어 연속촬영이 가능하도록 했다. 또한 그는 딕슨William K. L. Dickson과 함께 1890년대 초에 최초의 무비카메라에 해당하는 키네토그래프Kinetograph에 이어 최초의 영사기에 해당하는 키네토스코프Kinetoscope를 발명했다. 프랑스에서는 뤼

---

1)　촬영 기술의 발전은 사진술의 발명이 있었기에 가능했다. 사진술은 프랑스인 다게르Louis Jacques Mandé Daguerre가 발명한 것으로 알려져 있지만, 사실 그보다 먼저 니엡스Joseph Nicéphore Nièpce가 최초의 사진을 찍었다. 니엡스는 매우 미세한 은가루 용액이 빛을 받으면 어둡게 변하는 원리를 이용하여 카메라 옵스큐라에 비친 물체의 상을 고정하는 방법을 알아냈다. 드디어 그는 1826년 긴 노출시간을 이용해 희미하기는 하지만 사진을 촬영하는 데 성공했다. 그리고 다게르가 빛에 노출한 판을 암실에서 수은 용액에 담가두면 상이 더 분명해진다는 사실을 알아냈다. 소위 말하는 다게르타입Daguerreotype이 탄생한 것이다. 이후 영국인 탤봇William Talbot은 코팅된 종이 위에 노출하는 방식으로 네거티브 이미지를 얻어내는 데 성공했으며, 이스트먼코닥사는 카메라에 장착할 수 있는 셀룰로이드 필름 개발에 성공하여 나중에 전 세계에서 가장 큰 필름회사로 성장했다.

미에르Lumière 형제가 에디슨의 기술에 의존하여 촬영 및 영사가 가능한 시네마토그라프cinématographe를 발명했다. 그들은 에디슨이 정한 필름의 포맷을 따르되, 초당 16개의 프레임을 이동시키고 매직랜턴을 광원으로 사용했다. 마침내 1895년 뤼미에르 형제는 〈기차의 도착Die Ankunft eines Zuges auf dem Bahnhof in La Ciotat〉이라는 영화를 만들었고, 그해 12월 파리의 어느 카페에서 시연해 보였다. 이 영화의 상영시간은 약 1분 정도에 불과했다. 세계 영화사는 보통 이 영화를 최초의 영화로 기록한다.

비슷한 시기에 독일에서는 스클라다노브스키Skladanowsky 형제가 영화의 탄생을 주도했다. 원래 사진사였던 막스 스클라다노브스키는 1895년 바리에테Varieté 극장²⁾용 작품을 촬영하여 자신이 개발한 영사기인 비오스코프Bioscop를 통해 베를린 관객에게 눈요깃거리를 제공했다. 최초의 상영 프로그램은 15분 동안 8개의 작품을 보여주는 것으로 구성했다. 1895년 11월 5일자 《베를린 지역 소식지Berliner Lokal-Anzeige》에는 스클라다노브스키의 바리에테 프로그램에 대한 다음과 같은 평이 실렸다고 한다.

"몇 해 전에 안쉬츠Ottomar Anschütz가 사람과 동물들을 그 움직임의 개별 단계들로 스냅 사진 촬영을 하고는 그것들을 빠른 속도로 회전하는 바퀴에 결합해서 눈이 사람과 동물을 현재의 사진적 움직임으로 보게끔 만들었다. 에디슨은 '전동 신속 관찰기'라는 안쉬츠의 장치를 자신의 '키네토스코프Kinetoscope'로 개조했다. 빠른 속도로 움직이는, 빛

---

2)   바리에테 극장의 프로그램은 짤막한 영화, 오락적이고 코믹한 춤, 노래, 곡예 등으로 다채롭게 짜여졌다. 독일에서는 19세기 말부터 1930년경까지 유행했다. 미국에서는 보드빌Vaudeville이 이런 역할을 담당했다.

이 투사된 수백 개의 사진 조각들이 삶의 생동하는 장면들로 결합된다. 마지막으로 언급된 이러한 에디슨의 발명이 비오스코프에서 교묘하게 활용되었다. 키네토스코프의 장면은 조명된 밝은 평면에 반영되어 그림자놀이의 인상을 만들어낸다. 단지 개별 인물들의 떨림만이 전기에 의해 빠른 속도로 움직이는 수많은 작은 사진 조각들을 기억나게 만든다."(볼프강 야콥센 외, 2009, I: 30 재인용)

여기서 알 수 있듯이 에디슨은 안쉬츠가 몇 해 전에 만든 영사기 제작기술에 의존하여 1894년 키네토스코프를 선보였고, 스클라다노브스키는 에디슨의 키네토스코프 기술을 활용하여 비오스코프를 발명했다. 이는 독일과 미국 사이에 촬영 카메라와 영사기 개발을 위한 기술정보의 교환이 비교적 신속하게 이루어졌음을 말해준다. 또한 에디슨이 1892년 첫 영화스튜디오 블랙 마리아Black Maria를 설립하고 상업적인 영화들을 만들면서 보디빌더이자 엔터테이너였던 독일인 산도Eugen Sandow를 배우로 캐스팅했다는 사실은 당시 독일과 미국 사이에 기술적 교류뿐 아니라 인적 교류도 이미 시작되고 있었음을 말해준다.

에디슨 다음으로 미국에서 초창기 영화 발전에 크게 공헌한 인물을 꼽는다면 이스트먼George Eastman을 들 수 있다. 그는 이스트먼코닥사Eastman Kodak Company를 설립하고 롤필름roll film을 대중화하는 등 무엇보다 필름 저장 및 생산 기술의 혁신을 통해 미국 영화산업 발전에 크게 기여했다.

한편, 독일에서는 메스터Oskar Messter가 초기 영화산업 발전에 독보적인 역할을 했다. '독일 필름 산업의 아버지'로 불리는 메스터는 1896년 베를린에 인공조명 아틀리에(독일 첫 필름 스튜디오)를 오픈하고 이듬해 빌헬름 1세의 탄생 100주년 기념식을 촬영하는 등 소규모 영화들을 제작했으며, 1903년에는 베를린의 한 바리에테 극장에서 영사기와 축음기를 결합한 바이오폰Biophon을 시연해 보였다. 그리고 1913년에는 메스터 영화사Messter Film GmbH를 설립하여 독일 영화산업 발전에 크게 기여했다.

이와 같은 미국과 독일의 초기 영화산업 발전은 이후 두 나라 간 인적 교류의 토대가 되었다. 그런데 이는 독일의 정치적·경제적 상황 때문에 주로 독일인이 할리우드로 이주하여 활동하는 양상으로 전개되었다. 바이마르 공화국 말까지 인적 교류 현황을 요약하면 다음과 같다.

미국 영화의 발전에 기여한 최초의 독일인은 폴란드 브레슬라우에서 태어나 하이델베르크 대학을 졸업하고 1876년 미국으로 이주한 지그문트 루빈Siegmund Lubin(본명: Sigmund Lubszynski)이다. 필라델피아에 정착하여 안경사로 일했던 그는 1909년 최초의 영화사인 루빈제조회사Lubin Manufacturing Company를 설립하여 무성영화를 제작하고 판매했다. 그리고 1884년 미국으로 건너온 칼 렘리Carl Laemmle(본명: Karl Lämmle)은 1912년 할리우드에 유니버설 픽처스Universal Pictures를 설립하여 독일어권 출신 영화인들을 대거 고용하기 시작했다. 에리히 폰 슈트로하임Erich von Stroheim, 윌리엄 와일러William Wyler, 파울 레니Paul Leni, 에드가 울머Edgar G. Ulmer 등이 그들이다. 이 중 슈트로하임은 1909년 미국으로 이주하여 1920년대 초반에 유니버설 스튜디오에서 감독이자 배우로 활동했다. 그리고 독일에서 감독이자 배우로 활동하던 에른스트 루비치Ernst Lubitsch 는 〈파라오의 여인Das Weib des Pharao〉이 국제적으로 성공하자 1922년 할리우드로 진출하여 〈로시타Rosita〉(1923) 등 많은 영화를 감독했다. 또한 에리히 포머Erich Pommer는 1917년 설립된 우파UFA에서 경력을 쌓은 후 1926년부터 약 2년간 파라마운트와 MGM에서 일했으며, 루비치와 비슷한 시기에 할리우드로 이주한 배우 에밀 야닝스Emil Jannings(본명: Theodor Friedrich Emil Janenz)는 1929년 최초의 아카데미상을 수상했다.

1933년 제3제국 등장 이후 전개된 할리우드 망명과 주목할 만한 망명 영화에 대해서는 제II장의 3절에서 자세히 다루기로 한다. 여기에서는 많은 영화제작자나 감독들이 할리우드로 망명하기 전에 중요한 이력을 쌓았던 '우파UFA'에 대해 간략하게 살펴보기로 한다.

제1차 세계대전이 3년차로 접어든 시점인 1917년 프로이센 당국은 영화의 선전·선동 기능을 발견하게 된다. 특히 에리히 폰 루덴도르프 Erich von Ludendorff 장군은 미국이 제1차 세계대전에 참전하여 반(反)독일 선전에 나서자 영화의 설득력을 최대한 이용하는 것이 관건이라고 보고 군 선전부에 '사진 및 영화 담당부서BUFA(Bild- und Filmamt)'를 설치하여 모든 영화 활동을 조정하는 업무를 맡긴다. 그리고 "통일된 위대한 관점들에 따라 국익을 위해 대규모의 대중에게 계획적이고 단호한 영향력을 행사하기 위해"(볼프강 야콥센 외, 2009, I: 63 재인용) 베를린에 우파UFA(Universum-Film A. G.)를 설립한다. 이에 대해 하케Sabine Hake는 "전쟁은 산업과 국가 사이의 강력한 결합을 안출해냈고, 검열과 쿼터 법안을 통해, 그리고 정치적 선전에 필름을 투입함으로써 영화에 지울 수 없는 표식을 남겼

우파 로고(1917~1991)

다"(Christine Haase, 2007: 16-17 재인용)라고 비판적으로 평가했다. 어쨌든 독일은 제1차 세계대전 중에 영화가 선전 수단으로 영향력이 있는지를 조사하고 이를 이용한 최초의 국가들 중 하나가 되었다. 이렇게 설립된 영화사 '우파'는 1918년 크룹Krupp, 도이치은행Deutsche Bank, 파르베IGFarbe에 인수된 후 정치색을 탈피하고 경제적 관심사를 우선시했을 뿐 아니라 기존의 영화사들을 합병하면서 막강한 독일 영화 콘체른으로 성장했다.

2.
바이마르 시대 독일 영화와
할리우드의 관계

제1차 세계대전이 끝나자 독일 영화는 더 이상 정치적 관심사가 아니라 당시 관객의 취향과 욕구를 반영하여 제작·보급되기 시작했다. 안톤 케스Anton Kaes에 따르면, 1919년 독일에서 200여 개의 영화 제작사에 의해 대략 500편의 영화가 만들어졌다. 그리고 3천 개 영화관에서 매일 100만의 관객이 영화를 관람했다. 독일에서 가장 큰 영화사였던 '우파'의 경우 1919년에는 2,500명의 직원을 고용하고, 1,500석 규모의 극장을 11개나 보유하고 있었다(볼프강 야콥센 외, 2009, I: 69).

이처럼 바이마르 공화국 시대에 독일 영화는 양적으로 크게 성장했다. 또한 기술적인 측면에서는 사운드 개발이 있었다. 엔지니어였던 엥글Joseph Engl, 마졸레Joseph Masolle, 포그트Hans Vogt의 주도로 1920년대 초에 이미 사운드의 녹음이 가능해졌고, 싱크로나이징Synchronizing 시스템이 개발되었다. 그러나 이러한 기술은 1925년 공개 시연에 실패함으로써 독일에서 큰 반향을 불러일으키지 못했다. 하지만 미국에서 1927년

최초의 유성영화 〈재즈 싱어The Jazz Singer〉[3]가 성공을 거두자 독일 '우파'
는 사운드에 다시 관심을 갖기 시작했다. 1928년에는 스튜디오를 토키
트렌드Talkie Trend에 맞추고 새로운 기술 개발에 뛰어들었다. 그 결과 독
일에서 1929년에는 175개의 무성영화와 8개의 유성영화가 개봉되었다
면, 1930년에는 역전되어 45개의 무성영화와 101개의 유성영화가 개봉
되었다. 1932년 이후 독일에서 만들어진 모든 영화는 동시 녹음된 사운
드를 가지게 되었다(Christine Haase, 2007: 15).

바이마르 공화국 초기에는 탐정 시리즈, 모험영화, 멜로드라마가
장르로서 먼저 자리를 잡았다. 프리츠 랑Fritz Lang이 모험영화 제작에 우
선 뛰어들었던 것도 우연이 아니다. 예를 들어 랑의 초기작 〈거미들Die
Spinnen〉(1919/1920)은 이국적인 공간을 배경으로 삼아 스파이, 범죄, 연애
소설의 모티프를 뒤섞어놓았다(야콥센 외, 2009, I: 78). 한편 멜로드라마는 에
른스트 루비치가 주도했다. 그는 1919년부터 1922년 사이에 〈뒤바리 부
인Madame Dubarry〉 등 13편의 영화를 촬영했는데, 그의 영화들은 사랑, 결
혼, 정치적 이념 등 기존의 가치와 제도들을 의문시하면서 상황에 따라
이를 새롭게 정의하려고 했다(야콥센 외, 2009, I: 73). 이처럼 당시의 멜로드라
마는 전쟁으로 인해 야기된 가부장적·부르주아적 성(性) 역할의 동요를
묘사하는 데 주력했다.

그러나 무엇보다 바이마르 시대의 대변자는 표현주의[4]라는 양식

---

3)   이 영화는 크로슬랜드Alan Crosland가 감독하고, 졸슨Al Jolson이 재즈가수 재키Jakie 역으로
     열연했다. 제작사 워너브라더스는 원래 주인공의 노래를 동시 녹음하는 영화를 만들려고 했
     기 때문에 대사를 원고에 넣지 않았다. 그래서 이 영화에 나오는 몇 마디 대사는 즉흥적으
     로 삽입된 것이다. 그 대사는 다음과 같다. "잠깐, 잠깐 기다려요! 아직 아무것도 안 들리죠?
     'Toot-toot-tootsie'를 듣고 싶지요?" 어쨌든 워너브라더스는 이 영화로 인해 상업적으로 커
     다란 성공을 거두고, 영화사에서 유성영화 시대를 여는 단초를 마련했다.
4)   표현주의는 영화에 앞서 문학에서 먼저 나타났다. 즉 1910년대에 게오르크 하임Georg Heym,

적 특징을 지닌 영화들이다. 선명한 명암 대비, 그림자, 기하하적인 직선과 곡선, 조형적인 무대 등이 그 양식적 특징에 해당한다. 대표적인 영화로는 로버트 비네Robert Wiene의 〈칼리가리 박사의 밀실Das Cabinet des Dr. Caligari〉(1920), 파울 베게너Paul Wegener의 〈골렘Der Golem〉(1920), 프리츠 랑의 〈도박사, 마부제 박사Dr. Mabuse, der Spieler〉(1922), 〈니벨룽엔 Die Nibelungen〉(1924), 프리드리히 무르나우F. W. Murnau의 〈노스페라투 Nosferatu〉(1922) 등이 있다.

이 밖에도 바이마르 공화국 후기에는 대도시를 떠나 대자연에서 원초적 삶을 사는 주인공의 우정과 희생을 그린, 소위 말하는 산악영화 Bergfilm가 인기를 얻었다. 아놀드 판크Arnold Fanck의 〈성스러운 산Der heilige Berg〉(1926), 〈몽블랑의 폭풍Stürme über den Mond Blanc〉(1930) 등을 예로 들 수 있다.

게오르크 트라클Georg Trakl, 프란츠 베르펠Franz Werfel, 에른스트 슈타들러Ernst Stadler 등의 시와 산문 텍스트들에서 광기, 꿈, 환각 등의 모티프를 통해 표현주의적 경향이 드러났다 (야콥센 외, 1: 86). 그래서 에리히 포머는 독일 표현주의의 출현을 다음과 같이 설명한다.

"독일은 패전국이었다. 그러한 독일이 어떻게 다른 나라의 영화와 경쟁할 만한 영화를 제작할 수 있었겠는가? 할리우드나 프랑스 영화를 모방하는 시도는 불가능한 일이었다. 그래서 우리는 우리 자체의 새로운 어떤 것을 시도했는데, 그것이 표현주의적으로 양식화된 영화들이다. 이것은 독일이 훌륭한 예술가와 작가들, 강력한 문학적 전통, 그리고 연극의 위대한 전통을 유감없이 지녔기 때문에 가능한 것이었다."(정태수, 2018: 58)

로버트 비네의 〈칼리가리 박사의 밀실〉과
무르나우의 〈노스페라투〉

로버트 비네의 〈칼리가리 박사의 밀실〉은 독일 표현주의의 시작을 알린 최고의 작품으로 꼽힌다. 이 영화의 줄거리는 다음과 같다.

영화는 프란시스Franzis가 한 정신병원의 뜰에서 다른 환자에게 자신이 체험한 다음과 같은 이야기를 들려주는 것으로 시작한다. 북독일의 작은 도시에서 흥행사이자 최면술사로 활동하던 칼리가리 박사가 몽유병자 체자르Cesare를 장터로 데리고 나와 그의 능력을 입증해 보인다. 여기서 체자르는 관청 서기의 죽음과 프란시스의 친구 알랭의 죽음을 예언하는데, 실제 살인사건이 일어나고 예언이 적중한다. 그러자 프란시스는 칼리가리 박사와 체자르를 범인으로 의심하고 이를 밝혀내려 한다. 그 과정에서 체자르가 프란시스의 애인인 제인Jane을 한밤중에 납치하려다 실패하고 도망 중에 추락하는 사건이 발생한다. 곧 체자르의 시체가 발견되고 살인의 주범으로 몰린 칼리가리 박사는 정신병원으로 도망친다. 뒤쫓아간 프란시스는 거기서 칼리가리 박사가 몽유병 연구에 몰두하고 있던 병원장임을 확인하게 된다. 그러나 영화의 말미에서 이야기는 반전된다. 칼리가리 박사가 오히려 프란시스를 망상에 사로잡힌 정신병 환자로 진단하기 때문이다.

이 영화에서 독일 표현주의의 특징은 서사구조보다는 형식미학에서 더 잘 드러난다. 형식미학을 구성하는 요소로는 미장센에서 확인할

영화 〈칼리가리 박사의 밀실〉 포스터

수 있는 찌그러진 건물, 꼬부라진 골목길, 비틀어진 창문, 미로 같은 복
도, 배우들의 부자연스러운 연기, 과도한 분장, 그림자 조명, 반듯하지 못
한 자막 등이 두드러진다. 그래서 표현주의 영화 연구자들은 "겉모습과
환각, 속임수와 진실의 구별 가능성을 부단하게 손상시키는, (…) 미혹적
이고 기만적인 내레이션"(볼프강 야콥센 외, 2009, I: 83)뿐만 아니라 "세계를 주
관적으로 왜곡하고 뒤죽박죽이 되게 재현하는 시각적인 양식"(볼프강 야콥
센 외, 2009, I: 83)을 이 영화의 주된 특징으로 거론한다. 그렇다면 표현주의
의 이런 형식미학적 특징이 생겨난 이유는 무엇일까? 그것은 바이마르
공화국 초기에 전쟁으로 유발된 실존적인 불안 의식과 독일 민족 내부
의 이질적인 요소를 배제하려는 집단적 공포 분위기가 존재했다는 역사
적 사실에서 그 답을 찾을 수 있을 것 같다. 다시 말해 당시 사람들이 겪

어야 했던 실존적 불안, 공포, 위협 등 불안정한 의식이 반영된 것이라 할 수 있다. 영화학자 크라카우어가 칼리가리 박사를 히틀러를 상징하는 인물로 보았던 것도 같은 맥락에서 이해된다.

　대표적인 표현주의 영화 하나를 더 든다면, 무르나우의 〈노스페라투〉(1922)를 꼽을 수 있다. 이 흡혈귀 영화는 무르나우가 할리우드로 진출하기 약 5년 전에 아일랜드 작가 스토커Bram Stoker의 소설《드라큘라》(1897)를 바탕으로 만들었으며, "두려움의 교향곡Eine Symphonie des Grauens"이라는 부제를 달았다.

　아내 엘렌Ellen과 함께 항구도시 비스보르크에 살고 있는 후터Hutter 는 어느 날 크녹Knock으로부터 집을 구하려는 올록Orlok 백작에게 가서

영화 〈노스페라투〉 포스터

매매계약을 체결하라는 지시를 받는다. 후터는 백작의 성에 도착하기 전 산중 여관에서 흡혈귀 노스페라투에 관한 책을 발견하지만, 이에 개의치 않고 목적지를 향해 떠난다. 도중에 후터는 무서운 숲에 홀로 남게 되지만, 백작이 보낸 비밀 마차를 타고 그의 성에 도착한다. 어두운 성에서 하룻밤을 보낸 후터는 다음날 아침 자신의 목에 피멍 자국이 나 있음을 발견한다. 그날 저녁 올록 백작은 후터가 차고 있던 목걸이에 달린 엘렌의 초상화를 보고는 서둘러 매매계약을 성사시킨다. 하지만 곧 흡혈귀 노스페라투로 자신의 정체가 탄로 난 올록 백작은 후터를 성에 가둬 둔 채 비스보르크를 향해 황급히 출발한다. 노스페라투가 쥐들로 가득 찬 죽음의 배를 타고 그 항구도시에 도착하자 온 도시에 페스트가 퍼진다. 그리고 후터 역시 성을 탈출하여 뒤늦게 집으로 향한다. 그러나 그사이 엘렌은 남편 후터의 책에서 "순결한 마음을 가진 여인이 흡혈귀로 하여금 첫닭이 우는 것을 잊게 만들면 그를 죽일 수 있다"라는 구절을 읽고 자신을 희생하기로 결심한다. 그녀는 밤에 노스페라투를 자신의 방으로 꾀어들이고, 첫닭이 우는 것을 잊어버린 노스페라투는 아침 햇살에 먼지가 되어 사라져버린다. 마침내 의사와 함께 도착한 후터는 아내 엘렌이 이미 죽어 있음을 발견한다.

이처럼 무르나우는 〈노스페라투〉에서 유령, 죽음, 전염병 등의 모티프를 통해 공포 분위기를 조성하고, 조명과 극단적인 카메라 앵글, 예기치 않은 컷, 특수효과를 통해 이와 관련된 시각적 이미지를 표현한다. 당대의 할리우드 영화감독들은 독일 표현주의 영화에서 특히 흑백 명암과 비현실적인 공간의 연출을 통해 의도된 어둡고 섬뜩한 분위기에 주목했다. 예를 들어 칼 렘리Carl Laemmle는 표현주의 영화의 이런 연출기법을 할리우드 공포영화들에서 계승했다(볼프강 야콥센 외, 2009, I: 91).

또한 무르나우는 독일 소시민의 몰락과 좌절을 그린 〈마지막 남자〉(1924)[5]를 통해 할리우드로 진출할 수 있는 발판을 마련해주었다. 그는 이 영화의 성공을 계기로 폭스William Fox와 계약을 체결하고, 할리우드에서 〈일출Sunrise〉(1927) 등을 감독하였으며, 오스카 상을 수상했다.

프리츠 랑의 〈메트로폴리스〉와 〈M〉

바이마르 공화국 시대에는 대도시 공간을 배경으로 하는 영화들이 많이 탄생했다. 프리츠 랑의 영화들이 대부분 이에 속한다. 그는 눈속임과 최면, 폭력을 통해 대도시에서 범죄를 저지르는 사람들의 이야기를 다룬 〈도박사, 닥터 마부제Dr. Mabuse, der Spieler〉(1922),[6] 1924년 처음으로 대도시 뉴욕을 목격한 후 2000년대 미래의 도시를 그린 〈메트로폴리스Metropolis〉(1927), 대도시에서 일어난 범죄를 형상화한 〈M〉(1931)을 내놓았

---

5) 이 영화는 연극적인 요소에 크게 의존할 수밖에 없었던 무성영화 시대의 콘셉트에 맞게 소시민의 몰락과 파멸을 그렸다. 어느 늙은 호텔 도어맨이 자신의 직업적 정체성을 드러내는 유니폼을 빼앗기고 화장실 관리인으로 좌천되자 이를 친척과 이웃들에게 숨기려고 하지만 결국 들통 나자 삶이 파괴되어 죽음에 이른다는 이야기가 주된 내용이다. 그러나 이 영화는 주인공의 비참한 죽음으로 끝내지 않고 에필로그를 통해 두 번째 결말을 보여준다. 즉, 어느 괴짜 미국인 백만장자가 그에게 남겨준 재산으로 다시 부자가 된 도어맨은 돈의 권위에 압도당한 웨이터들에게 흥청망청 주연을 베풀고, 마차가 와서 자신을 모셔가게 한다는 에필로그를 삽입한 것이다. 여기서 부유한 미국인이 빈곤한 독일 소시민의 구원자로 갑자기 등장한 점은 매우 흥미롭다.

6) 프리츠 랑은 이 영화의 후속 시리즈로 두 편을 더 제작했다. 주인공이 '히틀러'라는 상징성 때문에 나치에 의해 상영금지를 당한 〈마부제 박사의 유언Das Testament des Dr. Mabuse〉(1933)과 프리츠 랑이 할리우드 망명에서 돌아온 후 마지막으로 제작한 범죄영화 〈마부제 박사의 천 개의 눈Die 1000 Augen des Dr. Mabuse〉(1960)이 있다.

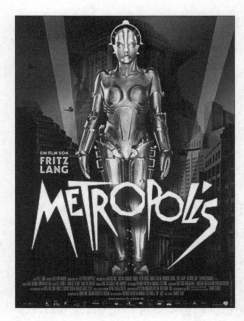

영화 〈메트로폴리스〉의 포스터

다. 이 중 〈메트로폴리스〉는 1년 반의 제작기간, 3만 6천 명의 대규모 엑스트라, 530만 제국마르크의 예산을 투입한 영화로 유명하다.

　미래도시 메트로폴리스는 지배층이 사는 호화로운 지상세계와 노동자들이 살고 있는 지하세계로 나뉜다. 메트로폴리스의 지배자 프레더센의 아들 프레더는 아이들을 데리고 지상세계로 나들이 나온, 피지배자들의 성녀 마리아를 우연히 알게 된다. 그녀를 따라 지하세계로 내려간 프레더는 메트로폴리스를 유지하기 위해 혹사당하는 노동자들의 비참한 삶을 목격하게 된다. 그리고 그녀가 지배자들로부터 비폭력적인 해방을 설파하는 모습에 반해 사랑하기에 이른다. 한편 프레더센은 미치광이 과학자 로트방과 모의하여 지하세계를 억압하기 위해 마리아를 납치해 그녀의 모습으로 인조인간을 제조한다. 인조인간 가짜 마리아는 노동자들을 부추겨 봉기를 일으키고 기계를 파괴하여 홍수가 일어나게 만든다. 이때 마리아와 프레더가 아이들을 구출한다. 마침내 속은 것을 알게 된 노동자들은 가짜 마리아를 화형에 처한다. 그리고 마리아는 "두뇌와 손의 중재자는 심장이어야 한다"라며 프레더를 중재자로 내세워 노동자와 지배층을 화해시킨다.

이처럼 〈메트로폴리스〉는 미래도시에서 펼쳐질 기술의 맹목적인 진보와 도구적 합리성이 초래할 결과에 대한 질문을 던진다. 이런 점에서 "두뇌와 손의 중재자는 심장이어야 한다"라는 마리아의 대사는 의미심장하다. 형식적인 측면에서는 마천루, 기계, 로봇 등 대담한 시각적 이미지들이 중요한 특징을 이룬다. 이 영화의 이러한 형식적 특징들은 〈배트맨〉, 〈블레이드 러너〉에 이르기까지 후대 할리우드 영화에 영향을 미쳤다.

다음으로 대도시 범죄를 그려 할리우드에 큰 영향을 준 유성영화 〈M〉(1931)을 살펴보자.

1931년 대도시 베를린은 연쇄적으로 발생한 아동 살인사건으로 불안에 휩싸인다. 특히 어린아이를 가진 부모들은 모두 겁에 질린다. 범인은 높은 현상금이 걸렸음에도 쉽게 검거되지 않고 사건의 단서마저 쉽사리 찾을 수 없다. 이런 상황 속에서 엘지라는 소녀가 또 사라지고 유괴범에 의해 희생된다. 이 사건은 신문에 호외 뉴스로 실리고, 도시 전체가 공포의 도가니로 변한다. 그리고 불안과 공포심이 일상생활에 깊숙이 파고들어 서로를 의심하기에 이른다. 특히 어린아이들에게 친절을 베푸는 사람은 의심의 대상이 되어 무고하게 심문을 당한다. 한편 경찰들의 광

범위한 수색작업으로 인해 지하 범죄조직들은 자기들 사업에 지장이 초래될 것을 우려하여 직접 살인범 수색에 나선다. 그들은 거지와 거리의 노숙자들까지 동원한다. 이제 경찰로 대변되는 공권력과 범죄조직 및 거지로 구성된 지하조직이 경쟁적으로 범인 검거에 앞장선다. 마침내 범죄조직에 의해 범인은 체포되고 그들에 의해 사형선고를 받는다. 사형이 집행되기 직전에 경찰이 들이닥치고 살인범은 다시 재판정에 세워진다.

이상의 줄거리에서 알 수 있듯이, 영화 〈M〉은 제1차 세계대전에서 나치 집권에 이르는 시기에 독일 사회의 도덕적 규범이 어떻게 변화되는지를 보여준다. 대도시에서 여덟 번째 여자아이가 연쇄살인의 희생자가 되었으나 경찰은 아무런 단서를 찾지 못한다. 그러자 이번에는 도시의 악당들도 범인 수색에 나선다. 마침내 범인은 경찰이 아니라 악당들에게 체포되어 사형선고를 받는다. 그 때문에 범인은 죄인이면서 동시에 범죄조직의 희생자로 비친다. 이것은 당시 사회가 선과 악, 질서와 무질서 사이의 구분이 모호해졌을 뿐만 아니라 국가 권력에 대한 신뢰가 무너져버린 불신 사회였음을 비유적으로 암시한다. 또한 영화 〈M〉은 혁신적인 음향기법을 사용했다는 점에서 주목할 만하다. 공포에 사로잡힌 도

영화 〈M〉에서 살인범으로
쫓기는 범인

시의 이미지를 강화하기 위해 거리에서 풍선을 파는 눈먼 노인에게 범인의 휘파람 소리를 들려주는 장면이 대표적인 예에 해당한다. 요컨대 〈M〉은 독일 범죄영화의 한 유형으로 1940년 이후 할리우드에서 활동한 독일 출신 영화감독들에 의해 계승되었다. 〈M〉의 계보를 잇는 할리우드 영화로는 프리츠 랑의 〈창문 속의 여자The Woman in the Window〉(1944), 지오트막의 〈어두운 거울The Dark Mirror〉(1946), 빌리 와일더의 〈선셋 대로Sunset Boulevard〉(1950) 등이 있다.

슈테른베르크의 〈푸른 천사〉

바이마르 시대 '문학작품의 영화화'로는 〈푸른 천사Der blaue Engel〉(1930)가 있다. 오스트리아 태생으로 일찍이 할리우드에서 경력을 쌓은 슈테른베르크Josef von Sternberg 감독이 하인리히 만Heinrich Mann의 《운라트 교수 혹은 어느 폭군의 최후Professor Unrat oder Das Ende eines Tyrannen》를 각색하여 만든 영화로, 독일 출신의 할리우드 배우들을 캐스팅한 것으로 유명하다. 권위적인 교사인 라트Rat 역을 맡은 에밀 야닝스는 베를린에서 연극과 영화배우로 경력을 쌓은 다음에 파라마운트와 계약으로 1926년부터 할리우드에 진출했으며, 빅터 플레밍Victor Fleming 감독의 〈육체의 길The Way of all Flesh〉(1927) 등에 출연하여 1929년 제1회 아카데미 남우주연상을 수상한 바 있다. 그리고 가수 롤라Lola 역을 맡은 마를레네 디트리히 역시 베를린에서 연극과 영화배우로 활동하다가 할리우드로 진출하여 이 영화 외에도 〈모로코Marokko〉(1930), 〈금발의 비너스Blonde

Venus〉(1932), 〈상하이 익스프레스Shanghai Express〉(1932)에 출연하는 등 할리우드 당대 최고의 스타로 인기를 누렸다. 또한 시나리오 작업에는 독일 작가 카를 추크마이어Carl Zuckmayer가 참여했다. 〈푸른 천사〉의 줄거리는 다음과 같다.

임마누엘 라트는 작은 항구의 김나지움 교사다. 권위적인 교육방식 때문에 학생들은 그를 두려워한다. 어느 날 라트는 학생들이 항구의 바리에테 '푸른 천사'에 드나드는 것을 발견하고는 그들을 거기서 쫓아내지만, 그 자신이 카바레 가수 롤라의 매력에 반하게 되고 우여곡절 끝에 다음날 아침 그녀의 침대에서 청혼까지 하게 된다. 그러나 이 일은 그의 교직 이력의 끝을 의미한다. 라트는 바리에테 예술가들에게 둘러싸여 롤라와 결혼하고 유랑극단의 일원이 된다. 그러나 롤라의 애정은 곧 식어버리고, 자신의 고향 무대에서 굴욕적인 광대연기를 하도록 강요당한다. 또한 라트는 롤라가 젊은 예술가인 마체파와 함께 자신을 속였음을 알게 된다. 라트는 질투심에 마체파에게 덤비지만 오히려 제압당한다. 그날 밤 라트는 자신이 옛날 학생들을 가르치던 학교를 찾아가 교실 강단 옆에서 죽는다.

이처럼 슈테른베르크는 이 영화에서 (물론 원작자의 동의를 얻어) 약간의 변형을 시도했다. 하인리히 만의 《운라트 교수 혹은 어느 폭군의 최후》가 주인공을 잘못된 권위의 화신으로 묘사하는 데 주안점을 두었다면, 슈테른베르크 감독의 〈푸른 천사〉는 요부의 가엾은 희생자로 전락한 주인공을 강조했다. 무엇보다 요부 역할을 맡은 디트리히의 연기는 감독의 이런 의도와 기대를 저버리지 않았다. 아도르노의 말을 인용하여 달리

〈푸른 천사〉에서 요부를
연기하는 디트리히

표현하자면, 슈테른베르크는 마를레네 디트리히의 "아름다운 다리"와
"신중하게 조작된 섹스 어필"을 통해 문학 텍스트에서 "모든 사회적 가
시를 제거"하고 "악마적 속물"을 "감상적인 인물"로 만듦으로써 문학작
품을 재해석했다(윤시향, 2003: 419 재인용).

독일 표현주의의 할리우드 수용

당대 할리우드 영화들은 바이마르 표현주의 영화로부터 많은 영
향을 받았다. 우선 슈트로하임Erich von Stroheim의 영화들이 이에 해당한
다. 오스트리아 출신의 슈트로하임은 1912년 '유니버설 픽처스Universal
Pictures'를 설립한 독일 슈바벤 태생의 칼 렘리Carl Laemmle의 도움으로 할
리우드에서 작품 활동을 시작했다. 할리우드에서 그가 만든 영화로는
〈그리드Greed〉(1923)와 〈웨딩 마치The Wedding March〉(1927)가 있는데, 이들

영화에는 독일 표현주의를 연상하는 요소들이 들어 있다. 구체적으로 무대 이미지와 카메라 기술에서 정확성, 사회적 빈곤의 까칠한 묘사, 귀족과 시민의 물질적이고 에로틱한 탐욕의 신랄한 묘사 등이다(Cornelius Schnauber, 2001: 10).

또한 1926년부터 '유니버설 픽처스'에서 활동한 레니Paul Leni의 공포 · 범죄영화 〈고양이와 카나리The Cat and the Canary〉(1927)에서 독일의 표현주의적 요소를 발견할 수 있다. 이 영화는 배우의 직접적인 행위를 통해서가 아니라 공간, 얼굴, 장면을 이용하여 위협적이고 공포감을 불러일으키는 분위기를 표현하는 데 성공했다. 이 밖에 무르나우가 할리우드로 진출해서 만든 영화 〈일출Sunrise〉(1927)에서도 낭만적이고 표현주의적인 요소를 찾기란 어렵지 않다(Cornelius Schnauber, 2001: 10). 독일 표현주의가 바이마르 시대 이후 할리우드에 미친 영향에 대해서는 나중에 다루기로 한다.

3.
독일어권 출신 망명자들과
할리우드 망명 영화

《독일영화사》의 공동저자인 호락Jan-Christopher Horak은 트랜스내셔널 영화사 기술에 유용한 관점을 제공한다. 그는 '망명 영화'를 "제3제국 시기에 유럽과 미국으로 망명한 독일 출신 영화인들이 참여하여 만든 영화"라고 지칭하고, 이런 '망명 영화'는 망명국가의 주변 현상만이 아니라 '다른' 독일의 면모를 보여준, 독일영화사의 일부가 되어야 한다고 주장했기 때문이다(볼프강 야콥센 외, 2010, II: 15-16).

1933년 히틀러의 제3제국이 출범하여 독일에서는 더 이상 자유롭게 영화를 만들 수 없게 되자 감독, 제작자, 시나리오 작가, 카메라맨, 세트 디자이너, 의상 담당자, 연기자 및 기술자 등 약 2천 명에 달하는 독일 영화인들은 조국을 떠나 망명길에 올라야 했다. 이들 중에는 헝가리, 프랑스, 영국, 네덜란드, 스위스 등 유럽 국가들에서 일시적으로 체류하면서 일자리를 찾다가 할리우드로 간 사람들이 있었는가 하면, 곧장 할리우드로 직행한 사람들도 있었다. 전자의 경우로는 프랑스에서 잠시 활동했던 로버트 지오트막Robert Siodmak과 막스 오퓔스Max Ophüls, 영국에서 활동한 영화제작자 알렉산더 코다Alexsander Korda, 네덜란드에서 영화산업에 종사한 가브리엘 레비Gabriel Levy, 요셉 야코비Josef Jacobi 등이 있다. 반면에 후자의 길을 택한 경우에는 할리우드가 전 세계에서 가장 활발한 영화산업의 중심지였기 때문에 그들의 능력을 발휘할 기회를 곧바로 잡을 수 있었으나 이민자들의 수가 급격히 늘어남에 따라 그들 사이에서도 힘겨운 경쟁을 해야 했다(볼프강 야콥센 외, 2010, II: 22-23).

여하튼 할리우드 지역에 모여든 독일어권 출신 500여 명의 영화인들은 미국 영화산업 발전에 크게 기여했다. 대표적인 독일어권 이민자들을 직업별로 분류하면 다음과 같다.

직업	독일어권 이민자들
감독	슈트로하임Erich von Stroheim, 루비치Ernst Lubitsch, 랑Fritz Lang, 와일러William Wyler, 와일더Billy Wilder. 친네만Fred Zinnemann, 프레밍거Otto Preminger, 렘리Carl Laemmle, 레니Paul Leni, 지오트막Robert Siodmak, 울머Edgar G. Ulmer, 서크Douglas Sirk, 코스터Henry Koster, 레보르크Reginald Leborg, 슈테른베르크Josef von Sternberg, 무르나우Friedrich Wilhelm Murnau, 디터를레William Dieterle, 틸레Wilhelm Thiele, 오퓔스Max Ophüls
배우	바이트Conrad Veidt, 야닝스Emil Jannings, 디트리히Marlene Dietrich, 페터 로레 Peter Lorre, 헤디 라머 Hedy Lamarr
드라마연출가	라인하르트Max Reinhardt, 바인라우프Walter Weinlaub
작가	되블린Alfred Döblin, 토마스 만Thomas Mann, 하인리히 만Heinrich Mann, 베르펠Franz Werfel, 토어베르크Friedrich Torberg, 노이만Alfred Neumann, 브레히트Bertolt Brecht, 포이히트방거Lion Feuchtwanger
지휘자	발터Bruno Walter, 켐퍼러Otto Kemperer

이들 중에서 특히 프리츠 랑, 로버트 지오트막, 오토 프레밍거Otto Preminger, 빌리 와일더Billy Wilder(본명: Samuel Wilder) 등은 할리우드 망명 영화의 흐름을 주도했다. 장르로는 코미디, 뮤지컬, 멜로드라마, 범죄영화, 반(反)나치 영화가 선호되었고, 1940년대에 프리츠 랑, 로버트 지오트막, 오토 프레밍거 등이 개척한 독특한 스타일의 '느와르'는 할리우드 영화사에 큰 자취를 남겼다.

프리츠 랑

1934년 할리우드로 망명한 프리츠 랑은 독일에서보다 더 많은 22편의 영화를 남겼다. 〈메트로폴리스〉, 〈M〉 등으로 이미 독일에서 명성을 얻었던 그가 할리우드에서도 활발한 활동을 이어간 셈이다. 클라우스 만Klaus Mann은 할리우드 망명시절의 그를 다음과 같이 평한 바 있다.

프리츠 랑은 할리우드에 우선적으로 매우 도움이 되는 사람에 해당한다. 독일에서는 당시 그의 아내인 작가 하보Thea von Harbou의 영향으로 지나치게 화려한, 통상의 범위를 벗어나는 경향을 지배하지 못한 반면, 할리우드에서는 이지적인 사람으로 가는 발전을 완성했다. 이런 발전으로 인해 그는 미국 영화에서 가장 흥미롭고 다각적인 인물 중의 한 사람으로 나타났다. [⋯] 이곳에서 그는 비로소 자신을 찾았고, 그의 대단하고 풍부한 재능을 유효하게 만들었다(Cornelius Schnauber, 2001: 77-78).

<사형집행인 또한 죽는다>의
오프닝 시퀀스의 한 장면

이처럼 프리츠 랑은 할리우드에서 적응하는 모습을 보였다. 그
가 할리 우드에서 주로 다룬 주제는 죄와 운명, 개인과 사회 사이의 긴
장관계 등에 관한 것이었다. 예를 들어 〈단 한 번뿐인 인생You only live
once〉(1937)은 과거 전과기록 때문에 사회 진입에 실패하는 주인공을 다
룬다. 슈나우버에 따르면, 랑은 "표현주의와 할리우드 템포 사이의 창조
적인 타협"을 모색했다(Cornelius Schnauber, 2001: 78).

프리츠 랑은 대부분 망명 영화인들이 침묵했던 반나치즘 영화에도
관심을 가졌다. 여기에는 브레히트의 영향이 컸다. 대표작으로는 브레히
트가 시나리오 작업에 함께 참여한 〈사형집행인 또한 죽는다Hangmen also
die〉(1943)가 있다. 프리츠 랑은 히틀러 제국의 보헤미아 감독관 하이드리
히가 테러를 당했다는 신문기사를 보고 이 영화의 아이디어를 얻었다고
한다. 영화의 줄거리는 다음과 같다.

1942년 제국의 사령관 하이드리히Reinhard Heydrich가 외과의사인 스

보보다Frantisek Svoboda에 의해 살해된다. 도주하던 스보보다는 역시 나치로부터 혐의를 받고 있는 역사학자 노보트니Stephan Novotny와 그의 딸 마샤Mascha의 도움을 받는다. 나치 군대는 체코의 저항 세력을 무력화시키고 범인을 인도받기 위해 노보트니를 포함한 400명의 인질을 붙잡아 처형하겠다고 위협한다. 한편 체코 저항 세력은 인질의 처형이 임박해올 무렵에 게슈타포 스파이인 차카Emil Czaka에게 하이드리히 살해사건의 혐의를 씌우는 데 성공한다. 게슈타포는 차카가 범인이 아니라는 것을 알면서도 그를 처형한다.

이 영화는 나치 군대의 사령관 하이드리히 테러사건을 다룸으로써 정치적 현실에 직접 관여했다는 점에서 프리츠 랑의 이전 영화들과는 큰 차이를 보인다.[7] 그러나 이 영화에도 〈도박사, 마부제 박사〉, 〈M〉 등에서 찾아볼 수 있는 모티프들이 들어 있음을 부인할 수 없다. 나치 사령관 하이드리히가 풍기는 면모는 마부제 박사를, 스보보다의 추격은 유괴범 추격을, 체코의 저항 세력은 비밀조직을 연상시키기 때문이다.

이 밖에도 프리츠 랑은 할리우드 '느와르' 장르에 해당하는 영화들을 만들었다. 〈창문 속의 여자The Woman in the Window〉(1944)가 대표적인 예에 속한다.

---

7) 랑은 나치의 과거 때문에 독일과 오스트리아를 예리하게 비판하기는 했지만, 나이를 먹어가면서 점점 더 자주 빈과 베를린에서의 어린 시절과 청년시절에 대해 말하곤 했다. 랑은 지인에게 보낸 편지에서 "당신은 언젠가 (나처럼) 독일 문화권을 높이 평가했다. 나처럼 독일의 반유대주의에 반발했다. 하지만 그대가 실러, 클라이스트, 하이네를 그대의 삶에서 지울 수 있는가? 나는 파우스트를 내면 깊숙이 사랑한다"라고 썼다. 실제로 랑은 할리우드에서 만든 영화 〈단 한 번뿐인 인생〉(1937)에서 실러의 동명 소설과 유사한 모티프를 이용했다. 랑은 1976년 할리우드의 자택 1501 Summitridge Drive에서 사망했다(Cornelius Schnauber, 2001: 77-80).

<창문 속의 여자>의
한 장면

아내와 아이들이 휴가를 떠나자 잠시 홀아비가 된 웨인리Richard
Wanley 교수는 친구들을 만나러 클럽에 갔다가 쇼윈도에 전시된 아름다
운 여자 리드Alice Reed의 초상화에 매료된다. 그때 바로 그 여자가 옆에
나타난다. 웨인리는 클럽에서 그녀와 함께 술을 마신 후 그녀의 집으로
따라간다. 그런데 갑자기 그녀의 애인 마차드Mazard가 나타나 웨인리를
급습하는 바람에 싸움이 벌어지고 웨인리는 방어하려다가 마차드를 살
해하게 된다. 웨인리는 리드의 도움을 받아 시체를 숲속에 버린다. 경찰
이 단서를 모으는 중에 마차드의 보디가드였던 전직 경찰 헤이드Heidt가
리드를 협박한다. 그러자 리드는 약을 먹여 헤이드를 살해하려다가 실패
한다. 오히려 압박을 받은 웨인리가 수면제를 과다 복용하여 자살하고
만다. 한편 경찰은 리드의 집을 나서는 헤이드를 살인자로 추정하고 쏘
아 죽인다. 리드는 이 사실을 알리기 위해 웨인리에게 전화를 걸지만 이
미 죽어 있다. 이 순간 클럽 종업원이 소파에서 잠이 든 웨인리를 깨운
다. 모든 것이 꿈이었다. 여전히 혼미한 상태로 거리로 나선 웨인리는 다
시 쇼윈도의 초상화 앞에 멈춰 선다. 그때 한 여자가 다가와 말을 건다.
그러자 웨인리는 혼비백산하여 도망친다.

이 영화에서 도플갱어 모티프는 주인공의 심리분석에서 드러난다. 웨인리는 대학교수이자 책임감 있는 가장이면서도 자신에게 성적 환상을 허용하는 충동적인 모험가이기도 하다. 리드의 갑작스런 출현은 억압된 욕망이 실현될 수 있는 다른 세계로 안내한다. 그러나 그것은 시민적 도덕을 넘어서는 결과를 초래하며 그것에 대한 대가를 요구한다. 즉 웨인리는 아름다운 여인을 따라갔다가 예기치 않은 살인을 저지르며, 정신적 압박을 못 이겨 자살한다. 그런데 이 모든 것은 꿈으로 처리된다. 그리고 영화는 마지막 거리 장면을 반복한다. 영화는 안전한 시민의 집으로 도피하는 웨인리를 묘사함으로써 그가 꿈을 통해 교훈을 얻었음을 시사한다(Michael Töteberg, 2010: 109).

빌리 와일더와 오토 프레밍거

1906년 유대인의 아들로 태어난 빌리 와일더Billy Wilder(독일명: Samuel Wilder)는 오스트리아 빈에서 어린 시절을 보냈으며, 나중에 할리우드에서 유명한 영화감독이 된 프레드 친네만Fred Zinnemann과 교류했다. 1927년부터는 베를린으로 이사하여 시나리오 작가로 활동하기 시작했다. 1931년에는 람프레히트Gerhard Lamprecht 감독과 함께 에리히 캐스트너Erich Kästner 원작의 〈에밀과 탐정들Emil und die Detektive〉의 시나리오 작업에 참여했다. 나치 정권이 들어서자 파리를 거쳐 1934년 미국으로 망명한 그는 파라마운트사와 계약을 맺고 시나리오를 쓰기 시작했고, 1942년에는 감독으로 데뷔했다. 빌리 와일더는 제2차 세계대전 이후에 독일로의 귀향을 선택하지 않았다. 그는 코미디, 풍자극, 로맨스, 범죄 영화를 만들며 할리우드에서 가장 중요한 감독 중의 한 사람이 되었다. 망명시절의 주요 작품으로는 느와르 장르에 속하는 〈이중 배상Double Indemnity〉(1944)이 있다. 이 영화의 스토리텔링은 다음과 같다.

영화는 퍼시픽 보험회사의 세일즈맨 월터Walter Neff가 총상을 입은 채 밤에 상관인 키즈Keyes의 사무실에 들어가 "나는 돈 때문에, 여자 때문에 살인을 했다"라고 말문을 열고 자신의 지난 행적을 하나하나 녹음하는 가운데 회상 형식으로 이야기를 시작한다. 월터는 자동차보험을 갱신하러 디트리히슨Dietrichson의 집을 방문한다. 그곳에서 그는 디트리히슨의 매력적인 아내 필리스Phyllis가 남편 디트리히슨을 살해해 보험금을 탈음모를 품고 있다는 것을 알아채린다. 그리하여 월터는 디트리히슨에게 자 동차보험을 갱신하는 것처럼 속여 사고보험에 가입하게 하고, 기차 사 고 시에는 배상금이 두 배가 된다는 것을 알고 있기 때문에 기차로 여행을 떠나는 날 그를 살해하기로 공모한다. 마침 디트리히슨이 다리를 다쳐 기차로 여행을 떠나기로 하자 월터와 필리스는 치밀한 계획을 세운다. 그들은 역에 도착하기 전 자동차 안에서 그를 미리 살해한 다음에 기차에서 추락사한 것처럼 위장한다. 사고 뒤 보험회사는 사건 조사에 착수한다. 보험금 담당관인 키즈는 처음에 단순 사고로 생각하지만 디트리히슨이 다리를 다치고도 보험금을 청구하지 않았다는 사실에 주목하여 그가 사고보험 가입 사실을 몰랐으며 누군가 보험금을 노리고 그를 살해했을 것이라고 추정한다. 그리고 월터에게 그 사실을 알려준다. 불안에 쫓기던 월터는 디트리히슨의 딸로부터 계모인 필리스가 친모의 사망에 깊이 연루되어 있고 자기의 남자 친구와도 사귀고 있다는 것을 알

〈이중 배상〉에서 월터의 불안
심리를 보여주는 장면

게 된다. 이로 인해 필리스에게 배신감을 느낀 월터는 밤에 그녀를 찾아
가 살해한다. 그리고 그 과정에서 어깨에 총상을 입은 월터는 자신의 보
험회사로 돌아와 영화의 첫 시퀀스처럼 키즈에게 사건의 전말을 알리는
녹음을 끝내고 마침내 비극적인 최후를 맞이한다.

　이처럼 이 영화는 팜므 파탈 캐릭터를 등장시키고, 음울한 도시의
밤거리, 살인사건 등을 묘사할 뿐만 아니라 로우키 조명, 강한 대조의 흑
백 명암, 그림자 등을 이용해 불안한 인간의 심리를 반영함으로써 느와
르 영화의 특징을 잘 보여준다.

　역시 유대인의 아들로 태어난 오토 프레밍거는 오스트리아 빈 대학
에서 법학을 전공한 후 연극배우와 감독으로 활동하다가 1935년 미국
으로 망명하여 할리우드와 브로드웨이에서 활동을 이어갔다. 그는 무엇
보다 1934년부터 할리우드가 영화 검열을 위해 정해놓은 '헤이즈 코드

Hays Code[8])에 반기를 들었다. 1950년대에는 자신의 제작사를 설립하고 직접 금기를 깨는 영화들을 만들었다. 예를 들어 영화〈블루 문The Moon Is Blue〉(1953)에서는 당시에 금기시되었던 '숫처녀', '임산부' 등의 단어를 사용했고,〈황금팔을 가진 사나이The Man with the Golden Arm〉(1955)에서는 마약중독자를 줄거리의 중심에 두었다(Cornelius Schnauber, 2001: 38/98).

에른스트 루비치

1892년 베를린에서 유대계의 아들로 태어나 막스 라인하르트Max Reinhardt 밑에서 연극을 배운 루비치Ernst Lubitsch는 1913년부터 희극배우로 활동하다가 1915년부터는 직접 영화를 감독하기 시작했다. 초기 작품으로는〈마담 뒤바리Madame Dubarry〉(1919)가 잘 알려져 있다. 그리고

---

8) 할리우드는 자기검열을 위한 목적으로 MPPDA(Motion Pictures Producers and Distributors of America)라는 기구를 창설했는데, 이 기구의 대표자가 윌 헤이즈Will Hays였다. 그래서 '헤이즈 코드Hays Code'라 불리며, 1934년부터 1964년까지 적용되었다. '헤이즈 코드'의 주요 내용은 다음과 같다.
   1. 탐욕적인 키스, 욕망 가득한 포옹, 이중적 입장이나 제스처의 암시를 보여서는 안 된다.
   2. 열정은 저급하고 고상하지 못한 감정을 일으키지 않도록 다루어져야 한다.
   3. 백인과 흑인 사이의 성적 관계 금지
   4. 성병이 영화의 오브제로 사용되어서는 안 된다.
   5. 출산 장면은 직접 혹은 실루엣으로도 보여줘서는 안 된다.
   6. 잔혹한 살해는 자세하게 보여줘서는 안 된다.
   7. 도적질, 강도질, 밀수 같은 범죄는 조직적으로 그리고 세세하게 보여줘서는 안 된다.
   8. 성 도착증과 그것의 적나라한 언급 금지
   9. 성적 행위를 묘사하거나 암시하는 춤 금지
   10. (욕설로 사용하는) 신과 예수, 숫처녀(Jungfrau), 임신, 성교, 잡년, 창녀, (여성과 관련된 표현으로) 암소 같은 단어 등 금지

1922년에는 할리우드로 이주하여 유명한 영화감독이 되었다. 할리우드 시절 초기 영화로는 〈러브 퍼레이드The Love Parade〉(1929), 〈몬테카를로 Monte Carlo〉(1930), 〈내가 죽인 사나이The Man I Killed〉(1932) 등이 있다.

루비치의 1940년대 작품 중에서는 반나치즘 영화 〈죽느냐 사느냐To be or Not to be〉(1942)가 주목할 만하다. 이 영화는 통상적인 미국식 장르에 전형적인 서사를 접목하여 반파시즘적 메시지를 전달한다. 쿠르쉐Dieter Krusche는 이 영화를 다음과 같이 평한 바 있다.

> (…) 루비치는 여기서 나치를 조롱으로 무효화하려 했다. 그는 자신의 위트가 결코 천박하지 않게 작동하도록 하여 자신의 목표를 달성했다. (…) 이 영화는 사람들이 미국에서 당시에 아주 섬뜩한 현실을 아직 몰랐기 때문에 생겨날 수 있었다. 그러나 그의 영화가 이러한 현실을 지각했을 때도 존속된 것은 루비치의 예술적인 힘과 취향 때문이었음을 말해준다(Dieter Krusche, 2008: 715).

그러나 루비치는 할리우드에서 무엇보다 '루비치 – 터치Lubitsch-touch'라 불리는 독특한 표현 스타일을 선보인 감독으로 유명해졌다. 이것은 무성영화에서는 말로 표현해야 할 위트를 미세한 장면으로 대체하거나, 유성영화에서는 예를 들어 열쇠 구멍으로 침실을 들여다보는 하인의 반응을 보여줌으로써 금지된 침실 장면의 촬영을 대체하는 식의 표현 스타일을 말한다.

로버트 지오트막

독일 드레스덴 태생의 로버트 지오트막Robert Siodmak은 히틀러가 정권을 잡자 독일을 떠나 프랑스 파리에서 체류하다가 제2차 세계대전이 발발하기 하루 전에 할리우드로 건너왔다. 다른 망명 감독들처럼 지오트막은 쓰라린 정치적 망명 경험이 바탕이 된 세계관과 표현주의라는 바이마르 시대의 영화유산을 공유하고 있었다. 하지만 이를 표출하는 방식은 달랐다. 지오트막은 할리우드에서 파시즘과 대결하기 위해 독일 표현주의 영화 양식을 소환함과 동시에 할리우드 영화산업의 표준화된 장르영화 생산방식에 자신의 스타일을 접목시키는 방식을 택했다. 지오트막이 할리우드에서 가장 활발하게 활동한 시기는 1943년부터 1949년 사이다. 이 시기에 그는 유니버설 픽처스와 손잡고 〈유령의 여인Phantom Lady〉(1943), 〈크리스마스 휴일Christmas Holiday〉(1944), 〈어두운 거울The Dark Mirror〉(1946), 〈살인자들The Killers〉(1946) 등 느와르 장르에 속하는 영화들을 내놓았다. 이 중에서 〈유령의 여인〉의 스토리를 살펴보면 다음과 같다.

아내 마르셀라와 다투고 나서 어느 바를 찾은 서른두 살의 엔지니어 헨더슨Scott Henderson은 역시 슬퍼 보이는 낯선 여자를 만나 스테이지 쇼를 같이 보러 가자고 제안한다. 그러자 그녀는 사적인 일에 대해서는 함구하고 관람 후 바로 헤어지는 조건으로 이를 승낙한다. 공연 중에 여가수 에스텔라는 객석에 자신의 것과 똑같은 특이한 모자를 쓴 여자가 있음을 알고 놀란다. 쇼가 끝난 후 헨더슨은 약속대로 낯선 여자와 헤어져 집으로 돌아온다. 그리고 그사이 자신의 넥타이로 교살된 아내 마르셀라의 살해 혐의로 수사관 버기스 일행이 자신을 기다리고 있음을 알게 된다. 이때 그는 자신의 알리바이를 입증해줄 증인들이 충분하다고 믿는다. 그러나 바의 종업원 맥도, 두 사람을 태운 택시운전사도, 여가수 에스텔라도, 그리고 드럼 연주자 클리프도 그와 함께 쇼를 관람했던 그 묘령의 여인을 기억하지 못한다고 진술한다. 헨더슨은 이제 재판에서 사형을 피할 수 없게 된다. 그러자 핸더슨을 좋아하는 여비서 캐럴이 그의 무죄를 입증하기 위해 나선다. 우선 거짓 진술의 이유를 알아내기 위해 바의 종업원 맥에게 접근하지만 그가 교통사고로 사망하는 바람에 실패한다. 이번에는 수사관 버기스의 도움을 받아 드럼 연주자 클리프가 돈 때문에 거짓 증언을 했다는 자백을 얻어낸다. 그러나 자신이 경찰과 내

영화 〈유령의 여인〉 포스터

통하고 있다는 의심을 받자 캐럴은 클리프의 집에 핸드백을 놔둔 채 급히 자리를 피해버린다. 그사이에 헨더슨의 친구 말로에 의해 클리프가 교살된다. 한편 캐럴은 낯선 여인이 착용했던 특이한 모자를 만든 업자를 찾아내고, 헨더슨과 같이 스테이지쇼를 보러 갔던 여인의 추적에 나선다. 마침내 이 여자는 약혼자가 죽자 정신이 피폐해져 정신적 치료를 받고 있는 환자로 밝혀진다. 그래서 그녀로부터 어떤 중요한 정보도 얻어내지 못한 캐럴은 말로를 만나기 위해 아파트로 찾아간다. 그리고 거기서 그녀의 핸드백과 클리프의 메모지를 발견한다. 마침내 말로는 헨더슨의 아내가 자신과 함께 도망치지 않으려 하자 화가 나서 그녀를 살해했고 남편인 친구에게 혐의를 씌우려고 했다고 자백한다. 바로 이때 수사관 버기스가 도착하고, 말로는 창밖으로 뛰어내려 죽고 만다.

이처럼 이 영화의 내러티브에서는 독일 표현주의를 연상시키는 폭력, 불안, 편집증, 히스테리 등의 분위기, 타이틀이 암시하는 존재론적 모호성, 등장인물들의 사회적 우연성 등이 특징적으로 나타난다. 지오트막은 미국 사회의 보편적 분위기와 방식에서 벗어나는 내러티브를 만들어버린 것이다. 결국 쾨프닉Lutz Koepnick의 주장처럼 지오트막은 자신의 영화들에서 "다양한 스타일, 문화적 코드, 경험들을 수행적, 그리고 복수적 하이브리드로 상승시켰다."(Lutz Koepnick, 2002: 166)

할리우드 망명 작가들

할리우드에는 망명 영화인들과 친밀하게 교류했던 망명작가들이 많았다. 알프레트 되블린Alfred Döblin, 토마스 만Thomas Mann, 하인리히 만 Heinrich Mann, 프란츠 베르펠Franz Werfel, 베르톨트 브레히트Bertolt Brecht, 카를 추크마이어Carl Zuckmayer, 리온 포이히트방거Lion Feuchtwanger 등이 그들이다.

이 중 특히 토마스 만의 영향력은 대단했다. 1941년 12월 13일 자 《더 뉴요커The New Yoker》에서는 그를 "할리우드의 괴테"로 묘사했으며, 마르쿠제Ludwig Marcuse는 "만은 모든 독일 이주자들의 황제였다. 그에게 모든 기대가 쏠렸고, 모든 것이 그의 덕분으로 돌려졌다. (…) 미국에서 그 없이는 아무것도 진행되지 않았다는 사실이 모두의 의견이었다"(Cornelius Schnauber, 2001: 107 재인용)라고 말했을 정도다.

다음으로는 브레히트가 망명인들과 활발한 교류 활동을 벌였다. 그는 '유럽영화재단European Film Fund'의 도움으로 1941년 이민자들과 함께 LA에 정착하여 오손 웰스Orson Welles 등 그곳 영화인들과 교류를 시작했다. 프리츠 랑과는 〈사형집행인 또한 죽는다〉의 시나리오 작업에 함께 참여하였다. 물론 두 사람은 의견 차이로 갈등을 빚기도 했 다. 그리고 브레히트는 포이히트방거Lion Feuchtwanger와 공동으로 드라마 《시몬 마차드의 이야기Die Geschichte der Simone Machard》를 집필했다. 그는 1947년 유럽으로 돌아갔다.

한편 추크마이어는 독일에서 슈테른베르크의 영화 〈푸른 천사〉(1930)의 시나리오 작업에 참여하고 1931년 베를린 극장에서 초연된 희곡 《쾨페닉의 대위Der Hauptmann von Köpenick》(1931)를 발표하는 등 성공한 작가가 되었으나 1933년 나치가 집권한 이후 자신의 작품이 불태워지고 활동이 어려워지자 1938년 스위스를 거쳐 미국으로 망명한다. 그는 워너브라더스사의 시나리오 작가로 고용되기도 했으나 1946년 《악마의 장군Des Teufels General》을 발표하기 전까지 거의 글을 쓰지 못하고 힘든 망명 생활을 해야 했다.

망명 영화의 장르

망명 영화의 장르로는 우선 코미디, 뮤지컬, 멜로드라마가 선호되었다. 이 중 코미디는 망명 영화 중에서 약 25%에 이를 정도로 초반에 강세를 보였다. 일례로 팝스트G. W. Pabst가 프랑스 망명 중에 제작한, 평범한 도시민들의 삶을 그린 〈위에서 아래로Von oben nach unten; Du haut en bas〉(1933)를 들 수 있다. 그러나 1940년대 이후에는 코미디가 거의 자취를 감췄다. 왜냐하면 전쟁 분위기 탓도 있었지만, 할리우드에서는 오로지 미국 사람들만이 미국 관객을 웃길 수 있다는 견해가 지배적이었기 때문이다(야콥센 외, 2010, II: 33). 이에 반해 할리우드 망명 영화인들은 처음부터 반나치 영화 제작에 대해 우선적인 가치를 부여하지 않았다. 앞서 언급한 프리츠 랑의 〈사형집행인 또한 죽는다〉(1943)와 루비치의 〈죽느냐 사느냐〉(1942) 정도가 있을 뿐이다.

망명 영화 장르 중에서 무엇보다 우리의 관심을 끄는 것은 '느와르'다. 이 장르는 1940년대 이래 독일어권 출신 망명 감독들이 개척하여 할리우드에서 특별히 독자성을 인정받았다. 플롯과 대화에 얽매인 전통 할리우드 영화들과 달리, 이 장르에서는 형식과 스타일이 내용을 결정하고 분위기가 플롯을 압도하기 때문에 영화의 초점이 '무엇'에서 '어떻게'로 옮겨진다. 그리고 범죄 영화의 어두운 측면, 무엇보다 현대 도시의 염세주의적 시각이 두드러지게 나타난다. 이 장르의 탄생과 확립에는 독일 표현주의와 미국으로 이주해온 독일 망명 영화인들 중에서 특히 프리츠 랑, 빌리 와일더, 로버트 지오트막 등의 영향이 컸다. 앞서 언급한 프리츠 랑의 〈창문 속의 여자〉, 빌리 와일더의 〈이중 배상〉, 로버트 지오트막의 〈유령의 여인〉 등이 대표작이라 할 수 있다.

슈레이더Paul Schrader는 "1941년부터 1953년 사이에 만들어진 거의 대부분의 할리우드 극영화는 느와르 적인 요소를 갖고 있다"라고 지적하면서, 이 장르의 특징을 다음과 같이 요약한다.[9]

1. 대부분 장면을 밤에 찍는다.
2. 독일 표현주의에서와 마찬가지로 사선과 수직선이 수평선보다 더 선호된다.
3. 배우와 세트에는 종종 같은 비중의 조명이 가해진다.
4. 구도상의 긴장이 신체활동보다 더 선호된다.
5. 물(그리고 거울, 창문, 그 외 반사되는 물체들)에 대한 거의 프로이트적인 집착이 있다.
6. 낭만적인 내레이션에 대한 애착이 있다.
7. 복잡한 시간 배열이 미래의 절망과 잃어버린 시간을 강조한다.

---

9) 토마스 샤츠 (한창호, 허문영 옮김), 《할리우드 장르》, 컬처룩, 2014, 230쪽 재인용.

이 밖에 할리우드 망명 영화의 특별한 예로 '문학작품의 영화화'를 들 수 있다. 오스트리아 빈 출신의 오스발트Richard Oswald 감독이 만든 영화 〈천국행 여권Passport to Heaven〉(1941)이 여기에 해당한다. 이 영화는 오스발트가 할리우드로 망명하기 전에 카를 추크마이어의 동명의 희곡을 바탕으로 한 영화 〈쾨페닉의 대위〉[10](1931)를 리메이크한 것으로, 독일 만하임 출신의 배우 바써만Albert Bassermann이 주연했다. 그러나 이 영화는 제작 당시 배급사도 없었고 개봉관도 없었기 때문에 잊혔다가 1945년에야 비로소 〈나는 범죄자였다I Was a Criminal〉라는 타이틀로 상연되었다. 이는 독일 문학에 바탕을 둔 영화가 1940년대 할리우드에서 흥행하기 어려웠음을 보여준 좋은 사례에 해당한다. 그러나 이 영화는 할리우드에서 만들어진 가장 '독일적인' 영화라고 할 수 있을 정도로 독일 문학과 독일 문화에 크게 빚지고 있음에 주목해야 할 것이다(야콥센 외, 2010, II : 36f).

---

10) 1931년 오스발트 감독이 만든 〈쾨페닉의 대위〉의 스토리는 다음과 같다.

감옥에서 23년을 보내고 출소한 제화공 빌헬름 포이트Wilhelm Voigt는 새로운 일자리를 찾고자 한다. 그러나 등록증이 없으면 일을 할 수 없다. 그는 등록증을 발급받기 위해 관청에 가지만 아무도 거들떠보지 않는다. 필요한 서류를 얻기 위해 경찰서에 침입하지만 즉시 붙잡혀 또다시 10년 징역형을 선고받는다. 감옥에서 그는 주로 군사 관련 문헌을 읽는다. 다시 석방된 포이트는 정직한 일을 하면서 새로운 삶을 살기 원하지만 여전히 등록증이 없다. 그래서 이제 그는 감옥에서 얻은 군사 지식을 활용한다. 그는 한 보따리상을 통해 대위 군복을 사서 입고 수십 명의 경비병을 모아 지휘한다. 포이트는 일행과 함께 베를린 교외의 쾨페닉Köpenick으로 가서 그곳 시청에 침입하여 시장과 재무관을 체포하고 시의 금고를 압수한다. 그러나 쾨페닉의 시청에는 등록증 부서가 없어 그는 그것을 여전히 얻지 못한다. 다음날 언론은 온통 이 재미있는 장난에 대한 보도로 가득하다. 황제조차 즐거워한다. 감옥에 잠시 머무른 후, 제화공 포이트는 마침내 황제에 의해 사면된다. 그리고 마침내 등록증도 받는다.

4.
나치 시대 독일 영화와 할리우드

《독일영화사》 중에서 나치 시대 영화사를 기술한 카르스텐 비테 Karsten Witte는 제3제국이 후손들에게 남긴 1,086편의 극영화를 "사악한 유산"(볼프강 야콥센 외, 2010, II: 41)이라고 지칭한다. 이 표현에는 나치 시대 독일 영화에 대한 거부와 수용이라는 양가적 반응이 함축되어 있다. 물론 나치 시대 영화에 대한 연구 현황을 살펴보면, 거부가 압도적으로 우세했음을 알 수 있다. 독일에서는 과거 수십 년 동안 단지 10여 편의 프로파간다 영화에 대한, 그것도 파시즘적 특성에 초점을 맞춘 연구들이 나왔을 뿐이다. 파시즘의 맥락에서 코미디, 멜로드라마 등의 장르가 어떻게 가능했는지, 제3제국의 영화 시스템과 할리우드 시스템 사이에 공통점은 없었는지 등을 알아보려는 노력은 최근의 연구들에서 비로소 찾아볼 수 있다(볼프강 야콥센 외, 2010, II: 42). 예를 들어 하세Christine Haase는 나치 시대 영화를 "선전(프로파간다)과 오락(엔터테인먼트) 사이에서 움직인 내셔널 영화"(Christine Haase, 2007: 26)로 자리매김하고자 한다.

히틀러와 그의 참모였던 요제프 괴벨스Joseph Goebbels는 열렬한 영화 애호가였다. 그러나 영화에 대한 그들의 관심은 정치적으로 오염되고 왜곡된 형태로 나타났다. 국민계몽선전부 장관 괴벨스는 1933년부터 필름의 생산, 배분, 상영을 통제하기 시작했다. 1933년 영화신용은행을 설립하여 영화 생산을 지원함으로써 영화산업의 국유화를 시도했고, 1934년에는 새 영화법을 통과시켜 엄격한 검열 가이드라인을 제시했다. 국가사회주의적 예술 감성을 훼손하는 영화는 상영을 금지해야 한다는 원칙을 내세운 것이다. 더구나 1936년에는 기존 형태의 영화비평에 대해서도 금지 명령을 내렸으며,[11] 영화사 우파와 1938년 바벨스베르크에 설립된 영화예술아카데미Deutsche Akademie für Filmkunst에 나치 간부들을 배치했다. 그리고 제국의 영화감독관에는 다큐멘터리 영화 〈영원한 유대인Der ewige Jude〉(1940)을 만든 프리츠 히플러Fritz Hippler를 임명했다.

1933년부터 1945년 사이에 지속된 나치의 통제와 검열, 유대인에 대한 박해는 많은 영화인들을 망명길에 오르게 했다. 초기에 망명을 선택한 대표적인 영화감독으로는 프리츠 랑을 들 수 있다. 독일 영화산업의 붕괴를 우려한 괴벨스는 유대인 출신임에도 랑에게 좋은 일거리를 제안했으나 그는 이를 거부하고 1934년 할리우드로 망명했다. 하세에 따르면, 1934년 말경 독일 영화산업은 감독과 제작자의 약 50%, 배우의 약 40%, 그 밖에 수많은 기술자와 종사자를 상실했다(Christine Haase, 2007: 25).

그리고 제2차 세계대전이 발발할 무렵 다시 대규모 망명이 이어졌다. 1938~1939년경에 할리우드로 간 유명한 사람으로는 영화감독 와일더Billy Wilder, 팝스트G. W. Pabst, 지오트막Robert Siodmak, 울머Edgar Ulmer, 더글라스 서크Douglas Sirk, 배우 로레Peter Lorre, 라머Hedy Lamarr, 베르그너

---

11) 아른하임, 발라즈, 크라카우어 등 저명한 영화비평가들은 이미 망명길에 오른 뒤였다.

Elisabeth Bergner, 제작자 포머Erich Pommer, 작가 지오트막Curt Siodmak 등이 있다.

　이러한 대규모의 이주·망명은 독일 영화산업 쪽에는 엄청난 손실이었지만, 역으로 미국 쪽에서는 할리우드 영화산업을 풍요롭게 만드는 발전적 요인이 되었다. 그러나 다른 한편으로 망명을 선택하지 않거나 나치정권에 협조한 영화감독들이 있었는데, 이들은 독일 영화사의 또 하나의 흐름을 형성했다. 여기서는 이들의 영화에 대해 살펴보자.

　첫째, 리펜슈탈Leni Riefenstahl의 프로파간다 영화 〈의지의 승리Triumph des Willens〉(1935)가 주목된다. 이 영화는 1934년 뉘른베르크에서 있었던 나치 전당대회를 기록한 것으로, 당대 가장 사치스럽고 스펙터클한 영화로 평가된다. 이 영화에 나오는 유명한 나치 퍼레이드 장면은 1940년 찰리 채플린의 〈위대한 독재자Der große Diktator〉를 비롯하여 이후 많은 영화들에서 자주 인용되었다. 나중에 리펜슈탈은 "순수하게 역사적인 영

〈의지의 승리〉 중
거리 퍼레이드
촬영 장면

화예요. 정확히 말하자면, 다큐멘터리 영화죠. 그것은 1934년의 역사적 진실을 반영합니다. 그러니까 다큐멘터리 영화이지 프로파간다 영화가 아니에요"(볼프강 야콥센 외, 2010, II: 57 재인용)라고 말했지만, 후세대 영화비평가들은 이를 프로파간다 영화로 자리매김한다. 특히 크라카우어Siegfried Kracauer는 이 영화가 카메라 기법, 편집, 음향 등을 통한 "현실의 총체적인 변형"(볼프강 야콥센 외, 2010, II: 59 재인용)임을 강조한다. 마찬가지로 1936년 베를린 올림픽을 소재로 만든 리펜슈탈의 〈올림피아Olympia〉(1938)도 순수 기록영화로 보는 것을 방해하는 요소들이 많다. 극적 감동을 주기 위한 몽타주와 음향 및 음악의 삽입, 다양한 카메라 각도와 근접촬영 기법의 활용, 장면의 편집 등이다. 예를 들어 다이빙 촬영 시퀀스는 어둠이 짙어지는 구름 낀 하늘을 배경으로 선수의 육체가 실루엣처럼 보이게 앙각(仰角) 촬영을 함으로써 실제 시합의 치열한 이미지보다는 초현실적인 숭고한 이미지를 제공한다.

둘째, 반유대인 영화로 프리츠 히플러Fritz Hippler의 〈영원한 유대인 Der ewige Jude〉(1940)이 눈에 띈다. 1933년부터 나치 이념을 공고화하기 위

〈올림피아〉에 나오는
다이빙 장면

한 프로파간다 영화들이 나왔다면, 1939년부터는 반유대주의 영화들이 만들어지기 시작했다. 〈영원한 유대인〉은 후자에 속한다. 이 영화에서 유대인은 범죄자 집단, 기생충, 기식자들로 취급된다. 유대인을 시각적으로 들쥐와 등치시킨 시퀀스는 나치 시대 영화가 남긴 가장 심한 트라우마의 하나라 할 수 있다(볼프강 야콥센 외, 2010, II: 89). 두 번째 반유대인 영화로는 파이트 하를란Veit Harlan의 〈유대인 쥐스Jud Süss〉(1940)를 들 수 있다.[12] 이 영화는 빌헬름 하우프Wilhelm Hauff가 1827년 발표한 동명의 노벨레를 각색한 것으로 알려져 있다. 영화의 줄거리는 다음과 같다.

유대인 쥐스 오펜하이머가 뷔르템베르크의 카를 알렉산더 공작에게 접근하기 위해 가던 중 마차가 고장 난다. 그래서 관료 슈투름의 순진한 딸 도로테아가 그를 태워준다. 알렉산더 공작의 탐욕을 악용해 신임을 얻은 쥐스는 경제적 지원의 대가로 권력을 장악해가며 갖은 악행을 저지른다. 또한 그는 애인 파버를 고문하여 도로테아가 반항하지 못하도록 한 다음에 그녀를 겁탈한다. 이 때문에 그녀가 자살하자 들끓던 민심은 폭동으로 변하고 공작이 급사하는 바람에 쥐스는 체포되어 교수형에 처해진다.

이처럼 하를란의 영화에서 유대인 쥐스는 독일인 처녀 도로테아를 겁탈한 성범죄자로 묘사된다. 그러나 하우프의 노벨레에서 유대인 쥐스는 성범죄자로 등장하지 않는다. 권력 장악을 위해 뷔르템베르크 군주편에 섰던 그는 의회고문관 아들과 자신의 여동생을 결혼시키려다가 군

---

12) 파이트 하를란은 〈유대인 쥐스〉 때문에 전범 가담자로 기소되었지만, 법적으로 무죄 선고를 받았다.

영화 〈유대인 쥐스〉의 포스터

주가 돌연 사망하는 바람에 체포되어 공개 처형되는 인물이다. 또한 이 영화는 이야기가 역사적 사실에 근거하고 있음을 강조한다. 이로써 유대인 쥐스의 행위가 아리안족의 순결을 파괴하는 행위이자 독일의 미덕에 대한 배반 행위로 확대해서 해석할 수 있는 여지를 남긴다.

셋째, 나치 시대 장르 중 코미디의 우세가 주목된다. 1933년부터 1945년 사이에 독일에서 생산된 1,094편의 영화 가운데 코미디가 48%, 멜로드라마가 27%, 프로파간다 장르가 14%를 차지했다(Christine Haase, 2007: 26)는 통계는 이를 잘 말해준다. 하세는 이런 코미디 장르의 우세를 당시 미국에서 인기 있었던 스크루볼screwball 코미디[13]의 발전과 번창

13) 1930년대 이후 미국에서 유행한 영화 장르다. 대개 두 남녀 주인공이 우여곡절 끝에 사랑의 결실을 맺는다는 이야기를 재치 있는 대사를 곁들여 희극적으로 이끌어간다. 그 때문에 로맨

에 대한 화답으로 해석한다(Christine Haase, 2007: 26). 예를 들면 파울 마르틴 Paul Martin이 할리우드 경험을 바탕으로 독일 우파사에서 만든 〈행운아들 Glückskinder〉(1936)은 하찮은 글쟁이 몽상가가 우연히 법정에서 재벌가의 질녀를 만나 사랑에 빠진다는 이야기인데, 카프라Frank Capra가 감독하고 클라크 게이블이 주연한 할리우드 영화 〈어느 날 밤에 생긴 일It Happened One Night〉(1934)의 대응 작품으로 볼 수 있다.[14]

넷째, 제2차 세계대전의 전황이 불리해진 이후에는 멜로드라마가 부상했다. 당시 멜로드라마의 특징은 체념, 심미주의, 부드러운 대사가 주조를 이뤘다. 통계상으로 보면, 1945년 직전에는 코미디가 25%로 줄어들고 멜로드라마가 58%로 늘어난다. 당시의 대표적인 멜로드라마로는 테오도르 슈토름Theodor Storm의 동명소설을 영화화한 파이트 하를란의 〈임멘호수Immensee〉(1943)가 있다.[15] 이 영화의 줄거리는 다음과 같다.

엘리자베트는 신참 음악가 라인하르트를 사랑한다. 그들은 임멘호수에서 행복한 청소년기를 보낸다. 그도 그녀를 사랑하지만 함부르크에서 음악을 공부하고 작곡가로서 경력을 쌓기 위해 그곳을 떠난다. 오랫

틱 코미디의 원형이라 부르기도 한다. 예를 들어 에른스트 루비치 감독이 할리우드에서 만든 〈낙원에서의 곤경〉(1932)은 상류층 신사이면서 도둑으로 악명 높은 가스통과 역시 백작부인으로 위장한 릴리가 서로의 재주에 반해 사랑에 빠지게 된다는 이야기를 다룬다.

14) 할리우드 스크루볼 코미디는 대개 성격적인 혹은 경제적인 차이가 뚜렷한 캐릭터들을 필요로 한다. 〈어느 날 밤에 생긴 일〉은 재벌 상속녀 앨리와 노동계급에 속하는 뻣뻣한 성격의 신문기자 피터가 우연히 만나 코믹한 여정을 끝낸 후 마침내 결혼하는 스토리로 구성되어 있다. 이와 비슷하게 〈행운아들〉도 우연히 법정 리포터 일을 떠맡은 하찮은 글쟁이가 부랑자로 즉 결심판에 넘겨진 여자를 구하기 위해 애인을 자처하고 현장 결혼식으로 이를 입증해 보임으로써 나중에 재벌가의 질녀로 밝혀진 그녀의 환심을 사고 사랑에 빠진다는 이야기를 다룬다.

15) 테오도르 슈토름의 소설은 1989년 클라우스 겐트리스Klaus Gendries에 의해 〈임멘호수〉라는 동명의 타이틀로 다시 영화화되었다.

동안 소식이 끊어진 후 라인하르트가 고향을 방문했을 때 둘은 잠시 재회한다. 그리고 함부르크로 그를 찾아간 엘리자베트는 대도시 생활에 적응하지 못하고 고향으로 되돌아오고 만다. 그러자 오랫동안 그녀를 기다려온 에리히가 사랑을 고백한다. 그가 아버지의 농장을 상속받자 엘리자베트는 그와 결혼한다. 그녀는 그가 죽은 뒤에도 정절을 지키고 유명 지휘자가 된 라인하르트의 고백에도 흔들리지 않는다.

결국 이 작품은 하를란이 슈토름의 소설 《임멘호수》(1849)를 당대의 시대적 맥락에서 멜로드라마로 재탄생시킨 것으로 볼 수 있다. 따라서 독일영화사는 프로파간다를 목적으로 한 파시즘 영화들과 정치적으로 오염된 반유대주의 영화들뿐 아니라 당시의 코미디 장르와 멜로드라마도 나치 시대의 중요한 유산으로 포함해야 할 것이다. 또한 영화 시스템

1943년 영화 〈임멘호수〉의 포스터

적인 측면에서 나치 시대 독일 영화는 할리우드 영화처럼 스타 의존적이었으며 독점조직에 의해 움직였기 때문에 이를 할리우드의 영향과 수용의 관계 속에서 고찰해야 할 것이다. 결국 나치 시대 독일 영화는 오로지 선전(프로파간다)을 지향한 영화가 아니라 선전(프로파간다)과 오락(엔터테인먼트)이라는 두 축을 중심으로 움직인 내셔널 영화였음에 주목할 필요가 있다.

5.
전후 독일 영화와 할리우드

'영시(零時, Null Stunde)'라 불리는 1945년 이후 독일의 영화산업은 방향을 잃고 침체되어 있었다. 그 대신에 독일을 점령한 승전국의 영화들이 시장을 장악했다. 연합군이 점령한 서독 지역에서는 미국, 영국, 프랑스 영화사들이 배급망을 조직하여 자기 나라의 신구 영화들을 들여왔다. 시간이 지남에 따라 독일인도 자국 영화를 보고 싶어 했지만, 미학적 욕구는 주로 프랑스 영화를 통해 충족했고, 정치적 문제는 미국 영화의 몫으로 넘겨주었다. 그 결과 표현주의의 전통을 잇는 독일 영화는 한동안 탄생하기 어려웠다. 기껏해야 전쟁 영웅담, 싸구려 애정물, 통속소설 등에 관심이 쏠렸으며, 할리우드 서부극의 대용물이라 할 수 있는 향토영화Heimatfilm가 독일 영화의 맥을 이어갔다. 이처럼 서독의 영화는 제2차 세계대전 이후, 멀리는 1950년대 말까지 세계 영화사의 뒷전에 머물러 있었다.

이와 달리 소련이 점령한 동독 지역에서는 1946년 설립된 영화사 데파DEFA(Deutsche Film AG)를 중심으로 나치 범죄에 대한 독일인의 죄의식

영화 〈살인자들은 우리 중에 있다〉의 포스터

과 책임감을 일깨우려는 움직임이 있었다. 대표적인 영화로는 볼프강 슈타우테Wolfgang Staudte의 〈살인자들은 우리 중에 있다Die Mörder sind unter uns〉(1946)가 있다. 이 영화의 줄거리는 다음과 같다.

제2차 세계대전 후 유대인 포로수용소에서 살아남은 수잔네 발너Susanne Wallner는 폐허가 된 베를린으로 귀향한다. 그녀의 집에는 이전에 군의관이었던 한스 메르텐스Hans Mertens가 살고 있다. 두 사람은 어쩔 수 없이 집을 공동으로 사용하면서 어렵게 살아간다. 이후 수잔네는 정상적인 생활로 돌아가려고 애쓰지만, 한스는 전쟁 트라우마 때문에 고통스러운 삶을 산다. 그는 늘 술에 의존한다. 어느 날 한스는 수잔네를 통해 죽은 줄 알았던 자신의 상관 브뤼크너Brückner가 아직 살아있다는 충격적인 소식을 듣게 된다. 더구나 브뤼크너는 낡은 철모로 냄비를 만드는 사업가로 변신하여 부유한 생활을 하고 있다는 것이다. 브뤼크너는 폴란드에서 무고한 시민과 아이들을 총살당하게 한 인물이지만 전후에 성공한 사업가가 되어 있고, 자신은 그 일로 괴로워하는 신세가 되어 있었던 것이다. 이제 한스는 브뤼크너를 찾아가 그를 정의의 이름으로 처단하려한다. 그러나 총을 쏘려는 순간 수잔네에 의해 저지당한다. 수잔네는 브뤼크너의 과거 행위는 개인적인 보복에 의해서가 아니라 법에 따라 처벌받아야 한다고 말한다.

이처럼 이 영화는 나치 시대의 죄의식, 방관, 내적 망명 등의 주제뿐아니라 전쟁 범죄자를 단죄하지 못하는 전후 사회의 문제를 다룬다. 또한 이 영화는 빛과 어둠의 강렬한 대조, 그림자, 미로 같은 층계, 비스듬한 지평선을 보여주는 등 표현주의 영화의 전통을 보여준다.

한편 독일 출신의 망명 영화인들은 제2차 세계대전이 끝나자 귀향과 잔류 중 하나를 선택해야 했다. 할리우드 망명자들 가운데 기대했던 와일더, 루비치, 오퓔스 등은 독일로 귀환하지 않았고, 프리츠 랑은 독일에서 영화감독으로 복귀하는 데 실패했다. 다만 로버트 지오트막Robert Siodmak이 귀향 후에 나름대로 영화적 능력을 보여주었다. 지오트막은 자신이 1940년대 할리우드에서 습득한 느와르 영화의 기법들을 전후 독일에서 만든 영화들에 적용하려 했다. 게르하르트 하우프트만Gerhart Hauptmann의 희곡을 각색한 〈쥐떼Die Ratten〉(1955)와 〈밤에 악마가 왔을 때 Nachts, wenn der Teufel kam〉(1957)가 그 예에 해당한다. 더글라스 서크Douglas Sirk(본명: Hans Detlef Sierck)와 프레드 친네만Fred Zinnemann 감독도 궁극적으로 미국 잔류를 선택하고 자신들만의 영역을 개척함으로써 오히려 할리우드 영화에 크게 공헌했다.

　서크는 1947년 일시 귀국했다가 할리우드로 다시 돌아가 유니버설 영화사에서 일하면서 1950년대 할리우드 멜로드라마 장르를 주도했다. 〈하늘이 허락한 모든 것All That Heaven Allows〉(1955), 〈언제나 내일은 있다 There's Always Tomorrow〉(1955), 〈바람에 쓴 편지 Written on the Wind〉(1956), 〈사랑할 때와 죽을 때A Time to Love and a Time to Die〉(1957), 〈슬픔은 그대 가슴에 Imitation of Life〉(1958) 등 무려 21편의 멜로 영화가 이를 잘 말해준다. 이 중 트랜스내셔널 영화사의 관점에서 특히 주목할 만한 영화로는 독일 연기자들과 기술자들을 대거 고용하여 레마르크의 소설을 영화화한 〈사랑할 때와 죽을 때〉를 꼽을 수 있다. 이 영화는 1944년 러시아 전선에 투입되었다가 2주간의 휴가를 얻어 고향에 온 독일군 병사 그래버가 폐허더미 속에서 엘리자베트와 만나 사랑에 빠지고 폭격과 불안, 감시가 일상이 되어버린 혼란 속에서 짧은 신혼생활을 보낸 다음에 다시 전선으로 복귀하여 그녀의 임신 소식을 듣지만, 자신이 풀어준 러시아군 포로의 총에 맞아 죽는다는 이야기를 다룬다.

　친네만은 1929년 할리우드로 망명했지만 귀향하지 않고 독일 문화의 전통과 할리우드 장르 영화를 접목하는 노력을 계속해나갔다. 서부극 〈하이 눈High Noon〉(1952)에서 이를 확인할 수 있다.

　서부 작은 마을의 보안관이던 케인은 임무를 마감하고 에이미Amy 와 결혼식을 올린다. 그의 후임자는 다음날 오기로 되어 있다. 하지만 결혼식 직후 이전에 케인이 감옥으로 보낸 악당 밀러Frank Miller가 12시 정각 역에 도착할 것이라는 소식이 전해지면서 마을에 긴장감이 돌기 시작한다. 케인은 결혼식 하객한테 떠밀려 신혼여행길에 오르지만, 도중에

영화 〈하이 눈〉의 포스터

다시 마을로 돌아와 악당들과 싸우기로 결심하고 지원군 모집에 나선다. 그러나 밀러를 무서워하는 마을 주민들은 케인을 도우려 하지 않는다. 오히려 자신들의 안위만을 생각하고 케인에게 마을을 떠날 것을 요구한다. 결국 케인은 마을 사람들의 도움 없이 외롭게 악당들과 총격전을 벌인다. 하지만 케인은 인질로 붙잡힌 에이미를 구하고 밀러를 사살하는 데 성공한다. 그리고 보안관 배지를 반납하고 에이미와 함께 마을을 떠난다.

　　이 영화는 외견상 전통적인 서부극의 요소를 갖추고 있다. 마을의 안위를 위협하는 악당, 악당을 물리치려는 정의로운 보안관, 보안관 곁을 지키는 아름다운 여인, 그리고 악당과 보안관 사이에서 불안해하는 마을 주민들이 등장한다는 점에서 그렇다. 그러나 플롯은 결말 부분에서 전통적인 서부극의 기대를 벗어난다. 전통적인 서부극이라면 케인이 마침내 주민들의 협조를 얻어 악당들과 싸움에서 최종 승리한 다음 마을에 다시 평화가 찾아오는 것으로 결말을 맺었을 것이다. 그러나 이 영화에서 케인은 악당을 물리치는 데는 성공하지만 주민들의 협조를 얻어내는 데는 실패한다. 즉, 케인은 악당과의 싸움에서 이겼지만 씁쓸한 심정으로 에이미와 함께 마을을 떠나는 '반쪽' 영웅으로 묘사되고 있다.[16] 결국 친네만 감독은 이 영화에서 주인공 케인과 지역 공동체의 갈등 구조를 강조한 셈이다. 이것은 독일의 전형적인 드라마에서 자주 볼 수 있는 개인과 사회, 혹은 국가 간의 갈등 구조와 유사하다.[17] 이 밖에도 이 영화는 형식적인 측면에서 할리우드 서부극과는 다른 독특한 차이점을 보인다. 영화의 진행 시간(러닝 타임)과 영화 속 사건이 진행되는 시간을 일치시키고, 시시각각 다가오는 위기 순간을 빈번하게 등장하는 괘종시계의 시각적 이미지를 통해 고조시키는 기법을 사용하고 있기 때문이다.

---

16) 친네만 영화의 이런 차별성 때문에 혹스Howard Hawks 감독은 이 영화가 서부극의 장르 관습을 위배했다고 비판했으며, 배우 존 웨인은 "내가 본 가장 비미국적인 영화"라고 말했다(이형숙, 〈1950년대 할리우드 장르와 사실주의의 다양한 변주: 〈하이 눈〉과 〈워터프론트〉 연구〉, 《문학과 영상》, 2011, 773쪽 재인용).

17) 이 영화의 시나리오 작가 포먼Carl Foreman은 〈하이 눈〉 집필 당시 매카시Joseph McCarthy가 주도한 '반미활동조사위원회(The House Un-American Activities Committee, HUAC)'에서 공산주의자들에 대한 증언을 거부함으로써 동료 제작자로부터 따돌림을 당해 유럽으로 떠났다. 또한 감독 친네만은 유대인 출신으로 유럽에서 차별과 소외를 경험한 바 있다. 따라서 바로 이러한 경험들이 이 영화에서 케인으로 대변되는 개인과 마을 사람들로 대변되는 공동체 구성원들 사이의 갈등 구조를 형상화하는 데 영향을 미쳤을 것이라고 본다(이형숙, 2011: 770-771).

6.
1960년대 이후 독일 영화와
할리우드의 다른 길

뉴 저먼 시네마

1960년대는 세대 간 갈등, 학생운동, 정치개혁 운동, 사회적 불안 등으로 점철된 시기다. 특히 독일의 진보적인 젊은 세대는 그동안 기성세대가 기억하고 싶지 않았던 과거, 곧 나치의 치욕스러운 과거를 회피하지 않고 직시하고자 했을 뿐 아니라 개혁, 혁명, 국가 권력에 대한 도전이라는 가치를 지향함으로써 권위, 안정, 보수를 고수하는 기성세대와 심각한 대결 국면을 조성했다. 결과는 1968년 진보적인 학생운동으로 나타났고, 1970년 RAF(Rote Armee Fraktion) 같은 좌익 테러 그룹에 의한 극단적인 활동으로까지 이어졌다.

뉴 저먼 시네마New German Cinema 운동은 이러한 시대적 배경에서 탄생했다. 1960년대 초부터 영화의 혁신을 주장한 젊은 영화감독들은 기존의 보수적인 영화들과 달리 작가주의적이고 비상업적인 영화들을 만들려는 움직임을 보였다.

잘 알려진 것처럼 출발은 오버하우젠 선언Das Oberhausener Manifest이었다. 즉 1962년 2월 28일, 제8회 독일 단편영화 페스티벌에 참석하기 위해 오버하우젠에 모인 26명의 젊은 영화인들이 "아버지의 영화는 죽었다Papas Kino ist tot"라고 선언한 것이 계기가 되었다. 그들은 치욕스러운 과거를 외면한 채 상업성만 추구하는 부모 세대의 보수적인 영화들을 청산하고 새로운 영화를 만들고자 하는 목표를 공유하고 있었다.

이 운동은 크게 두 가지 방향으로 추진되었다. 첫째, 과거 역사에 대한 비판적 인식을 바탕으로 영화에 새로운 내용을 담고자 했으며, 둘째, 새로운 제작방식으로 새로운 영화미학을 창출하고자 했다. 그래서 이들은 장르를 기반으로 성공을 거둘 수 있는 영화들, 예를 들어 향토영화, 월리스Edgar Wallace의 스릴러, 웨스턴, 값싼 섹스 영화들에 집중했던 영화산업에는 분명하게 선을 긋고, 나치 이전 영화의 전통과 재연결을 시도하는가 하면, 할리우드 스타일의 상업적 영화의 한계에서 벗어나 새로운 영화의 길을 모색했다.

그러나 뉴 저먼 시네마 감독들은 형식미학적 측면에서 통일된 경향을 보이지 않고 각자 다양한 방법과 영화미학을 가지고 접근했다. 다시 말해 프랑스 누벨바그와 달리 스타일 측면에서 공통적인 특성을 드러내지 않았다. 사회 비판적 멜로드라마, 비판적 향토영화, 로드무비, 기록영화 등 다양한 양식의 영화가 등장한 것이다.

이 운동은 1970년대에 최고의 전성기를 누렸으며, 1980년대 초 파스빈더가 사망하고 헬무트 콜이 이끄는 보수정권이 등장함으로써 막을 내렸다. 결국, 뉴 저먼 시네마는 프랑스 누벨바그처럼 특정한 양식의 사조로는 발전하지 않았으나 치욕스러운 나치 역사를 비판적 시각으로 성찰하고 독자적인 제작과 배급방식을 추구하면서 영화 형식의 개혁을 위해 노력했다.

뉴 저먼 시네마 운동을 주도한 감독으로는 알렉산더 클루게Alexander Kluge, 파스빈더Rainer Werner Fassbinder, 폴커 슐렌도르프Volker Schlöndorff, 빔 벤더스Wim Wenders를 들 수 있다.

먼저 초창기 뉴 저먼 시네마를 이끌었던 알렉산더 클루게는 정치적 의식보다 미학적 혁신을 더 중요시했다. 클루게의 〈어제와의 이별 Abschied von Gestern〉(1966)은 인터뷰, 대화, 인용, 회상, 에피소드, 사진 등을 콜라주 기법으로 배치함으로써 여주인공이 경험하는 서독 사회의 일상적인 현실을 새롭게 보여준다. 이러한 클루게의 혁신적인 양식은 뉴 저먼 시네마 감독들에게 많은 영향을 끼쳤다.

1982년 뉴 저먼 시네마의 종언과 함께 생을 마감한 파스빈더는 프랑스 누벨바그와 브레히트의 영향을 받았다. 그래서 파스빈더의 영화들은 자주 사회적 약자인 외국인 노동자, 동성애자들을 등장시켜 독일 사회에 내재된 이들에 대한 차별과 무관심, 멸시와 공격 등의 부정적인 요소들을 문제 삼았다. 〈카첼마허Katzelmacher〉(1969), 〈불안은 영혼을 잠식한다Angst essen Seele auf〉(1973) 등이 대표적인 예에 속한다. 또한 파스빈더는 독일 출신으로 1950년대 할리우드 멜로드라마 영역에서 독보적이었던 영화감독 더글라스 서크의 영향을 받았다. 파스빈더가 할리우드 멜로드라마를 변형하여 독일 사회를 비판하는, 소위 말하는 '사회 비판적 멜로드라마'를 탄생시킨 것은 셔크의 영향과 떼놓고 생각할 수 없는 부분이다. 파스빈더의 대표작으로는 〈마리아 브라운의 결혼Die Ehe der Maria Braun〉(1978), 〈베로니카 포스의 갈망Die Sehnsucht der Veronika Voss〉(1981) 등이 있다. 이 중에서 파스빈더가 서크에게 헌정한 영화 〈마리아 브라운의 결혼〉을 살펴보자.

마리아와 헤르만은 결혼식을 올린다. 그러나 곧 결혼식장은 폭격으로 아수라장이 되고, 헤르만은 다음날 전쟁터로 끌려간다. 전쟁이 끝나자 마리아는 헤르만을 찾아 무너진 건물의 폐허더미 사이를 헤맨다. 하지만 그가 전사했다는 소식이 들려올 뿐이다. 이제 마리아는 생계유지를 위해 미군 바에 출입한다. 거기서 그녀는 흑인 병사 빌을 알게 된다. 그리고 어느 날 집에서 그와 정사를 나눈다. 그런데 바로 그 순간 죽은 줄 알았던 남편 헤르만이 나타난다. 그러자 마리아는 빌을 살해하고 법정에 선다. 그러나 재판 중에 헤르만이 거짓 진술을 통해 자신이 살인의 책임을 떠맡고 마리아 대신 감옥에 간다. 그사이 마리아는 성공한 사업가인 오스발트의 도움으로 부를 축적하면서 남편을 기다린다. 하지만 헤르만은 출소 후에도 끝내 그녀에게 돌아오지 않는다. 그리고 마리아는 의도인지 실수인지 알 수 없는 가스폭발 사고로 파란만장한 삶을 마감한다.

이처럼 이 영화는 할리우드 멜로드라마의 구조를 차용하면서 전후 독일의 어려운 상황 속에서 살아남기 위해 몸부림치는 마리아 브라운의 이야기를 통해 그녀의 성적·사회적 정체성이 전후 독일의 자본주의 사회와 밀접하게 연관되어 있음을 보여준다.

1939년 독일 비스바덴에서 태어나 김나지움을 마치고 1955년부터 파리에서 영화를 공부한 폴커 슐렌도르프는 1965년 독일로 돌아와서 데뷔작 〈젊은 퇴어리스Der junge Törless〉(1966)를 발표한다. 이 영화는 뉴 저먼 시네마 운동의 초기 작품으로서 매우 중요한 의미를 지닌다. 그리고 슐렌도르프는 뉴 저먼 시네마 운동의 전성기에 해당하는 1970년대에는 정치적 의식과 영화미학을 잘 결합하는 방식으로 주목을 받았다. 하인리히 뵐의 동명의 소설을 바탕으로 만든 영화 〈카타리나 블룸의 잃어버린 명예Die verlorene Ehre der Katharina Blum〉(1976), 귄터 그라스의 장편소설을 영화화한 〈양철북Die Blechtrommel〉(1979) 등이 대표작이다. 전자는 대중적인 범죄영화의 형식을 빌려 진보와 보수 세력 사이의 첨예한 갈등과 인권 유린적인 폭력 등을 문제 삼고 있으며, 후자는 비유와 풍자, 유머, 그로테스크 등의 미학적 요소들을 적절하게 동원하여 독일의 어두운 역사를 다각도로 성찰한다.

한편, 1945년 태어나 어두운 과거를 잊고 싶었던 기성세대들로부터 방치된 채 젊은이들이 정체성을 찾지 못하고 미국의 대중문화에 빠져 있던 1950년대를 함께 경험하면서 성장한 빔 벤더스는 뉴 저먼 시네마 운동을 다른 방식으로 이끌었다. 그에게 미국 문화는 친숙한 대상임과 동시에 적개심을 가지고 멀리하고 싶은 애증의 대상이었다. 빔 벤더스는 할리우드 감독 샘 풀러Sam Fuller, 니콜라스 레이Nicolas Ray의 영향을 받아 할리우드식 장르를 이용하면서도 미국 문화를 비판적으로 바라보는 영화들을 만들었다. 다시 말해, 미국 문화의 영향을 받으며 독일에서 성장한 벤더스는 독일적인 것과 미국적인 것을 잘 결합한 영화들을 통해 독일 문화와 미국 문화에 대한 애정과 비판을 쏟아냈다. 1970년대 대표작으로는 페터 한트케Peter Handke의 동명 소설을 영화화한 〈페널티킥 앞에 선 골키퍼의 불안Die Angst des Tormanns beim Elfmeter〉(1971)을 비롯해서 〈도시의 앨리스Alice in Städten〉(1974), 〈잘못된 움직임Falsche Bewegung〉(1975), 〈시간의 흐름 속으로Im Lauf der Zeit〉(1976), 〈아메리카 친구Der amerikanische Freund〉(1977) 등이 있으며, 1980년대 주요 작품으로는 〈파리, 텍사스Paris,

영화 〈도시의 앨리스〉 포스터

Texas〉(1984), 〈베를린 천사의 시Der Himmel über Berlin〉(1987) 등이 있다. 이 중에서 〈도시의 앨리스〉, 〈잘못된 움직임〉, 〈시간의 흐름 속으로〉는 로드무비 3부작으로 불린다. 특히 〈도시의 앨리스〉와 〈시간의 흐름 속으로〉는 독일적 배경에서 미국 문화를 부정적으로 바라보는 성찰적 시선을 잘 보여준다. 〈도시의 앨리스〉를 예로 들어보자.

저널리스트였던 빈터Philip Winter는 업무 관계로 미국에 왔으나 한 줄의 글도 쓰지 못하고 단지 폴라로이드 사진 꾸러미를 챙겨 독일로 돌아가기 위해 뉴욕 공항에서 탑승을 기다리고 있다. 그때 본의 아니게 아홉 살짜리 소녀 앨리스를 떠맡아 동행한다. 그리고 빈터와 앨리스는 독일에서 그녀의 할머니를 찾아가는 여행을 하면서 교감을 나눈다. 그리고 빈터는 창작의 가능성을 발견한다.

이처럼 이 영화는 미국에서 아무런 글도 쓰지 못했던 저널리스트가 우연히 같이 독일을 여행하게 된 앨리스와 교감을 통해 창작의 가능성을 얻는다는 메시지를 전한다. 〈도시의 앨리스〉는 미국에서 탄생한 로드무비의 형식을 이용하여 반미국적인 메시지를 전하는 영화인 셈이다.

종합하면 뉴 저먼 시네마의 특징은 크게 두 가지로 요약된다. 하나는 내용적인 측면에서 사회 비판적이고 작가주의적인 경향성을 띠었다는 점이고, 다른 하나는 형식미학적인 측면에서 '문학작품 영화화'의 선호, 멜로드라마, 갱스터 등 장르영화 형식의 차용, 독일을 배경으로 하는 로드무비 영화의 개척 등을 통해 다양한 스타일을 보여주었다는 점이다. 하지만 뉴 저먼 시네마의 이런 특징은 상업적인 오락영화의 접근을 허용하지 않음으로써 1970년대 후반 독일 영화산업이 전반적으로 침체의 길로 들어서게 하는 역기능을 수행하기도 했다.

여하튼 뉴 저먼 시네마는 후대 독일 영화에 큰 영향을 미쳤다. 하지만 할리우드는 독일의 이 새로운 영화운동에 대해 미미한 반응을 보였다. 아마도 그것은 뉴 저먼 시네마를 표방하는 작품들이 미국인에게는 어렵게 느껴졌기 때문일 것이다. 사실 이것들은 자주 추상회화적이고 반어적일뿐더러 독일의 역사 문제를 다루면서도 비유와 암시를 포함하고 있어 이해하기가 쉽지 않았을 것이다(임정택 외, 2001: 206).

그럼에도 뉴 저먼 시네마가 할리우드에 알려질 수 있었던 데는 두 가지 이유가 있다. 하나는 파스빈더의 〈마리아 브라운의 결혼〉처럼 할리우드식 멜로드라마의 형식을 차용한 영화들이 만들어졌기 때문이고, 다른 하나는 빔 벤더스와 폴커 슐렌도르프처럼 독일의 국내 정치적 상황에 실망하고 염증을 느낀 감독들이 외국에서 도피처를 찾으려 했기 때문이다.

1960년대 이후의 미국 영화[18)]

유럽과 유사하게 사회변혁의 물결이 거세게 들이닥친 1960년대 이후 미국의 영화는 어떤 변화를 겪었을까? 독일 영화와 비교 차원에서 간략하게 살펴보자.

첫째, 미국 영화는 뉴 저먼 시네마와는 다른 방식으로 1960년대부터 변화된 미국의 정치적·사회문화적 분위기를 반영하고자 했다. 즉 정치적으로는 소련과의 냉전 심화와 베트남전쟁 발발, 문화적으로는 장발, 청바지, 통기타, 히피, 유니섹스 등으로 표상되는 청년문화의 형성이 변화의 핵심이었는데, 이를 반영한 새로운 스타일의 영화들이 탄생한 것이다. 인류의 기원과 우주 탐험에 관한 선구적인 전망을 제시한 스탠리 큐브릭Stanley Kubrick의 〈2001 스페이스 오디세이〉(1968), 자기 상실이라는 주제를 다룬 아서 펜Arthur Penn의 〈우리에게 내일은 없다Bonnie and Clyde〉(1967), 젊은이의 방황과 사랑을 그린 마이크 니콜스Mike Nichols의 〈졸업〉(1969), 자유의 가치를 두려워하며 할리데이비슨을 타고 돌아

---

18) 1960년대 이후의 미국 영화를 지칭하는 용어로 '뉴 아메리칸 시네마'가 있다. 이 용어는 좁게는 1960년대 뉴욕을 중심으로 탄생했던 실험영화, 언더그라운드 영화, 인디펜던트 영화 등을 지칭하지만, 넓게는 1960년대 후반의 '뉴 할리우드'와 그 뒤를 잇는 할리우드 작가주의 영화들을 포함하기도 한다(임정택 외, 2001: 238).

다니는 미국 사회 젊은이들의 이야기를 담은 데니스 호퍼Dennis Hopper 의 〈이지 라이더Easy Rider〉(1969), 미국적인 삶의 방식에 대한 비판을 담은 존 슐레진저John Schlesinger의 〈미드나잇 카우보이Midnight Cowboy〉(1969), 지저분한 뉴욕의 밤거리에서 창녀를 구하려다가 폭력을 휘두르는 택시 드라이버의 삶을 그린 마틴 스콜세지Martin Scorses의 〈택시 드라이버Taxi Driver〉(1976), 베트남전쟁을 배경으로 반전 메시지를 전하는 프란시스 코폴라Francis Coppola 감독의 〈지옥의 묵시록Apocalypse Now〉(1979) 등이 있다.

둘째, 미국 영화는 1960년대 말부터 젊은 관객에게 다가가기 위해 영화 제작 방식의 근본적인 변화를 시도했다. 독일 지식인들이 프랑크푸르트학파의 영향으로 대중영화에 대한 부정적인 생각을 계속 견지했다면, 할리우드는 검열을 폐지하고 그래픽 섹스, 폭력, 죽음 등의 묘사를 허용했으며, 전통 장르 패러다임을 수정하여 대중영화와 예술영화의 요소들을 혼합하는 등 젊은 관객에게 다가가려는 노력을 한 것이다.

셋째, 할리우드는 1970년대 중반부터 상업적인 성공을 목표로 거대 자본을 들여 만든 블록버스터를 잇달아 개봉하여 영화산업의 새로운 패러다임을 제시했다. 보통 블록버스터 영화 물결의 단초를 제공한 영화로 스티븐 스필버그Steven Spielberg 감독의 1975년 영화 〈죠스 Jaws〉를 든다.[19] 이 영화는 약 900만 달러의 예산으로 약 4억 7천만 달러의 박스오피스 수입을 올렸다. 이후 할리우드는 엄청난 비용을 들인 블록버스터 영화들을 양산하기 시작했다. 물론 여기에는 광고 마케팅도 동반되었다. 이를 통해 할리우드는 독일을 비롯한 해외 시장을 굳건하게 장악하기 시작했다. 이는 1980년대에 독일에서 활동하던 유명한 영화인들을 할리우드

---

19) 혹자는 1,500만 달러의 예산을 투입하여 약 1억 4,600만 달러를 벌어들인 와일러William Wyler 감독의 〈벤허Ben Hur〉(1959)를 블록버스터의 효시로 보기도 한다.

로 불러들이는 결과를 낳기도 했다. 예를 들어 카메라맨 발하우스Michael Ballhaus는 미국으로 건너가 1980년대 초부터 마틴 스콜세지, 프란시스 코폴라, 로버트 레드포드Robert Redford 등과 함께 작업했으며, 영화감독 볼프강 페테르센Wolfgang Petersen, 롤란트 에머리히Roland Emmerich, 폴커 슐렌도르프Volker Schlöndorff, 영화음악 작곡가 한스 짐머Hans Zimmer, 배우 나스타샤 킨스키Nastassja Kinski 등이 1980년대에 활동 무대를 할리우드로 옮겼다. 게다가 블록버스터 중심의 할리우드 영화산업은 독일에서도 블록버스터 영화가 탄생하도록 하는 데 기여했다. 미국으로 건너가기 전에 페테르센 감독이 만든 〈특전 유보트Das Boot〉(1981)는 대표적인 예에 해당한다.

끝으로 독일 영화와 할리우드가 1990년대 이후에는 어떤 방향을 모색했는지 간략하게 살펴보자.

먼저 독일 영화는 1989년 베를린 장벽의 붕괴와 거세게 일기 시작한 '세계화' 물결의 영향을 받았다. 뉴 저먼 시네마와 같은 정치적·사회적으로 정향된 영화들이 아니라 주로 희극 같은 가벼운 내러티브의 영화들이 1990년대 독일 관객의 환영을 받았다. 그러나 2000년대에 이르러서는 동서독 주민 간의 심리적 분단, 사회경제적 불평등, 이민, 세계화 등 변화해가는 불편한 현실을 반영하려는 영화들이 대거 등장했다. 예를 들면 볼프강 베커Wolfgang Becker의 〈굿바이 레닌Goodbye Lenin〉(2003), 파티 아킨Fatih Akin의 〈미치고 싶을 때Gegen die Wand〉(2004)와 〈천국의 가장자리 Auf der anderen Seite〉(2007) 등이 있다.

이후 밀레니엄 시대의 독일 영화는 할리우드와 활발한 교류·협력 관계를 이어갔다. 영화감독 쇤케 보르트만Sönke Wortmann과 페터 제어 Peter Sehr, 배우 틸 슈바이거Til Schweiger 등이 미국으로 이주하여 할리우드에서 활동했다. 또한 스튜디오가 있는 바벨스베르크는 할리우드와 유럽의 합작 영화들을 제작하기 위한 촬영지로 각광을 받았다. 로만 폴란스키Roman Polański 감독의 〈피아니스트The Pianist〉(2002)는 바벨스베르크에서 촬영된 합작 영화의 대표적인 예에 속한다.

이와 달리 1990년대 이후 할리우드는 거대 자본과 최첨단 기술에 의존하여 영화산업을 발전시킴으로써 세계 시장을 장악했다. 장르로는 블록버스터에서 발전한 '하이 콘셉트high concept' 영화, 컴퓨터그래픽을 이용한 공상과학 영화, 3D 애니메이션 영화가 주류를 이룬다. 예를 들면 〈인디펜던스 데이Independence Day〉(1996), 〈고질라Godzilla〉(1998), 〈터미네이터 II〉(1991), 〈쥬라기 공원 1, 2, 3〉(1993, 1997, 2001), 〈매트릭스〉(1999), 〈반지의 제왕〉 3부작(2001, 2002, 2003), 〈스파이더맨〉(2002), 〈토이 스토리〉(1995), 〈슈렉 1, 2, 3〉(2001, 2004, 2007) 등이 있다.

7.
할리우드 친연성을 보여준
독일 출신 영화감독들

　　1980년대는 독일과 할리우드 영화사에서 '끝'과 '시작'으로서의 의미를 지닌다. 1982년 헬무트 콜이 이끄는 보수정권이 들어서고 파스빈더가 37세의 나이로 사망함에 따라 뉴 저먼 시네마는 종언을 고하게 된다. 이는 독일에서 보수적인 문화정책의 시행과 국내 영화 시장의 침체로 이어졌다. 그러나 '뉴 할리우드' 시대를 마감한 미국에서는 블록버스터 영화의 맥을 잇는 '하이 콘셉트' 영화들이 대거 등장하였다. 물론 이런 변화는 독일에서도 대중적인 장르가 부활하는 계기로 작용했다. 그리하여 할리우드 친연성Affinität을 드러낸 독일 출신 감독들이 탄생했다.

　　미국의 영화학자 하세Christine Haase는 1980년대 이후 대중적인 시네마로 변모하면서 탈민족적·탈국가주의적 이슈에 대한 관심이 증가하는 문화적 현상에 주목하고, 할리우드에서 활동했거나 할리우드의 영화 관습을 수용하여 자신만의 독특한 스타일을 선보인 독일 출신의 영화감독들, 즉 볼프강 페테르센, 롤란트 에머리히, 퍼시 애들런, 톰 티크베어에게 특별한 관심을 보인다. 하세에 따르면, 그들의 영화는 "문화 생산품의 민족적 양상들과 탈민족적 양상들 사이의 긴장과 조화를 구체화"(Christine Haase, 2007: 3)하고 있다. 여기서는 할리우드 대중영화에 대한 취향을 보이면서도 자신의 독특한 영역을 구축한 4명의 영화감독과 그들의 대표 영화들을 자세히 살펴보기로 한다.

볼프강 페테르센:
독일 블록버스터의 개척과 '하이 콘셉트' 영화

1941년 니더작센주 북서쪽 엠덴Emden에서 출생한 볼프강 페테르센은 제2차 세계대전 동안 메클렌부르크Mecklenburg에서 살았으나 영화를 공부할 생각으로 1950년대 초 함부르크로 이사한다. 그러나 당시에는 아직 영화교육을 위한 공적인 제도가 마련되어 있지 않았기 때문에 고등학교를 졸업한 그는 우선 함부르크 극장에서 연출 보조로 일했다. 1965년에는 함부르크 시민대학에서 연극학을 공부하고, 1966년 드디어 서독의 첫 영화학교라 할 수 있는 베를린의 '독일 영화 및 TV 아카데미 Deutsche Film und Fernsehakademie'에 입학하여 본격적으로 영화공부를 시작하였다.

1967년 페테르센이 베를린 영화학교 시절에 만든 10분짜리 첫 단편영화 〈이 사람 – 저 사람Der Eine - der Andere〉은 훗날 그의 영화관을 미리 엿보게 하는 작품으로 오락과 성찰을 동시에 추구했다(Christine Haase, 2007:

영화
〈특전 유보트〉에서
폐쇄공포증을
연상시키는 장면

65). 또한 미국에서 베를린으로 이주한 '독일 영화 및 TV 아카데미'의 스승 무어스George Moorse 밑에서 일한 조감독 경험은 독일 영화와 국제영화 사이에서 폭넓게 활동할 수 있는 기반을 마련해주었다. 1968년에는 베를린에서 있었던 정치적 혁신운동을 다큐멘터리 형식으로 보여준 옴니버스 영화 〈붉은 깃발Die rote Fahne〉에 참여했다. 그러다가 졸업 작품 〈볼프, 내가 너를 죽일 거야Ich werde dich töten, Wolf〉(1970)를 통해 극적이고 스릴러적인 장르의 색채를 띤 대중적인 영화를 선보임으로써 독일 TV에서 1975년부터 58회나 방영된, 가장 인기 있었던 범죄 시리즈 〈범행현장Tatort〉을 감독할 기회를 얻게 되었다.

그러나 무엇보다 페테르센에게 국제적인 명성을 안겨준 영화는 〈특전 유보트〉(1981)다. 부흐하임Lothar-Günther Buchheim의 소설에 기초하여 바바리아 영화사에서 제작된 독일 블록버스터 〈특전 유보트〉는 미국 시장에서 큰 수익을 올렸고, 가장 성공한 외국 영화로 떠올랐다. 그리고 오스카 최우수감독상 등 6개 부문에 노미네이트되었다. 이 영화는 독일에서도 230만 관객을 동원하여 비교적 성공을 거두었다. 그리고 재상영과

TV 방영을 통해 가장 유명한 독일 영화 중의 하나가 되었다. 결국 〈특전 유보트〉는 페테르센이 1970년대 뉴 저먼 시네마의 범주를 완전히 벗어나 할리우드를 겨냥한 국제적인 블록버스터 영화들을 만들기 시작한 전환점이 되었다.

이 영화의 특징은 숨 막히는 긴장감과 폐쇄공포증을 불러일으키는 이미지 언어에 있다. 잠수함에 탄 장병들은 결코 영웅들이 아니라 살아남기를 바라는, 하지만 약탈적인 항해에서 살인자가 되어버리는, 전쟁에 지친 사람들일 뿐이다. 장르로는 반전영화에 해당한다.

이후 페테르센은 제2차 세계대전 이후 당시까지 가장 많은 예산을 들인 판타지 영화 〈끝없는 이야기〉(1984)의 감독을 맡았다. 워너브라더스와 합작으로 만든 이 영화는 원작의 후반부를 생략하고 원작에서 푸른 피부, 검은 눈동자, 검푸른 머리를 가진 아트레유를 인디언 이미지의 소년으로 변형시켰다. 그리고 할리우드의 청소년 관객을 위해 일부 장면을 수정한 미국 버전을 따로 출시했다. 이 영화에 대해서는 제III장에서 엔데의 《끝없는 이야기》의 할리우드 수용과 관련하여 자세히 다룰 것이다.

이처럼 독일적인 영화에서 출발했으나 점차 할리우드 관객을 겨냥한 페테르센은 1986년에는 아예 LA로 이주했다. 그리고 진지한 주제와 대중적 오락을 잘 결합할 줄 알았던 페테르센은 〈아웃브레이크 Outbreak〉(1995), 〈퍼펙트 스톰The Perfect Storm〉(2000), 〈트로이Troy〉(2004), 〈포세이돈Poseidon〉(2006) 등 여러 편의 '하이 콘셉트' 영화를 내놓았다. 이 중에서 〈퍼펙트 스톰〉은 다른 조건과 새로운 문화적 맥락으로 옮겨온 〈특전 유보트〉라 할 수 있을 정도로 이 영화와 유사한 측면이 있다.

종합해서 말하면, 페테르센이 할리우드에서 만든 영화들은 '독일적인 것'에 대한 관심을 명확하게 드러내지 않았지만, 그가 이전에 독일에서 만들었던 작품들을 생각나게 할 만큼 사회적·정치적 의식을 저변에 깔고 있다. 다시 말해 페테르센은 할리우드 영화의 관습에 맞추면서도 미국의 현실과 사회적·정치적 단면을 투영하는 영화들을 만들고자 했다. 결국 페테르센의 영화들은 다른 감독의 블록버스터 작품들에서 찾아보기 어려운 사회적·미학적 다양성의 등급을 만들어내고, 사회정치적 진보를 향한 성향을 자주 보여주었다(Christine Haase, 2007: 95f).

롤란트 에머리히: 할리우드 취향과 상업적 성공

롤란트 에머리히는 〈인디펜던스 데이Independence Day〉(1996), 〈고질라 Godzilla〉(1998), 〈투모로우The Day After Tomorrow〉(2004), 〈인디펜던스 데이 – 귀환Independence Day: Resurgence〉(2016) 등 재난 블록버스터 영화감독으로 잘 알려져 있다.

1955년 슈투트가르트에서 출생한 에머리히는 뮌헨에서 방송 및 영화 전문대학을 다녔다. 그는 졸업 작품으로 장차 할리우드 입성을 예고하는 SF영화 〈노아의 방주 원리Das Arche Noah Prinzip〉(1984)를 내놓았다. 이 작품은 1,300만 마르크의 예산으로 만들어졌는데, 당시까지 독일에서 가장 돈을 많이 들인 학생 작품으로 주목을 받았다. 이처럼 에머리히는 미국으로의 이주를 통해 경력의 변화를 보인 페테르센과 달리, 독일에서부터 할리우드 입성을 위한 준비를 착실히 한 셈이다. 이후 그는 〈할리우드 몬스터Hollywood Monster〉(1987), 〈문 44Moon 44〉(1990) 등의 SF영화를 독일에서 영어 버전으로 제작하여 할리우드의 주목을 받았다. 이 영화들은 할리우드의 강력한 영향력이 그에게 작용했음을 보여주는 예에 속한다. 이후 에머리히는 할리우드의 대규모 생산방식과 '하이 콘셉트' 영화의 가능성에 매료되었다. 그래서 에머리히는 1992년 SF영화 〈유니버셜 솔져Universal Soldier〉, 1994년 〈스타게이트Stargate〉를 통해 할리우드에서 입지를 굳혔다. 그러나 국제적인 명성은 1996년 출시된 '하이 콘셉트' 영화 〈인디펜던스 데이〉를 통해 비로소 구축되었다. 〈인디펜던스 데이〉의 스토리 라인은 다음과 같다.

미국의 독립기념일 이틀 전인 7월 2일, 직경 550km, 달의 4분의 1 무게의 거대한 외계 비행물체가 지구 궤도권에 진입한다. 지구의 하늘은 이글이글 불타오르고 땅은 지진이 난 듯 격렬히 요동친다. 뉴욕, 워싱턴, LA, 베를린 등 주요 도시가 순식간에 잿더미로 변해버린다. 숨 막히는 공포와 불안에 빠진 세계를 구하기 위해 미국 대통령 화이트모어Whitmore와 전 세계의 군대가 나선다. 그들은 인공위성 전문가 레빈슨David Levinson과 조종사 힐러Steven Hiller의 도움으로 전 세계가 거대한 외계 비행물체에 의해 파멸되는 것을 막는다. 즉, 외계인들로부터 인류의 생존과 지구의 독립을 지켜낸다. 영화는 살아 돌아온 조종사들을 환영하고 승리를 축하는 장면으로 끝을 맺는다.

〈인디펜던스 데이〉는 여러 번 박스오피스 기록을 깨며 미국과 해외에서 큰 수익을 남겼다. 미국에서는 3억 600만 달러, 해외에서는 5억 500만 달러를 벌어들였다. 이를 통해 에머리히는 할리우드의 가장 영향력 있는 감독 중의 한 사람으로 떠올랐다. 이 영화는 상업적으로는 성공했으나 정치 이데올로기적인 측면에서는 미국의 과장된 애국주의와 패

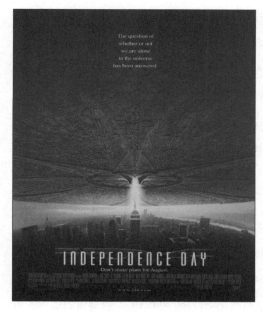

영화 〈인디펜던스 데이〉 포스터

권주의를 옹호하는 반동적인 서사 전략을 구사했기 때문에 비판을 받기도 했다. 이후 에머리히는 〈고질라〉(1998), 〈패리어트 - 늪 속의 여우The Patriot〉(2000), 〈투모로우〉(2004) 등을 통해 국제적인 명성을 이어갔다. 이 중에서 〈패리어트 - 늪 속의 여우〉는 미국 독립전쟁을 배경으로 한 역사 영화로 에머리히가 줄곧 추구해온 장르에서 벗어난, 그의 영화 이력에서 보면 특별한 영화로 기록된다. 하지만 〈투모로우〉는 에머리히가 다시 블록버스터 재난영화로 다시 돌아온 것을 말해주는 작품으로, 여기에서는 기후 변화로 닥쳐올 지구의 종말을 다룬다.

요컨대, 에머리히는 당대의 독일이 안고 있던 사회적 문제들, 예를 들어 페미니즘이나 다문화주의 같은 문제들을 처음부터 철저히 외면하고 할리우드 취향의 SF 블록버스터나 재난영화들을 만들었다. 이런 점에서 에머리히는 독일적인 뿌리에서 나온 이념적·미학적 관심사와 진보적인 입장을 가지고 할리우드 오락영화들과 접목을 시도한 볼프강 페테르센과는 매우 다른 길을 걸어간 셈이다.

퍼시 애들런: 독일 문화와 미국 문화의 융합 시도

퍼시 애들런은 1935년 뮌헨에서 태어나 1989년 캘리포니아로 이주할 때까지 줄곧 바이에른 지역에서 살았다. 1954년부터 뮌헨대학에서 연극학, 예술사, 독문학 등을 공부했다. 대학시절에는 연극 활동에도 적극적이었다. 졸업 후 배우로 사회에 첫발을 내디딘 그는 방송에도 관심이 많아 바이에른 방송국 작가가 되었고, 1970년부터 라디오와 텔레비전 방송 다큐멘터리를 연출했는데, 주로 예술과 사회적 문제에 대한 테마를 다뤘다. 1978년에는 자신의 영화사를 설립하여 스위스 작가 발저Robert Walser를 다룬 다큐드라마를 제작했다. 프랑스 소설가 프루스트Marcel Proust의 여자 친구에 관한 영화 〈셀레스트Céleste〉(1981)는 칸Cannes 영화제에서 국제적인 관심을 불러일으켰다. 그리고 〈소피 숄의 마지막 5일Fünf letzte Tage über Sophie Scholl〉(1982)은 바이에른 영화상 중에서 감독상을 수상했다. 이어 1987년에는 여배우 제게브레히트Marianne Sägebrecht를 캐스팅하고 텔슨Bob Telson의 "콜링 유Calling You"를 타이틀곡으로 삽입한 영화 〈바그다드 카페〉(원 타이틀: Out of Rosenheim)를 만들어 국제적인 감독의 반열에 올랐다. 애들런은 1989년부터 미국 캘리포니아에 거주하면서 아들 펠릭스와 함께 다큐, 방송극, 단편영화 등을 계속 발표하고 있다. 애들런의 대표작 〈바그다드 카페〉를 살펴보자.

　　오프닝 크레딧에 이어 카메라는 바바리안 전통 복장을 하고 티롤 지방의 전통 모자를 쓴 중년의 독일 여성이 캘리포니아 사막을 배경으로 서 있는 모습을 비춘다. 독일 로젠하임 출신의 야스민이 캘리포니아를 여행하다가 남편과 싸운 후 라스베이거스로 이어지는 사막의 도로변에 홀로 남겨진다. 그녀는 무거운 트렁크를 끌고 모텔과 주유소가 딸린 바그다드 카페를 찾는다. 카페의 주인인 흑인 여성 브렌다 역시 게으른 남편과 싸우고 그를 방금 내쫓아버린 뒤라서 울적한 기분으로 야스민을 맞는다. 브렌다는 모텔에 여장을 푼 낯선 이방인 야스민을 계속 의심의 눈초리로 바라본다. 어느 날 브렌다는 청소하기 위해 야스민의 방에 들어갔다가 남자용 세면도구와 옷가지 등을 발견하고 경찰을 부르지만 남편과 헤어질 때 바뀐 가방을 들고 온 독일인 여행자임을 확인할 뿐이다. 이후 야스민은 지저분한 것을 참지 못하는 독일인의 본성을 드러내기 시작한다. 브렌다의 지저분한 사무실과 카페뿐만 아니라 심지어 물탱크, 모텔의 간판, 지붕까지 청소를 감행한다. 처음에 브렌다는 이런 야스민의 행동에 오히려 화를 내지만, 차츰 그녀의 행동을 용인하게 된다. 또한 야스민은 브렌다의 철없는 딸 필리스가 자신의 방에 몰래 들어왔을 때 바바리안 의상을 입어보게 하고, 오로지 음악에만 빠져 있는 아들 살로몬의 클래식 연주를 진심으로 들어줌으로써 그들 사이에 놓여 있던 마음의 벽을 허문다. 또한 야스민은 남편의 가방에서 나온 마술 세트를 이용해 마술을 익힌 다음 카페를 찾는 손님들, 주로 장거리 트럭 운전기사들을 즐겁게 해준다. 이로 인해 카페는 소문이 나고 손님들로 북적인

다. 하지만 여행비자 기간이 만료된 야스민은 독일로 돌아가야 할 처지
가 된다. 카페는 다시 예전처럼 한산해진다. 브렌다는 야스민의 부재를
몹시 아쉬워하며 쓸쓸하게 지낸다. 그러던 어느 날 야스민이 다시 바그
다드 카페로 돌아오고, 카페는 활기를 되찾는다. 이번에는 브렌다와 그
녀의 아들과 딸, 장기 투숙 중이던 화가 루디도 마술쇼에 참여하여 몰려
드는 손님들을 즐겁게 한다. 영화는 야스민이 그곳에 계속 남기 위해 자
신을 좋아하는 미국인 루디의 프러포즈를 받아주는 장면으로 끝이 난다.

이처럼 〈바그다드 카페〉는 독일 문화와 미국 문화가 만나는 지점
의 이야기를 다룬다. 야스민으로 대변되는 독일인과 바그다드 카페에 거
주하는 미국인들 사이에 존재하는 문화적 낯섦과 차이가 강조되는 것은
이 때문이다. 우선 오프닝 시퀀스는 전형적인 독일인 여성의 모습을 황
량한 서부 사막을 배경으로 보여줌으로써 대조적인 효과를 노린다. 즉,
남편과 함께 바바리안 민속음악이 흘러나오는 미국산 세단을 타고 캘리
포니아 사막 지역을 여행하는 야스민은 독일 티롤 지방의 전통 모자에
바바리안 복장을 하고 있다. 또한 싸우고 떠난 남편이 사막 도로변에 내

영화
〈바그다드 카페〉의
오프닝 시퀀스

려놓은 '로젠하임' 상표의 커피메이커는 독일 문화라는 배가 미국 문화라는 섬에 홀로 닻을 내린 것 같은 이미지를 제공한다. 이 밖에도 문화적 차이를 상징적으로 보여주는 예들은 적지 않다. 카페에 잠깐 들른 야스민의 남편은 맥주를 주문하고, 야스민은 카페에서 진한 커피를 주문한다. 또한 야스민은 로젠하임의 상징 문양을 볼 수 있는 손수건으로 땀을 닦는가 하면, 남편과 뒤바뀐 가방에서 독일 바바리안 스타일의 가죽바지와 양말을 꺼내놓는다. 이 밖에도 독일인의 청결 의식 또는 질서 의식이 강조된다. 더럽고 지저분한 것을 참지 못하는 성격의 야스민은 허락 없이 카페의 대청소를 감행했다가 주인 브렌다한테 야단을 맞기도 한다.

그러나 이 영화는 독일인과 미국인의 문화적 차이들을 드러내는 데 그치지 않는다. 〈바그다드 카페〉의 미덕은 이를 넘어서서 문화융합의 가능성을 보여준다는 데 있다. 마술이라는 매개 수단을 통해 두 나라의 문화가 진정으로 융화되는 새로운 문화공동체의 모습을 보여준 후반부 시퀀스는 이에 대한 좋은 증거가 될 것이다. 결국 이 영화는 공간적 배경을 캘리포니아 사막 근처의 바그다드 카페에 한정하면서도 독일과 미국의

독일 전통복장을 하고
물탱크를 청소하는
야스민

문화적 소통과 융합의 가능성을 제공한다.

톰 티크베어: 독일과 할리우드 영화의 유니크한 혼합

톰 티크베어Tom Tykwer는 베를린 장벽이 무너진 이후 독일에서 성공한, 가장 능력 있는 영화감독 중의 한 사람으로 평가된다.

1965년 독일 중부 부퍼탈Wuppertal에서 태어나 초등학교 시절부터 영화에 관심이 많았던 티크베어는 1985년 베를린으로 이사한 후에는 극장에서 영화를 틀어주는 아르바이트를 시작하여 1988년부터는 극장 '무비멘토Moviemento'에서 프로그램 기획을 맡았다. 그리고 드디어 단편영화 〈왜냐하면Because〉(1990)과 〈에필로그Epilog〉(1992)를 발표한다. 나아가 1994년에는 아른트Stefan Arndt, 베커Wolfgang Becker, 레비Dani Levy와 공동으로 영화사 '엑스필름 크레아티브 풀X Filme Creative Pool'을 설립한다. 이 영화사에서 제작비 150만 달러를 투자하여 만든 〈롤라 런Run Lola Run / Lola rennt〉(1998)은 1천만 달러 이상을 벌어들임으로써 티크베어에게 재정적 수익과 국제적인 명성을 동시에 가져다주었다. 이후 그는 할리우드 영화사 미라맥스Miramax의 제안으로 영화 〈헤븐Heaven〉의 감독을 맡았는데, 독일, 미국, 프랑스 등 여러 나라가 공동으로 제작한 이 영화는 2002년 베를린영화제 개막작으로 선정되어 관심을 끌었다. 그러나 티크베어에게 국제적으로 더 큰 영예를 안겨준 것은 쥐스킨트Patrick Süskind의 1985년 베스트셀러 소설을 바탕으로 독일, 스페인, 프랑스가 공동 기획한 영화 〈향수Das Parfum〉(2006)의 감독으로 선임된 일이다. 18세기 프랑스를 배경으로 펼쳐지는, 최고의 향수를 제조하기 위해 수많은 소녀들을 살해하는 연쇄살인범에 관한 흥미로운 이야기를 영화로 옮기는 데는 리들리 스콧Ridley Scott, 마틴 스콜세지Martin Scorsese, 밀로스 포만Milos Forman 등 할리우드 감독들도 지대한 관심을 보인 것으로 잘 알려져 있다. 티크베어는 미국의 더스틴 호프만Dustin Hoffman, 독일의 코리나 하르포히 Corinna Harforch, 영국의 앨런 릭먼Alan Rickman과 벤 위쇼Ben Wishaw 등을 캐스팅하여 독일, 스페인, 프랑스에서 촬영하였으며, 해외 시장을 겨냥하여 영어로 제작했다. 영화의 배급은 드림웍스가 맡았다.

여기서는 티크베어의 대표작 중의 하나인 〈롤라 런〉을 살펴보자. 티크베어는 할리우드에 직접 가서 영화를 만든 적은 없으나 할리우드 영화의 전통과 미국 문화에 대한 관심이 많았으며, 이를 독일 영화와 문화의 패러다임 속에서 전유하려는 노력을 꾸준히 해왔다. 〈롤라 런〉은 티크베어의 바로 이런 단면을 잘 엿볼 수 있는 영화다. 다시 말해 티크베어는 영화 〈롤라 런〉에서 할리우드 영화의 전통을 전유하고, 이를 독일 영화의 제작과 융합시키는 독특한 모델을 보여주었다. 스토리는 비교적 단순하다.

20세 정도 되는 펑키 스타일의 롤라와 남자 친구 마니Manni는 베를린에 살고 있다. 어느 날 롤라는 마니로부터 조직의 비정한 보스에게 전달해야 할 10만 마르크를 잃어버렸는데, 20분 이내에 돈을 마련하지 못하면 자신이 죽게 될 것이라는 다급한 전화를 받는다. 롤라는 마니의 목숨을 구할 돈을 마련하기 위해 집을 뛰쳐나와 달리기 시작한다. 이후 3개의 약간씩 다른 플롯이 전개된다. 첫 번째 서브플롯에서 롤라는 은행 지점장인 아버지에게 가서 돈을 요구해보지만 거절당하자 마니와 함께

영화 〈롤라 런〉의 포스터

대형 마트를 턴다. 하지만 그들을 기다리고 있던 경찰 중 한 명이 실수로 발사한 총에 맞아 롤라가 쓰러진다. 두 번째 서브플롯에서는 롤라가 아버지의 은행을 찾아가 총으로 위협하여 10만 마르크를 강탈한 다음에 마니를 찾아가지만, 만나려는 순간에 그가 구급차에 치여 죽는다. 마지막 세 번째 서브플롯에서는 간발의 차이로 아버지를 놓친다. 그러자 그녀는 인근 카지노에 들어가 룰렛 게임으로 순식간에 10만 마르크를 벌어들여 마니를 만나러 가지만, 이번에는 그가 이미 돈을 해결했음을 알게 된다.

이 영화의 특징은 크게 다섯 가지로 정리할 수 있다.

첫째, 오프닝 시퀀스가 실험적이고 독특하다. 영화가 시작되자마자 "우린 탐험을 멈추지 않을 것이다. 하지만 탐험의 종국에는 우리가 출발했던 지점으로 돌아가게 될 것이고, 우리는 그곳을 처음 알게 될 것이다"라는 엘리엇T. S. Eliot의 시구가 "게임의 끝은 곧 게임의 시작이다"라는 독일의 축구 감독 헤르베르거Sepp Herberger의 어록과 함께 나온다. 이로써 미국 시인 엘리엇의 심오한 내용의 시구와 독일 대중스타의 상투적인 표현이 아이러니한 대조를 이룬다. 미국 하면 대중 오락문화의 이미지를, 독일 하면 철학과 음악으로 대변되는 고급문화의 이미지를 떠올리기 쉬운데, 여기서는 그런 상투적인 이미지가 거꾸로 설정되어 있기 때문이다. 이 장면에 이어 카메라는 시계의 째깍거리는 소리에 맞춰 고통스러운 형상의 시계추가 흔들거리는 것을 보여주더니 시계 상단 장식인 이무기의 입속 어두운 통로를 따라 들어가서는 빠른 테크노 음악에 맞춰 목적 없이 바쁘게 움직이는 군중을 비춰준다. 그리고 보이스오버Voice-over로 "우리는 누구인가? 우리는 어디서 와서 어디로 가는가? 우리가 안다고 믿는 것을 어떻게 아는가?"라고 부드럽게 깔리는 심오한 내용의 독백에 이어 "공은 둥글고, 게임은 90분간 계속된다"라고 말하는 경비원의 상투적 표현이 나온다. 여기서도 진지함과 가벼움이 대조를 이룬다. 뒤이어 카메라는 경비원이 하늘로 차버린 축구공을 따라가더니 공중에서 새의 시점으로 군중이 바삐 몸을 움직여 표현한 "Lola rennt"라는 타이틀을 포착한다. 그리고 오프닝 크레딧이 나오는 마지막 도입부는 카툰cartoon의 형태로 변한다. 이는 더 빠른 테크노사운드와 함께 더 미친 듯이 내달리는 롤라의 모습을 보여주기 위한 설정으로 보인다.

둘째, 롤라가 질주하면서 우연히 마주치는 사람들의 스틸사진들로 편집된 시퀀스는 고전적 내러티브 관습을 해체한다. 롤라는 달리기 시작하면서 맨 먼저 유모차를 끌고 가는 한 여자를 만난다. 첫 번째 버전에서 스틸사진의 빠른 편집을 통해 보여주는 그녀는 알코올 중독으로 경찰의 보호를 받는 신세이지만, 두 번째 버전에서는 로또가 당첨되어 호화로운 생활을 하며, 세 번째 버전에서는 이단 종교의 신자가 되어 길거리 전도를 한다. 다음으로 롤라는 자신에게 훔친 자전거를 팔려고 접근하는 젊은이를 만난다. 역시 스틸사진을 편집한 첫 번째 버전에서는 그가 거리에서 부랑자들한테 두들겨 맞고 병원에 입원했다가 그곳 간호사와 결혼하고, 두 번째 버전에서는 그가 부랑자 생활을 끝내고 집으로 돌아오지만 천대를 받다가 약물남용으로 공중화장실에서 죽는다. 세 번째 버전은 앞의 두 버전과 달리 스틸사진의 편집 없이 그가 부랑자에게 자전거를 파는 모습을 보여준다. 이어서 이번에는 롤라가 아버지를 만나러 은행에 갔다가 복도에서 여직원과 마주친다. 첫 번째 스틸사진 편집 버전에서는 그녀가 교통사고로 큰 장애를 입고 자살로 생을 마감하는 내용을 보여주며, 두 번째 버전에서는 은행 동료와 사도마조히즘적인 성관계를 맺고 생활에 만족해하는 모습을 보여준다. 세 번째 버전에서는 아버지가 외출 중이어서 그녀와 마주치지 않는다. 그렇다면 이런 "운명의 삽화들 Destiny Vignettes"(Christine Haase, 2007: 178)은 어떤 기능을 할까? 이는 3개의 서브플롯이 다루려는 주제와 관련하여 생각해볼 수 있다. 달리 말해, "인생의 임의성은 경제적인 문제에서 비롯된 것인가, 혹은 우연이나 운명에 의해 결정되는가, 아니면 개인의 결단에 의해 좌우되는가?" 하는 질문이 이 3개의 축소된 스틸사진 시퀀스에서 다시 제기되도록 전략을 짜놓은 것으로 보인다.

셋째, 이 영화는 여러 곳에서 고급문화든 대중문화든, 혹은 유럽 문화든 미국 문화든, 그것의 경계를 가로질러 문화 간 얽힘과 융합을 보여주고자 한다. 우선 이 영화는 할리우드가 좋아하는 대중적인 장르의 틀을 가져오되 독일적인 특색이 강한 '베를린'이라는 도시공간을 배경으로 선택함으로써 초국가적 문화융합의 의도를 내비친다. 또한 앞서 언급한 것처럼 오프닝 시퀀스는 시인 엘리엇과 대중스타 헤르베르거를 인용하고, 철학적 질문과 테크노음악 등을 병치시킴으로써 미국 문화와 독일 문화의 아이러니한 대비 또는 연결을 시도하고 있다. 이 밖에도 여러 미장센을 통해 문화 간 경계 넘기 혹은 문화융합을 지향하는 의도를 내비친다. 예를 들어 아버지의 은행 사무실에 걸린 여러 국가의 지폐들, 마니의 잃어버린 돈주머니에 키릴 문자로 쓰인 캐비어 광고, 돈을 향해 불나방처럼 모인 다양한 인종의 카지노 손님들이 배치된 미장센이 이에 해당한다.

넷째, 〈롤라 런〉은 장르상 할리우드 액션영화의 틀을 가져왔지만 그것을 고전적 내러티브로 채우지 않고 변형함으로써 새로움을 준다. 예를 들어 계속 질주하는 롤라의 액션 장면은 슬라이드쇼처럼 보여주는 스틸 사진들에 의해 자주 정지된다. 롤라가 어려운 상황을 극복하고 마니의 목숨을 구할 거액의 돈을 마련한다는 점에서 고전 액션영화의 주인공을 닮았지만, 선과 악의 대결에서 승리하는 인물은 아니다. 따라서 이 영화의 남녀 주인공은 모호한 캐릭터와 반(反)영웅을 강조하는 프랑스 누벨바그, 1970년대 '뉴 할리우드'의 캐릭터들과 더 유사한 측면이 있다.

다섯째, 〈롤라 런〉은 유명한 영화, 만화, 뮤직비디오 등과 상호텍스트적으로 연결되어 있다. 예를 들어 아버지가 돈을 달라는 요구를 들어주지 않자 괴성을 질러 집무실 안에 있던 시계 유리를 깨뜨리는 롤라는 슐렌도르프의 장편영화 〈양철북〉에서 자신의 북을 뺏기지 않기 위해 괴성을 질러 유리를 깨뜨리는 오스카를 연상시키고, 카툰 속에 등장하는 캐릭터들은 TV 만화 〈심슨 가족〉 시리즈의 캐릭터를 닮았으며, 남자 친구의 다급한 전화를 받고 그를 구하기 위해 나선 롤라의 질주는 본 조비의 뮤직비디오 〈It's my Life〉에서 여자 친구를 만나러 가기 위해 온갖 위험을 무릅쓰는 주인공의 질주와 유사하다.

결론적으로 티크베어 감독의 〈롤라 런〉은 문화의 트랜스내셔널리즘을 지향하면서 독일 또는 유럽 문화와 할리우드 사이의 창의적이면서도 비판적인 대화를 시도한 영화라 할 수 있다.

할리우드,
독일 문학을
만나다

독일어권 문학의 할리우드 수용은 독일어권 출신 영화인들의 할리우드 입성이 먼저 있었기에 가능했다. 폴란드 브레슬라우 태생으로 독일 하이델베르크 대학에서 수학했던 루빈Siegmund Lubin은 1876년 미국으로 이주하여 최초로 '루빈 시네오그래프 컴퍼니Lubin Cineograph Company'를 설립했으며, 독일 오버슈바벤 출신의 렘리Carl Laemmle은 1884년 미국으로 이주하여 니켈로디언 극장 운영 경험을 바탕으로 1912년 유니버설 스튜디오Universal Studios를 설립했다. 또한 어려서 미국으로 이주한 오스트리아 출신의 요제프 폰 슈테른베르크Josef von Sternberg는 1911년 17세 때부터 할리우드에서 영화 일을 시작했으며, 에른스트 루비치Ernst Lubitsch는 1922년 할리우드로 진출하여 〈로시타Rosita〉(1923) 등 많은 영화를 감독했다. 이 밖에 UFA에서 경력을 쌓은 영화제작자 포머Erich Pommer는 1926년부터 약 2년간 파라마운트와 MGM에서 일했으며, 야닝스Emil Jannings는 독일에서 주로 연극배우로 활동하다가 1926년부터 1929년까지 LA에 살면서 〈육체의 길The Way of all Flesh〉(1927) 등에 출연하여 1929년 최초의 아카데미상을 수상했다.

독일어권 문학의 소개는 이러한 독일 이주자들의 성공적인 할리우드 입성과 밀접한 관련이 있다. 처음 할리우드에 소개된 레마르크의 소설 《서부전선 이상 없다Im Westen nichts Neues》는 유니버설 스튜디오의 책임자였던 칼 렘리의 지원이 있었기에 영화로 탄생할 수 있었다. 즉, 제작자였던 렘리가 최초로 사운드를 도입한 발성(토키, talkie) 영화 〈재즈 싱어The Jazz Singer〉(1927)의 영향으로 뮤지컬, 갱스터, 웨스턴, 호러 등 할리우드 장르 영화들이 발전할 무렵 마일스톤Lewis Milestone 감독에게 레마르크의 소설을 바탕으로 〈서부전선 이상 없다All Quiet on the Western Front〉(1930)라는 전쟁영화를 만들도록 한 것이다. 이 영화는 제1차 세계대전의 단면을 독일군의 관점에서 조망하면서 전쟁의 공포, 덧없음, 부조리 등을 비판적으로 잘 보여줌으로써 오스카상을 수상했다.

또한 일찍이 할리우드에서 경력을 쌓은 요제프 폰 슈테른베르크 감독은 하인리히 만Heinrich Mann의 소설을 각색한 영화 〈푸른 천사Der blaue Engel〉(1930)를 독일에서 제작하여 할리우드에 소개했다. 주연배우로는 독일 연극배우 출신인 에밀 야닝스와 마를레네 디트리히Marlene Dietrich가 열연했는데, 특히 마를레네 디트리히는 이 영화를 발판으로 할리우드의 스타로 성장할 수 있었다.

두 번째로 독일 문학이 할리우드에서 영화화된 것은 애니메이션 장르를 통해서였다. 1937년 크리스마스를 겨냥해서 월트디즈니사가 그림 형제의 동화《백설공주》를 바탕으로 만든 최초의 장편 애니메이션 〈백설공주와 일곱 난쟁이Snow White and the Seven Dwarfs〉가 바로 그것이다. 이 애니메이션의 탄생에는 월트 디즈니의 가족사도 영향을 미친 것으로 보인다. 월트 디즈니의 외할머니가 독일계 이주민이었고, 어린 시절을 보낸 캔자스시티에는 독일계 이주민이 많이 살고 있었기 때문에 독일 동화를 비롯한 독일 문화에 쉽게 친숙해질 수 있었다. 이 애니메이션에는 당시 미국 사회가 추구했던 가치인 청교도적인 윤리와 자본주의적 이데올로기가 반영되어 있다.

1940년대 독일 문학의 할리우드 수용 예로는 먼저 디터를레Wilhelm Dieterle(미국명: William Dieterle)의 영화 〈악마와 다니엘 웹스터The Devil & Daniel Webster〉(1941)를 들 수 있다. 이 영화는 1920년대까지 독일에서 배우로 활동하다가 1930년대 미국으로 건너가 감독이 된 디터를레가 괴테의 《파우스트》를 바탕으로 만든 것으로, 그전에 할리우드에서 있었던 파우스트 전설을 영화화하려는 단편적인 시도들과 달리 독일 표현주의 영화미학을 수용하면서 파우스트 소재를 창의적으로 영상화했다는 평가를 받는다. 다음으로는 오스트리아 출신의 오스발트Richard Oswald가 추크마이어Carl Zuckmayer의 희곡을 바탕으로 1931년 독일에서 만든 〈쾨페닉의 대위Der Hauptmann von Köpenick〉를 할리우드에서 리메이크한 〈천국행 여권 Passport to Heaven〉(1941)이 있다. 이 영화는 제작 당시 배급사도 없었고 개봉관도 없었기 때문에 잊혔다가 1945년에야 비로소 〈나는 범죄자였다 Was a Criminal〉라는 타이틀로 상영되었다.

제2차 세계대전 이후에는 할리우드 망명 영화인들이 대거 귀향을 선택했기 때문에 독일어권 문학을 할리우드에서 영화화할 수 있는 인적 기반이 더욱 약해졌다. 그래서 1958년에야 비로소 한 편의 독일 문학이 영화화될 수 있었다. 곧바로 귀향을 선택하지 않았던 서크Douglas Sirk가 영구 귀국하기 전에 레마르크의 소설《살아갈 시간, 죽을 시간Zeit zu leben, Zeit zu sterben》을 영화화하여 〈사랑할 때와 죽을 때A time to love and a time to die〉(1958)라는 타이틀로 개명하여 내놓은 것이다.[1] 이 영화는 1944년 겨울 러시아 전선에 투입되었던 독일군 일병 그래버가 휴가차 잠시 고향에 들렀다가 엘리자베트를 만나 사랑에 빠지고 러시아 전선으로 복귀한 다음에 임신 소식을 듣게 되지만 그가 살려준 러시아 게릴라의 총에 맞아 죽는다는 스토리를 가지고 있다.

1960년대에는 서크와 반대로 할리우드 출신이지만 유럽에서 활동한 웰스Orson Wells가 카프카의 《소송Der Prozeß》을 바탕으로 〈심판

---

1) 함부르크 태생으로 본명이 Hans Detlef Sierck인 더글라스 서크 감독은 이 영화를 베를린에서 주로 촬영했으며, 작가 레마르크 등 독일인을 부분적으로 캐스팅하기도 했다. http://www.imdb.com/title/tt0052296/companycredits [2012.10]

Trial〉(1962)을 영화화했다.[2] 웰스는 1941년 아메리칸 드림의 성공 신화 이면에 가려진 인생의 진정한 의미가 무엇인지를 새로운 형식의 영상기법으로 다룬 〈시민 케인Citizen Kane〉을 통해 할리우드에 화려하게 데뷔했으나, 흥행 실패와 영화제작자들과 잦은 마찰로 인해 1948년 유럽으로 건너가 배우로도 활동하면서 셰익스피어의 《맥베스》,《오델로》등 고전 문학을 자신의 영화미학으로 재해석한 저예산 영화들을 만들기 시작했다. 미국 배우 퍼킨스Anthony Perkins를 캐스팅하여 파리, 로마, 자그레브 등 유럽에서 촬영한 영화 〈심판〉도 같은 상황에서 탄생했다. 웰스는 이 영화에서 원작의 초현실적 공간 이미지를 탁월하게 형상화함과 동시에 1960년대 유럽의 현실적인 공간을 제시함으로써 주인공 K의 죄가 당시의 현실이라는 거울에 비춰 재해석될 수 있음을 보여주려고 했다. 특히 웰스의 영화는 형식적인 측면에서 독일 표현주의 양식과 제2차 세계대전 이후 미국에서 유행한 '필름 느와르film noir' 양식을 차용했다는 점에서 크게 주목된다.[3]

1970년대에도 할리우드는 독일 문학을 소개하는 데 인색했다. 뉴 저먼 시네마 운동을 이끌었던 독일의 젊은 영화감독들이 상업적이고 인습적인 영화들을 거부하고 새로운 주제와 형식을 도입하면서 '문학작품의 영화화'에 많은 관심을 보인 반면,[4] 할리우드 영화감독들은 1960년대

---

2) 카프카의 《소송》은 1991년 소더버그Steven Soderburgh 감독의 〈카프카〉, 1993년 존스David Hugh Jones의 〈심판The Trial〉에서도 수용되었다. 그러나 전자의 경우 카프카의 《소송》은 영화의 외연에 해당하는 초현실적인 범죄 스토리의 소도구로서의 역할을 하고 있기 때문에 엄격히 말해 '문학작품의 영화화'라 말하기 어렵고, 후자의 경우 문학작품을 충실하게 묘사한 영국 출신 감독이기 때문에 여기서는 언급하지 않기로 한다.

3) 웰스의 독일 표현주의 양식과 '필름 느와르' 양식의 차용에 대해서는 Michael Braun: Kafka in Film, in: Michael Braun & Werner Kamp (Hrsg.): Kontext Film, Berlin 2006, S. 28ff 참조.

4) '뉴 저먼 시네마'에 해당하는 '문학작품의 영화화'로는 슐렌도르프의 〈양철북〉, 〈어린 퇴어레

중반부터 일어난 아방가르드, 언더그라운드, 인디펜던트 운동의 영향으로 새로운 주제와 스타일을 실험하기는 했지만, '문학작품의 영화화'에 별 관심을 보이지 않았다. 특히 자아 성찰적 성향이 강한 독일어권 문학은 할리우드 감독들의 취향에 맞지 않았을 것이다.

1980년대는 스필버그의 〈죠스〉(1975), 루카스의 〈스타워즈〉(1977) 등 1970년대 블록버스터 영화를 계승한, 소위 말하는 '하이 콘셉트' 영화들이 대거 등장한 시기다. '하이 콘셉트' 영화란 보통 하이테크 기술, 전형적인 플롯, 인습적인 내러티브 구조, 복잡하지 않은 캐릭터에 의존하면서 스펙터클한 영상, 최대의 관객, 최고의 이익을 지향하는 영화를 말한다. 독일에서는 그 누구보다도 페테르센이 이러한 종류의 영화에 지대한 관심을 보였다. 그리하여 그는 1981년 부흐하임Lothar-Günther Buchheim의 소설에 기초하여 독일의 블록버스터라고 할 수 있는 〈특전 유보트〉를 제작했다. 이 영화는 당시 미국에서 개봉된 외국영화 가운데 최고의 흥행기록을 세웠다. 이처럼 블록버스터로 미국 시장에서 성공한 페테르센은 1984년에는 워너브라더스사와 합작으로 미하엘 엔데Michael Ende의 판타지 소설을 영화화한 〈끝없는 이야기〉The NeverEnding Story / Die Unendliche Geschichte〉를 내놓아 국제적으로 큰 성공을 거뒀다.[5] 이러한 결과는 1989년 밀러George T. Miller 감독의 〈네버 엔딩 스토리 II〉The Neverending Story

---

스〉, 〈카타리나 블룸의 잃어버린 명예〉, 클루게의 〈어제와의 이별〉. 장-마리 스트로의 〈아홉 시 반의 당구〉, 파스빈더의 〈잉골슈타트의 첨병〉, 〈폰타네: 에피 브리스트〉, 〈베를린 알렉산더 광장〉, 헤어초크의 〈보이체크〉, 벤더스의 〈페널티킥에서 골키퍼의 불안〉, 〈잘못된 이동〉 등이 있다.

5) 〈특전 유보트〉보다 2배가 넘는 2,700만 달러를 투자한 페테르센의 〈끝없는 이야기〉는 미국에서 대략 2,016만 달러를 버는 데 그쳤지만, 독일에서 약 2천만 달러를 벌어들이는 등 전 세계적으로 약 1억 달러의 수입을 올렸다. Vgl. Christine Haase: When Heimat meets Hollywood, New York 2007, S. 80.

II〉와 1994년 맥도날드Peter McDonald 감독의 리메이크 영화 〈네버 엔딩 스토리 IIIThe Neverending Story III〉로 이어졌다.

페테르센 외에도 슐렌도르프, 벤더스Wim Wenders, 애들런Percy Adlon, 에머리히Roland Emmerich 등 독일 출신의 영화감독들은 1980년대부터 할리우드에서 활동하면서 미국과 독일 사이의 국제적 협업을 시도했다. 특히 슐렌도르프는 독일에 CDU 정권의 등장으로 보수화 경향이 짙어지자 미국에 머물면서 밀러Arthur Miller의 연극을 바탕으로 한 〈세일즈맨의 죽음Death of a Salesman〉(1985)을 발표하는 등 미국적인 주제를 다뤘으나 베를린 장벽 붕괴 이후에는 다시 유럽적인 주제를 다뤘다. 그 대표적인 영화가 〈여행자Voyager〉(1991)다. 이 작품은 기계적인 인간의 사랑과 운명 이야기를 다룬, 스위스 작가 프리쉬의 소설 《호모 파버》를 영상으로 옮긴 것이다. 하지만 슐렌도르프가 뉴 저먼 시네마 운동 시기에 내놓았던 영화들과 비교하면 상당한 변화를 보인다. 영어 버전으로 제작된 이 영화는 주인공에 미국 배우 셰퍼드Sam Shepard와 프랑스 여배우 델피Julie Delpy를 캐스팅하여 할리우드가 선호하는 멜로드라마적인 성향을 강화시킨 대신에 문학작품에서 읽을 수 있는 주인공의 자아 성찰적 측면을 크게 약화시켜버렸기 때문이다.

20세기 말 시점에서 할리우드가 독일어권 문학을 수용한 예로는 큐브릭Stanley Kubrick의 〈아이즈 와이드 셧Eyes Wide Shut〉(1999)을 들 수 있다. 오스트리아 작가 슈니츨러의 《꿈의 노벨레》(1926)를 바탕으로 만든 이 영화에서 큐브릭은 당시 실제 부부였던 할리우드 스타 니콜 키드먼과 톰 크루즈를 캐스팅하고 무대를 세기말 빈에서 20세기 뉴욕으로 옮겨 젊은 부부의 성적 욕망과 갈등이라는 주제에 현실성을 부여했을 뿐만 아니라 영상과 음악 등 영화 매체의 수단으로 서사를 보완하는 치밀함을 보여주었다. 요컨대 큐브릭은 미국 할리우드의 현실적인 수용조건에서 유럽 문학을 자신의 영화미학적 감각으로 재해석함으로써 영화의 대중성과 예술성을 동시에 추구한 셈이다.

21세기 할리우드에서는 맨 먼저 펜Sean Penn 감독이 독일어권 문학 작품의 영화화에 착수한다. 그가 2001년 내놓은 〈맹세The Pledge〉는 프리드리히 뒤렌마트Friedrich Durrenmatt의 소설 《약속Das Versprechen》(1958)을 영화화한 것이다. 이 소설은 뒤렌마트가 바이다Ladislao Vajda 감독의 영화 〈사건은 환한 대낮에 일어났다Es geschah am hellichten Tag〉(1958)의 시나리오 작업에 참여한 바 있는데, 이를 바탕으로 쓴 것이다. 바이다 감독의 영화가 범죄사건에 초점을 맞추고 있다면, 뒤렌마트의 소설은 사건을 쫓는 수사관에게 초점을 맞춘다. 그래서 뒤렌마트는 "범죄소설에 부치는 레퀴엠Requiem auf den Kriminalroman"이라는 부제를 달았다. 펜 감독의 영화 〈맹세〉는 바이다 감독의 영화보다 뒤렌마트의 소설에 더 가깝다. 그러나 펜 감독은 공간적 배경을 스위스에서 미국 네바다주로 옮기고 범인에 대한 암시를 주는 결말 장면을 제시하는 등 소설과 차이를 두었다. 이로써 펜 감독은 뒤렌마트의 색다른 범죄소설을 할리우드 범죄 스릴러 장르의 관습 속으로 끌어들였다.

한편 드림웍스사가 2001년부터 내놓기 시작한 3D 애니메이션 〈슈렉〉 시리즈는 그림 동화를 패스티시, 즉 혼성모방 형식으로 수용했으며, 2010년 월트디즈니사는 50번째 작품으로 그림 동화《라푼첼Rapunzel》을 현대적으로 해석한 3D 컴퓨터 애니메이션 〈라푼첼〉(영어 타이틀: Tangled)을 야심차게 내놓았다. 그림 동화《라푼첼》이 그레노Nathan Greno와 하워드 Byron Howard 감독에 의해 고전 디즈니 애니메이션 형식과 내용에 액션과 3D 효과를 잘 결합시킨 흥미진진한 이야기로 재탄생한 것이다.

마지막으로 넓은 범위에서 독일 문학의 할리우드 수용에 포함할 수 있는 영화로는 달드리Stephan Daldry 감독의 〈더 리더The Reader〉(2008)가 있다. 이 영화는 미국과 독일 영화사가 투자하고 영국인 달드리가 감독을 맡았으며, 독일 배우 크로스David Kross와 주로 할리우드에서 활동하던 영국 여배우 윈슬렛Kate Winslet이 열연했다. 그러나 무엇보다 이 영화를 할리우드 수용으로 볼 수 있게 하는 이유는 영화 자체가 할리우드 색채를 띠고 있다는 점일 것이다. 이는 원작소설인 슐링크의 《책 읽어주는 남자Der Vorleser》(1995)와 비교하면 잘 드러난다. 이 영화는 비교적 충실하게 소설의 서사구조를 따르고 있는 것처럼 보이지만, 21세기 할리우드 관객의 취향과 사회적 분위기를 고려하여 과거 독일 역사에 대한 성찰의 치열함을 약화시켜버렸다. 그 대신에 15세 소년과 36세 여인의 로맨스를 부각시켰다.

1.
레마르크 소설과 할리우드의 만남:
⟨서부전선 이상 없다⟩와 ⟨사랑할 때와 죽을 때⟩

마일스톤의 ⟨서부전선 이상 없다⟩

1898년 독일 북서부 오스나브뤼크Osnabrück에서 태어난 작가 레마르크는 18세 때인 1916년 제1차 세계대전에 참전한다. 그리고 이때 경험한 전쟁의 참상을 바탕으로 1929년《서부전선 이상 없다Im Westen nichts Neues》를 발표한다. 이 책에는 참혹한 전쟁과 그로 인해 희생당하는 세대의 내면 풍경이 담담하게 그려져 있다. 장르상 반전(反戰)소설에 해당한다.

"비록 포탄은 피했다 하더라도 전쟁으로 파멸한 세대"(에리히 마리아 레마르크, 2012: 7)에 관한 이 이야기는 1930년 할리우드 영화감독 마일스톤 Lewis Milestone에 의해 ⟨서부전선 이상 없다All Quiet on the Western Front⟩라는 동명의 타이틀로 영화화되었다. 그런데 레마르크의 소설이 할리우드에서 최초로 수용되는 데는 1884년 독일에서 미국으로 이주하여 1912년 LA에 유니버설 영화사를 설립했던 렘리Carl Laemmle의 영향이 컸다. 그는 자주 조국을 방문하곤 했는데, 당시 독일에서 베스트셀러로 인기를 얻고 있던 레마르크의 소설을 접하고(주변 사람들이 성공 가능성에 대해 회의적인 목소리를 냈지만) 저작권을 직접 사들여 영화 제작에 착수했다. 시나리오 작업은 브로드웨이 작가 맥스웰 앤더슨Maxwell Anderson에게, 감독은 몰도바 출신으로 베를린에서 수학하고 제1차 세계대전 때 징집을 피해 미국으로 망명한 후 할리우드에서 영화 연출로 성공한 마일스톤에게 맡겼다. 이 영화는 1930년 오스카상 시상식에서 최우수영화상과 감독상을 수상했다. 그러나 이 영화는 독일에서는 정치적 이유로 부정적인 반응에 직면해야 했다. 베를린에서 상영이 방해받는 소동이 벌어지기도 했으며, 일부 내

마일스톤 감독의 영화
〈서부전선 이상 없다〉의 포스터

용이 삭제된 판으로 허용되었다가 1933년 나치의 등장 이후에는 완전히 금지되었다. 이때 레마르크의 소설도 함께 불태워졌다.

그렇다면 마일스톤은 레마르크의 소설을 어떻게 독해하여 영상으로 옮겼을까? 영화와 소설의 차이를 중심으로 살펴보자.

첫째, 소설과 달리 영화에는 긴 교실 시퀀스가 삽입되어 있다. 영화가 시작되면 카메라는 제1차 세계대전이 발발하여 전장으로 떠나는 참전 군인들의 시가지 행렬과 이들을 환송하는 시민들의 모습을 잠깐 보여주고, 인접한 학교의 교실로 이동하여 담임교사 칸토레크Kantorek가 학생들의 이름을 하나하나 부르며 조국을 위해 참전하라고 장황하게 연설하는 모습과 학생들이 마침내 입대를 결정하고 책을 던지며 환호하는 장면을 길게 보여준다. 이미 전방부대에 배치되어 있던 파울 보이머가 위문편지를 받고 칸토레크를 잠깐 회상하는 것으로 처리해버린 소설과는 상당한 차이가 있다. 영화는 칸토레크로 대변되는 아버지 세대가 어떤 명분을 가지고 아들 세대를 참혹한 전쟁으로 내몰았는지를 소설보다 훨씬 자세하게 설명한 셈이다. 그뿐만 아니라 영화는 동네 우편배달부였

학생들이 참전을 결정하고
환호하는 장면

던 힘멜슈토스가 전쟁이 터지자 군인이 되어 계급을 무기로 어린 신병들에게 불필요한 제식훈련, 진흙탕 포복훈련 등을 시키는 장면을 보여줌으로써 무모한 훈련교관의 이미지를 강조한다. 다시 말해 영화는 '조국애'라는 프레임에 갇혀 어린 학생들의 참전을 독려했던 칸토레크와 전선에 배치될 신병을 혹독하게 훈련시킴으로써 자부심을 느끼는 힘멜슈토스의 비정한 이미지를 시각적으로 강조했다고 볼 수 있다.

둘째, 소설과 영화는 2주간의 휴가를 얻어 고향을 찾은 보이머가 담임교사 칸토레크와 재회하는 장면을 달리 묘사한다. 소설을 보면, 향토방위대를 찾아간 보이머가 담임교사 칸토레크가 급우였던 미텔슈테트한테 훈련받는 광경을 지켜보는 장면이 나온다. 여기서 미텔슈테트는 "향토방위대원 칸토레크, 이 단추를 닦았다고 할 수 있나? 자네는 언제나 이 모양이야. 낙제야, 칸토레크, 낙제란 말이야"(레마르크, 2012: 141)라고 말하면서 교관의 권위를 이용하여 과거 담임교사의 권위를 전복시켜버린다. 그리고 다음과 같이 항의한다.

> 향토방위대원, 칸토레크, 자네는 2년 전에 감언이설로 유혹해 우리를 지역 사령부에 끌고 갔지. 그중에는 조금도 지원하려는 마음이 없던 요제프 벰도 들어 있었어. 그래서 실제로 징집당해야 할 시점보다 석 달이나 먼저 전사하고 말았어. 자네가 유혹하지 않았더라면 그 기간 동안 기다리고 있었을 텐데 말이야(레마르크, 2012: 141).

그러나 영화에서 칸토레크가 향토방위대원이 되기 위해 훈련받는 장면은 생략되고 없다. 그 대신에 보이머가 모교를 찾아가 여전히 학생들을 전선으로 내몰기 위해 열변을 토하는 담임교사 칸토레크를 보고 다음과 같이 대드는 장면이 나온다.

똑같은 말만 되풀이하고 있군요. 젊은 영웅을 하나라도 더 만들어
내려고요. 조국을 위해 죽는 게 아름답고 달콤하다고 생각해요? 선생
님은 아는 줄 알았죠. 하지만 첫 포화를 보고 더 많은 걸 배웠어요. 조
국을 위해 죽는 건 추하고 고통스럽다는 걸요. 조국을 위해 죽느니 살
아남는 게 훨씬 나아요. 조국을 위해 죽어가는 수백만 젊은이들이 다
무슨 소용이죠?

이처럼 마일스톤의 영화는 개인의 가치를 무시하고 오로지 조국애
만을 내세우는 기성세대에 대한 비판을 강화하기 위해 처음 교실 시퀀
스와 대비되는 담임교사의 재회 장면을 마련한 것이다.

셋째, 보이머의 정신적 파멸 과정을 극적으로 묘사한, 프랑스 병사
와의 구덩이 결투 장면도 약간의 차이를 보여준다. 최전선에 투입된 보
이머는 진격과 후퇴를 거듭하다가 포탄 구덩이에 숨게 되는데, 여기서
맞닥뜨린 프랑스 병사를 단검으로 찌르고 제압하지만 신음하며 죽어가
는 그를 지켜보아야 하는 어찌할 수 없는 상황에 빠진다. 소설에서 보이
머는 자신이 제압한 프랑스 병사의 시체를 향해 다음과 같이 말한다.

이봐 전우, 나는 자네를 죽이고 싶지 않았어. 자네가 이곳에 또다시
뛰어든다 하더라도 얌전히만 있으면 자네를 죽이지 않을 거야. 자네는
전에 나에게 하나의 관념이자 내 머리 속에 살아있다가 결단하게 만든
하나의 연상에 불과했어. 내가 찔러 죽인 것은 이러한 적이라는 연상
이야. 지금에야 자네도 나와 같은 인간임을 알게 되었어. 난 자네의 수

류탄을, 자네의 총검을, 자네의 무기를 생각했어. 그런데 지금 나는 자네의 얼굴을 보고 자네의 아내를 생각하면서 우리의 공통점을 발견하고 있어. 전우여, 부디 나를 용서해다오!(레마르크, 2012: 177)

이봐 전우여, 오늘은 자네가 당했지만, 내일은 내가 당할 거야. 하지만 용케 살아남게 되면 우리 둘을 망가뜨린 이것과 맞서 싸우겠네. 자네의 생명을 앗아가고, 나의? 나의 생명도 앗아가는 이것에 맞서서 말이네. 전우여, 자네에게 약속하겠네. 다시는 이런 일이 일어나서는 안 된다고 말이네(레마르크, 2012: 179).

적군인 프랑스 병사를 얼떨결에 칼로 찌른 보이머는 그도 자기와 같은 한 인간임을 의식하고 두 사람 모두를 이런 비극적인 상황으로 내몬 '이것'과 맞서 싸우겠다고 다짐한다. 그런데 영화의 대사를 자세히 살펴보면 '이것'은 '저들'로 바뀌어 있다.

신이여, 저들은 우리한테 왜 이러는 거죠? 우린 살고 싶었을 뿐이에요. 너와 나, 왜 서로 싸우게 이런 곳으로 우리를 보낸 거죠?

이처럼 소설에서 보이머가 대적하여 싸우고자 하는 대상은 '이것'으로 지칭되고, 이것은 '전쟁' 혹은 '전쟁 이데올로기'를 뜻하지만, 영화에서 '저들'이라는 표현은 보이머가 싸워야 할 대상이 추상적 개념이 아니라 기성세대라는 실체적 집단임을 말해준다(최용찬, 2016: 219). 이런 점에서 마일스톤이 레마르크의 소설을 "물리적 전쟁을 해야 했지만 동시에 세대전쟁을 수행한 세대의 이야기"로 독해했다는 주장은 설득력이 있다. 그리고 이것은 영화의 미장센을 통해서도 확인된다. 무엇보다 등장인물 중에서 어른들은 모두 독특한 모양의 콧수염을 하고 있는데, 이 것은 권위적인 기성세대를 대변하는 상징으로 읽힌다. 예를 들어 담임교사 칸토레크, 신병교육대의 하사관 힘멜슈토스, 보이머의 아버지, 고향의 어른들이 모두 콧수염을 달고 있다. 결국 영화감독은 독특한 수염에 권위의 상징이자 청년세대와 구별되는 기성세대의 문화적 기호를 부여한 셈이다. 그뿐만 아니라 영화의 오프닝 시퀀스도 세대 간의 전쟁임을 암시하고 있다. 소설의 표지에는 "이 책은 고발도 고백도 아니다. 비록 포탄은 피했다 하더라도 전쟁으로 파멸한 세대에 대해 보고하는 것일 뿐이다"(레마르크, 2012: 5)라고 적혀 있지만, 영화 오프닝 시퀀스는 "이 이야기는 고발도 고백도 아니며, 모험은 더더욱 아니다. 왜냐하면 죽음과 얼굴을 맞대고 서 있는 사람들에게 죽음은 모험이 아니기 때문이다. 이 이야기는 비록 포탄은 피했을지라도 전쟁으로 파멸된 세대 사람들에 대해 간단히 말하고자 한다"[6]라는 자막을 보여준다. 이처럼 영화는 자막에 "죽음과 얼굴을 맞대고 서 있는 사람들"이라는 표현을 첨가해 넣음으로써 전쟁에서 적의 포탄 공격에 무참히 희생당하는 젊은이들의 이야기라기보다는 죽음의 공포와 맞서다가 정신적으로 파멸하는 세대의 이야기임을 강조하고 있다. 물론 이것은 영화감독이 독자의 한 사람으로서 소설의 '빈자리'를 나름대로 해석해낸 결과일 것이다. 예를 들어 소설의 대미를 장식하는 보이머의 마지막 독백을 읽어보자.

---

6) "This story is neither an accusation nor a confession and least of all an adventure for death is not an adventure to those who stand face to face with it. It will try simply to tell of a generation of men who, even though they may have escaped its shells, were destroyed by the war…"

"우리가 지금 돌아간다면 우리는 지치고, 붕괴하고, 다 소진되어 뿌리도 잃어버리고, 희망도 없다. 우리는 더 이상 우리의 앞길을 찾아 헤쳐 나갈 수 없을 것이다. (…) 우리는 우리 자신에 대해서도 불필요한 인간이 되었다. 하여튼 우리는 커나가서 몇몇은 적응해서 살아가고, 다른 몇몇은 순응해서 살아갈 것이며, 많은 사람들은 어찌할 바를 모르게 될 것이다. 이럭저럭 세월이 흘러가고, 결국 우리는 파멸하고 말 것이다."(레마르크, 2012: 228)

여기에는 보이머의 절망이 짙게 묻어 있다. 이것은 전쟁으로 인해 정신적으로 피폐해진 젊은 세대의 절망을 대변하는 독백이자, 젊은 세대가 "방어적 애국심"[7] 때문에 그들을 절망의 구렁텅이로 내몬 기성세대에게 던지는 각성과 성찰의 요구로 읽힌다. 마일스톤 감독의 〈서부전선 이상 없다〉도 바로 이런 해석의 관점에서 물리적 전쟁이 아니라 세대 간의 전쟁에 초점을 맞춘 것이 아닐까?

델버트 만의 〈서부전선 이상 없다〉

〈서부전선 이상 없다〉는 1979년 델버트 만Delbert Mann 감독에 의해

---

7) 2012년 《몽유병자들: 1914년 유럽이 어떻게 전쟁을 하게 되었는가》를 출간한 오스트리아 출신 영국 역사가 크리스토퍼 클라크Christopher Clark는 유럽 사람들이 제1차 세계대전에 참전하게 된 것은 자기 나라가 공격을 받아 평화를 유지하기 어려워지자 어른들이 '방어적 애국심'을 발동하여 젊은이들을 전쟁으로 내보냈다는 주장을 폈다(최용찬, 2016: 213-214).

델버트 만의 영화
〈서부전선 이상 없다〉의 포스터

리메이크되었다. 미국과 영국의 합작으로 제작되었고, 1980년 골든글러 브 최우수 TV 영화상을 수상했다.[8] 이 영화의 스토리텔링을 마일스톤의 그것과 비교하면서 살펴보자.

델버트 만의 영화는 마일스톤의 경우처럼 오프닝 자막에 이어 보이머 일행이 서부전선에서 프랑스군과 격전을 벌이는 장면을 보여주면서 시작한다. 그리고 학창시절의 교실을 회상하는 장면이 나온다. 마일스톤의 영화에서 담임교사가 "그대들은 조국의 생명의 피다"라고 말하는 등 애국심을 부추기는 장황한 연설을 하는 것과는 달리, 여기서는 담

---

8) 델버트 만 감독의 〈서부전선 이상 없다〉(1979)는 좋은 평가를 받았으나 정치·사회적 수용 상황이 달랐던 관계로 마일스톤의 영화에 비해 큰 인기를 얻지 못했다.

임교사가 파울 보이머를 따로 불러 자원입대하라고 권유하는 것으로 간략하게 처리된다. 이제 보이머와 같은 반 친구들은 힘멜슈토스한테서 기초적인 군사훈련을 받고 서부전선에 투입된다. 같은 부대의 고참병사 카친스키는 그들에게 최전방에서 굶지 않고 살아남는 법을 알려준다. 그러나 부상으로 다리를 절단해야 했던 친구 케머리히는 고통 속에 죽는다. 또한 보이머는 자신의 참호로 침투한 프랑스 병사를 칼로 찌른 후 고통스럽게 죽어가는 모습을 지켜보면서 죄의식에 사로잡히는가 하면, 군복을 벗으면 같은 형제인 젊은이들이 적으로 나뉘어 싸워야 하는 비인간적인 상황을 한탄한다. 그리고 보이머는 훈련교관 시절처럼 권위적이지만 정작 싸워야 할 때 비겁하게 참호 속으로 숨어버리는 힘멜슈토스를 목격한다. 그러나 어이없게도 힘멜슈토스는 군대를 방문한 황제 빌헬름 2세로부터 훈장을 받는다. 잠시 한가로운 틈을 타 프랑스 국경지대에서 배급식량을 넘겨준 대가로 프랑스 여인들과 섹스를 즐긴 보이머는 다시 전선으로 이동하던 중 시가지에서 적의 포탄에 부상을 당한다. 병원으로 후송되어 치료를 받던 보이머는 휴가를 얻어 고향을 방문한다. 동네 어른들과 대화에서 보이머는 이들이 젊은이들의 죽음에 대해서는 아무런 관심이 없고 국경을 확장할 수 있는 전술에만 관심이 집중되어 있음을 확인한다. 보이머에게 제자들의 사망 소식을 전해들은 담임교사 칸토레크도 조국을 위한 의무를 자랑스럽게 생각하라고 말한다. 병든 어머니와 작별하고 다시 전선으로 복귀한 보이머는 두려움에 찬 신참병들을 다독이며 참호 사이를 누빈다. 그러던 어느 날 보이머는 나무에 앉은 새를 메모지에 그리려다가 참호에서 몸을 일으키는 바람에(마일스톤의 영화에서는 나비를 잡기 위해 손을 뻗치다가) 어디선가 날아온 총에 맞아 사망한다. 영화는 파울의 시체를 비추며 1918년 10월 11일자 "서부전선 이상 없다"라는 사령관의 전문(電文)을 보여주는 장면으로 끝난다.

이처럼 델버트 만의 영화는 할리우드 문법에 가깝게 마일스톤의 영화를 리메이크했다. 보이머를 비롯한 젊은이들이 전쟁의 희생양으로 죽어가는 비극적인 상황에 대해 원인을 캐묻기보다는 전쟁의 참상을 더 긴장감 있게 제시하고 전쟁을 일으킨 황제 빌헬름 2세의 거리 열병식 장면을 첨가하는 등 좀 더 스펙터클한 영화로 변형시켰다. 또한 마일스톤이 관객으로 하여금 제1차 세계대전이 세대 간 전쟁임을 암시하기 위해 권위를 상징하는 독특한 수염을 기성세대의 아이콘으로 자주 의도적으로 제시했다면, 이 영화에서는 그와 같은 의도적 전략을 읽을 수 있는 미장센을 찾기가 쉽지 않다. 담임교사의 수염만 보아도 마일스톤의 영화에 비해 평범함이 드러난다.

더글라스 서크의 〈사랑할 때와 죽을 때〉

나치 정권의 박해로 1939년 미국으로 망명해야 했던 레마르크는 1954년 독일 출판사를 통해 《살아갈 시간과 죽을 시간Zeit zu leben und Zeit zu sterben》을 발표한다.[9] 이 소설은 같은 해 미국에서 《사랑할 때와 죽을

---

9) 독일 출판사 키펜호이어 운트 비치Kiepenheuer&Witsch는 독일어판 출간 시 자체검열을 통해 레마르크가 보내온 원고 일부를 수정하고 삭제했다. 즉 레마르크의 원고에서 나치 친위대 병사 슈타인브레너가 유대인 수용소에서 근무했다는 내용을 삭제하고, 작품 말미에서 그래버가 나치 이념의 신봉자 슈타인브레너를 의도적으로 사살하는 것이 아니라 정당방위 차원에서 행하는 것으로 수정한 것이다. 이로써 나치 범죄를 단죄하려는 저자의 의도를 희석시키고

영화 〈사랑할 때와 죽을 때〉 포스터

때A Time to Love and a Time to Die》라는 제목으로 출간되었고, 1957년 더글라스 서크 감독에 의해 영어 번역본과 같은 타이틀로 영화화되었다. 작가 레마르크는 이 영화의 시나리오 작업에 참여했으며, 조연 배우로 출연하기도 했다. 영화의 스토리는 다음과 같다.

제2차 세계대전 참전병 그래버Ernst Gräber의 군대는 1944년 초 추운 날씨를 견디며 러시아 전선에서 퇴각 중 러시아군 게릴라들을 발견하고 이들을 총살하는 고통스러운 경험을 한다. 이런 와중에 동료병사 히르쉬란트Hirschland는 정신적 고통을 견디지 못하고 자살을 선택한다. 그러자

말았다. 이와 달리 영어판은 레마르크의 원고를 수정하거나 삭제하지 않고 번역한 것으로 알려져 있다.

영화
〈사랑할 때와 죽을
때〉에서 폐허가 된
고향도시를 찾은
그래버

그의 죽음은 단순 사고로 처리된다. 마침내 그래버에게 고대하던 3주간
의 휴가가 주어진다. 그런데 그가 부모를 만나기 위해 찾아간 고향은 대
부분 폭격으로 폐허더미에 묻혀 있다. 어떻게든 부모의 생사를 알고자
헤매던 그래버는 게슈타포에 의해 수용소로 끌려간 크루제 박사의 딸이
자 동창인 엘리자베트Elisabeth를 만난다. 그래버는 군병원 동료들한테서
외출 군복을 빌려 입고 호텔 레스토랑에서 엘리자베트와 식사를 하다가
폭격을 피해 지하실로 안전하게 대피하는 행운을 얻기도 한다. 그리고
우연히 만난, 나치당의 지역책임자로 전쟁 중에도 예술품을 수집하며 호
화로운 생활을 하고 있던 친구 빈딩Oscar Binding에게서 비싼 술 등 물질적
인 도움을 받기도 한다. 함께 힘든 상황을 겪으며 점점 더 가까워진 그래
버와 엘리자베트는 결혼을 약속한다. 엘리자베트가 아버지 때문에 게슈
타포의 뒷조사를 받을지도 모른다는 두려움이 있었지만 두 사람은 무사
히 결혼 신고를 마치고 엘리자베트의 방에서 신혼 첫날밤을 보낸다. 그
러나 그녀의 집이 폭격을 당하는 바람에 더 이상 머무를 수 없게 된 그래
버는 게슈타포의 감시를 피해 숨어 사는 스승 폴만Pohlmann을 찾아가 카
타리나 교회에 겨우 거처를 마련한다. 그곳에서 지내던 그래버는 엘리자
베트가 공장에 일하러 간 사이에 게슈타포가 우편으로 보내온 그녀 아
버지의 유골상자를 수령하고 그녀에게 알리지 않은 채 교회 묘지에 안

장한다. 그리고 두 사람은 교외에서 우연히 발견한, 폭격을 교묘하게 면한 숙소로 거처를 옮겨 공습경보에도 개의치 않고 그래버가 귀대하기 전날 마지막 밤을 뜨겁게 보낸다. 다음날 그래버는 멀리서 엘리자베트의 배웅을 받으며 다시 전선으로 가는 열차에 탑승한다. 전방부대로 복귀하여 동료들과 인사를 나눈 그래버는 이번에는 포로로 붙잡은 3명의 러시아군 게릴라를 감시하는 임무를 떠맡는다. 그러나 곧 부대의 퇴각 명령이 떨어지자 동료 슈타인브레너Steinbrenner는 그래버에게 헛간에 있는 러시아군 포로들을 사살하라고 명령한다. 이에 불응하자 슈타인브레너는 그래버를 쏘려고 하지만 먼저 사살되고 만다. 이제 그래버는 포로들을 석방하여 자유를 허락한다. 하지만 곧 그래버는 도망가던 한 포로가 주워 쏜 총에 맞아 전사한다. 영화는 임신 소식을 전하는 엘리자베트의 편지가 그래버의 손에서 떨어져 강물에 떠내려가는 장면을 비추며 끝난다.

이처럼 영화의 스토리는 소설과 거의 일치한다. 차이가 있다면 다음과 같은 것들이다. 첫째, 소설에서 히르쉬란트는 자신이 고향의 어머니에게 전사자로 잘못 통지되었다는 사실을 휴가에서 돌아온 그래버한테 듣게 되지만, 영화에서는 러시아 게릴라를 총살한 후 괴로워하다가 자살하는 연약한 독일군으로 나온다. 둘째, 소설에서 그래버는 군대 복

엘리자베트가
임신했다는 편지를
읽고 있는 그래버

귀 후 엘리자베트에게서 받은 편지를 주머니에 늘 간직하고 다니지만 그 내용을 독자에게 알리지 않는다. 하지만 영화는 그녀가 임신했다는 내용이 거기에 적혀 있음을 알려준다. 또한 영화는 그래버가 죽기 전 강물에 떠내려가는 편지를 붙잡으려는 처절한 몸짓을 시각화한다. 셋째, 추운 겨울 러시아에서 퇴각 중인 독일군 소대원이던 그래버가 파리, 아프리카 등지에서 이전에 참전했던 기억을 떠올리는 회상, 러시아 전투에서 자신들이 저지른 죄를 떠올리며 러시아 군대의 복수를 걱정하는 동료 자우어와 대화, 자신들의 전쟁이 권력을 노리는 자들을 위한 헛된 전쟁임을 꿰뚫어보는 프레젠부르크와의 대화 내용 등이 영화에서는 생략되거나 축소되어 있다. 넷째, 그래버가 휴가를 받아 찾아온 고향 도시의 폐허더미에 쪼그리고 앉아 "천사들은 어디로 간 것일까? 비행기로 변했을까? (…) 지구는 오로지 무덤을 위해 아직도 그대로 있는 것인가? 나는 무덤을 팠어, 많은 무덤을"(레마르크, 2018: 123)이라고 내뱉는 독백이 영화에는 생략되어 있다. 다섯째, 영화는 주인공의 내면을 들여다볼 수 있는 주관적 서술을 영상으로 담아내지 못한다. 하지만 소설에서는 그래버의 주관적 서술을 자주 접할 수 있다. 예를 들면, 엘리자베트와 함께 호텔 레스토랑에서 잠시 호사를 누리던 그래버가 "죽음과도 같은 수년간의 혹독한 시련 이후 술은 더 이상 술이 아니고, 은은 더 이상 은이 아니며, 어딘가에서 스며드는 음악은 더 이상 음악이 아니고, (…) 모든 것은 그 이상이었으며, 저 다른 삶의 상징이었다. 죽음도 파괴도 없는 삶, 이미 신화가 되어버려 하나의 바랄 수 없는 꿈이 되어버린 삶 그 자체를 위한 상징이었다"(레마르크, 2018: 222)라고 말하는 부분이라든지, 악취가 진동하는 포탄 구덩이에서 다섯 살짜리 여자아이의 시체를 떠올리며 "별안간 이 모든 것을 빚어낸 인간에 대한 발작과도 같은 증오심이 일었다. 조국의 경계선에 머무는 그런 증오심이 아니었으며, 신중함이라든지 정의와는 아무 상관없는 증오심이었다"(레마르크, 2018: 383)라고 말하는 부분 등이 이에 해당한다. 여섯째, 더글라스 서크의 영화는 소설보다 할리우드 멜로드라마적 색채를 더 강화했다. 예를 들어 비인간적인 명령을 내리는 슈타인브레너가 사살된 것과 그래버의 죽음을 부각시키기보다는 엘리자베트가 임신했다는 소식을 전하는 편지와 그에 대한 그래버의 반응을 주목하게 한 것이 대표적인 증거라 하겠다.

2.
독일 동화의 할리우드 수용:
〈백설공주와 일곱 난쟁이〉에서 〈라푼첼〉까지

독일과 할리우드에서 동화의 '영화화'

동화는 아동 및 청소년 문학 중 최고의 고전에 속한다. 기록영화에서 출발했던 초창기 유럽의 영화감독들은 영화가 이야기를 만들어낼 수 있는 매체라는 것을 알고 재미있는 서사구조를 가진 문학작품이나 신화, 전설, 동화 등에 주목하기 시작했다. 프랑스에서는 이미 1899년 멜리에스가 그림 형제의 동화《부엌데기Aschenputtel》를 영화로 만들었고, 독일에서는 1907년《헨젤과 그레텔Hänsel und Gretel》을 영화화하려는 시도가 있었다.[10] 그러나 동화를 소재로 한 초창기 영화들은 기술적인 측

----

10) 미국에서는 돌리J. Searle Dawley 감독이 1916년 처음으로 동화를 소재로 하여 영화 〈백설공주Snow White〉를 만들었다. 이후 이 소재는 독일, 일본 등 여러 나라에서 극영화, 애니메이션, TV 영화 등으로 수차례 제작되었다(Vgl. http://de.wikipedia.org/wiki/Schneewittchen).

면에서 초보적이고 주로 성인 관객을 겨냥한 것이어서 영화사에서 주목받지 못했다. 독일의 영화감독 파울 베게너Paul Wegener의 〈쥐잡이 Rattenfänger〉(1918)가 최초의 동화 영화로 꼽히는 이유도 여기에 있다(Beate Völker, 2005: 12). 어쨌든 동화는 영화감독들에게 줄곧 풍부한 상상력의 보고(寶庫)였음에 틀림없다.

역사적으로 보면, 특히 제3제국과 동독이 동화의 '영화화'에 큰 관심을 보였다. 제3제국은 영화라는 새로운 매체가 대중에게 큰 영향을 미치는, 그래서 체제 유지를 위한 선전에 활용될 수 있는 수단임을 재빨리 간파하고 동화에서 소재를 찾기 시작했다. 그리고 동독은 DEFA 스튜디오에 특별 부서를 설치하여 동화를 소재로 한 영화들을 대거 출시했다. 가장 선호된 동화는 그림 형제와 하우프Wilhelm Hauff의 동화였다. 동독은 1960년부터 1962년까지 총 12편의 동화 영화를 만들었으며, 1970년까지 60편 이상의 어린이 영화를 제작했다.

DEFA사가 만든, 그림 형제 동화의 대표적인 영화화로는 〈백설공주〉가 있다. 이 극영화는 왕비의 질투와 비도덕적인 행동, 백설공주의 시련과 행복을 오락적 · 희극적 요소(난쟁이들의 우스꽝스러운 행동, 경쾌한 음악 등)와 조화롭게 배치했고, 난쟁이들의 오두막을 사회주의 유토피아를 연상시키도록 형상화했다.

동독에서 만들어진 하우프 동화의 영화화로는 페어회벤Paul Verhoeven의 〈차가운 마음Das kalte Herz〉(1950)과 슈타우테Wolfgang Staudte의 〈난쟁이 무크의 이야기Geschichte vom kleinen Muck〉(1953)를 들 수 있다. DEFA의 최초 컬러 필름에 속하는 영화 〈차가운 마음〉은 자립적으로 유리공장을 운영하는 수공업자의 사회경제학적인 원칙과 이익증대를 목표로 하는 목재상인의 자본주의 원칙을 대립구조로 설정하여 사회주의 경제논리를 강조한다. 한편, 슈타우테의 영화 〈난쟁이 무크의 이야기〉는 늙은 무크가 그를 따라다니는 어린이들에게 자신의 잘못과 그릇된 결정을 통해 교훈을 얻은 이야기를 직접 전하는 구조를 취하고 있다. 대상(大商)들의 이야기 속에 화자(話者) 물라이가 아버지로부터 전해들은 늙은 무크에 관한 교훈적인 이야기를 담고 있는 하우프의《난쟁이 무크의 이야기》의 구조와는 큰 차이를 보인다.

　　이처럼 제3제국과 동독은 동화 장르에 지대한 관심을 보였다. 그 이유는 무엇이었을까? 주지하다시피 동화는 권선징악과 같은 교훈적인 가치 외에도 충성, 명예, 희생과 같은 가치를 내포하고 있는데, 국가 이데올로기를 강조하여 체제를 유지하려 했던 제3제국과 동독에 이런 충성, 희생 등의 가치가 절실히 필요했기 때문일 것이다(M. S.ahr, 2004: 38).

　　하지만 서독은 1970년대까지 이 장르에 별로 관심을 보이지 않았다. 하우프 동화의 모티프를 채택한 호프만Kurt Hoffmann의 〈슈페사르트의 여관Das Wirthaus im Spessart〉(1957)[11])이 눈에 띌 뿐이다. 그러다가 1980년대에 이르러서는 텔레비전 오락 프로그램에 대한 어린이들의 수요가 증가하자 전통적인 동화 영화들과 다른 상업적인 영화들을 선보였다. TV 방송용으로 제작된 〈헨젤과 그레텔〉(1981), 〈재투성이〉(1989) 등을 예로 들 수 있다.

　　그렇다면 할리우드는 동화에 대해 어떤 관심을 보였을까? 월트 디

---

11)　이 영화는 서독에서 하우프 동화의 모티프를 채택하여 상업적으로 성공한 예에 해당한다. 하우프의 동화는 수호천사를 찾아 숲속을 헤매던 주인공 펠릭스가 우연히 발견한 슈페사르트의 한 여관에서 며칠을 보내고 있던 중 함께 투숙한 산다우라는 백작녀를 인질로 잡아가기 위해 도적들이 침입하자 백작녀로 변장하여 대신 인질이 되지만, 곧 구출되어 백작녀의 성에 초대되고 그녀가 바로 그의 수호천사였다는 것이 밝혀진다는 이야기다. 하지만 1957년 서독에서 제작된 호프만의 영화는 펠릭스가 백작녀와 옷을 바꿔 입는 정도로 끝나지 않고 인질에서 벗어나기 위해 반대 성역할까지 해야 하며, 결국은 자신의 성과 계급 신분을 드러내고 만다는 이야기로 각색되어 있다.

즈니Walt Disney(1901~1966)에 관한 이야기부터 해보자.

월트 디즈니는 1901년 시카고에서 아일랜드계 캐나다인이었던 아버지와 독일-미국계 어머니 사이에 태어났다. 그는 부모를 따라 미주리주 마르셀린, 캔자스시티, 시카고 등에서 성장기를 보냈다. 어려서부터 그림에 관심이 많았고, 채플린과 서커스를 좋아했으며, 어려운 형편에도 불구하고 만화예술가의 꿈을 버리지 않았다.[12] 마침내 그는 신문과 스튜디오 일러스트레이터로 활동했던 경험을 바탕으로 1920년 캔자스시티에 '래프-오-그램Laugh-O-Gram'이라는 스튜디오를 설립하고 단편 만화영화들을 만들기 시작했다. 유럽 동화로부터 스토리, 인물, 스타일 등을 가져와 미국 대중관객의 취향에 맞게 각색한 것이 대부분이었다. 이곳에서 제작된 7~8분 길이의 단편 만화영화 시리즈 중에는 그림 형제의 동화 《브레멘 음악대》를 미국 스타일에 맞게 변형한 〈브레멘의 4인조 음악대 The Four Musicians of Bremen〉도 들어 있다.

---

12) 아버지 엘리아스 디즈니(Elias Disney, 1859~1941)는 아일랜드 혈통의 캐나다인이었으며, 어머니 플로라 콜(Flora Call, 1868~1938)은 오하이오 출신의 미국-독일계 혈통이고, 외할머니가 독일계였다. 그들은 1888년 플로리다에서 결혼한 후 두 아들을 낳고는 시카고로 이사했다가 1906년에는 미주리주 마르셀린Marceline으로 다시 이사하여 농장을 운영했다. 이때 처음으로 월트는 이모에게서 그림공책을 선물받고 그림에 관심을 보였다. 특히 마르셀린의 농장 외양간 건물은 그가 나중에 캘리포니아에 같은 건물을 지을 정도로 어린 시절의 기억을 각인시켜주었다. 그러나 그의 부모는 1910년 농장을 팔고 이번에는 캔자스시티로 이사하여 신문가게를 운영했다. 그 때문에 로이와 월트는 신문 배달을 하기 위해 추운 겨울에도 새벽 3시 30분경에 일어나야 했다. 아버지한테서 용돈을 받지 못했던 월트는 2달러를 받고 저녁에 아마추어 카바레 단원으로 일하는 등 여러 가지 아르바이트를 했다. 1916년 아버지가 신문가게를 팔고 또다시 시카고로 이사하자 월트는 학교를 마치려는 생각으로 캔자스시티에 남아 있다가 처음으로 미술 수업을 받기도 했다. 1916년 시카고로 부모를 따라간 월트는 거기서도 아르바이트를 하면서 미술 아카데미 코스를 다녔다. 1918년 겨울에는 프랑스에 체류하면서 적십자사의 구급차 운전사로 일하기도 했으나 1919년 가을 만화예술가가 되려는 생각으로 형 로이가 살고 있던 캔자스시티로 돌아왔다.
https://de.wikipedia.org/wiki/Walt_Disney 참조.

이처럼 월트 디즈니의 초창기 영화 이력을 보면 유럽 문화, 특히 독일 문화에 대한 친연성이 드러난다. 이것은 그의 외할머니가 독일계 이주민이었고, 어린 시절을 보낸 캔자스시티에 독일계 이주민이 많이 살고 있어 독일 동화를 비롯한 독일 문화에 쉽게 친숙해질 수 있었기 때문에 가능했을 것으로 보인다.[13]

그러나 이들 단편 애니메이션은 상업적 이득을 얻는 데는 실패했다. 무성영화 〈앨리스의 이상한 나라Alice's Wonderland〉마저 회사에 큰 도움을 주지 못했다. 그래서 월트 디즈니는 몇 달을 힘들게 버티다가 자신의 카메라를 판 돈으로 경비를 마련하여 시장이 넓은 할리우드로 향했다. 거기서 그가 1923년 형 로이와 함께 설립한 월트디즈니사Walt Disney Company는 1928년 캐릭터 미키마우스를 고안하여 세계적으로 유명해졌다.[14] 1930년대에 이르러서는 음향과 색채를 넣는 등 애니메이션 기술을 크게 발전시킨 결과 드디어 세계 최초로 장편 애니메이션 〈백설공주와 일곱 난쟁이〉(1937)를 탄생시켰다. 월트디즈니사는 이 애니메이션에 당시로서는 막대한 제작비에 해당하는 150만 달러를 투자하여 850만 달러를 벌어들였고, 1939년 아카데미 특별상을 수상했다. 이후 〈피노키오Pinocchio〉(1940), 〈밤비Bambi〉(1942), 〈신데렐라Cinderella〉(1950), 〈이상

---

13) 로빈 앨런Robin Allan은 유럽 문화가 디즈니의 초창기 영화에 미친 영향에 대해 상세하게 언급하고 있다. 그는 독일 동화가 월트 디즈니에게 미친 영향 이외에 독일 표현주의 영화가 그에게 미친 영향의 예로서 프리츠 랑의 〈메트로폴리스〉(1926)에서 볼 수 있는 과학자 로트왕Rotwang의 집이 난쟁이들 오두막의 원형으로 쓰였다는 점을 든다. Robin Allan: Walt Disney and Europe. European influence on the animated feature films of Walt Disney, London 1999, S. 45 참조.

14) 미키마우스 캐릭터가 특히 어린이들에게 선풍적인 인기를 끌었던 것은 1950년대 중반 이후 미국 가정에 텔레비전 보급이 빠르게 늘어나기 시작한 것과 깊은 관련이 있다(권혜경, 2007: 14).

한 나라의 앨리스Alice in Wonderland〉(1951), 〈피터팬Peter Pen〉(1953), 〈잠자는 숲속의 미녀Sleeping Beauty〉(1959) 등을 내놓아 세계적인 명성을 이어 갔다. 이와 함께 월트 디즈니는 사업을 확장하여 1955년 테마파크 디즈니랜드를 열기도 했다. 월트 디즈니는 총 26개의 오스카상을 수상했다. 그리고 그가 죽은 후에도 디즈니 영화사는 다수의 성공작을 내놓았다. 〈로빈 후드Robin Hood〉(1973), 〈인어공주〉(1989), 〈미녀와 야수Beauty and the Beast〉(1991), 〈알라딘Aladdin〉(1992), 〈라이언 킹The Lion King〉(1994), 〈포카혼타스Pocahontas〉(1995), 〈노틀담의 곱추The Hunchback of Notre Dame〉(1996), 〈뮬란Mulan〉(1998), 〈라푼첼Rafunzel〉[2010, 영어 타이틀: 탱글리드(Tangled)] 등을 들 수 있다.

할리우드에서 월트 디즈니를 제외하면 독일 동화를 수용한 예는 크게 눈에 띄지 않는다. 다만 디즈니 애니메이션에 앞서 플라이셔 스튜디오가 1933년 흑백 단편 애니메이션으로 〈베티 붑의 백설공주〉를 제작했고, 2001년 드림웍스사가 디즈니 애니메이션을 패스티시 기법으로 패러디한 〈슈렉〉을 내놓았을 뿐이다.

따라서 여기서는 먼저 그림 형제의 동화 《백설공주》를 살펴보고, 할리우드 수용의 예로서 디즈니 장편 애니메이션 〈백설공주와 일곱 난쟁이〉와 플라이셔 스튜디오의 단편 애니메이션 〈베티 붑의 백설공주〉를 비교 차원에서 분석한다. 그리고 드림웍스사의 〈슈렉〉과 디즈니사의 〈라푼첼〉을 살펴보기로 한다.

디즈니 장편 애니메이션 〈백설공주와 일곱 난쟁이〉

그림 형제는 1812년 《어린이와 가정을 위한 동화Kinder-und Hausmärchen》 제1권을, 1815년에는 제2권을 발간한다. 여기에는 총 156편의 이야기가 실려 있다. 최종 판본인 1857년 일곱 번째 판에는 이보다 많은 211편이 수록되어 있다. 그런데 여기서 주목해야 할 것은 그림 형제가 판이 거듭될수록 어린이 독자층과 당대의 기독교 중심의 사회적 분위기를 고려하여 원래 채집한 이야기들 중에서 외설스럽거나 잔혹하고 폭력성이 심한 내용은 삭제하거나 각색했다는 점이다.[15] 《백설공주》의 경우도 예외는 아니다. 도덕적 · 윤리적 각색이 시도된 것이다. 여기서 1857년 최종판 《백설공주》의 내용을 요약하면 다음과 같다.

어느 겨울날 창가에서 바느질을 하다가 눈이 내리는 것을 보고 있던 왕비는 예쁜 딸을 갖고 싶어 한다. 얼마 후 소원이 이루어져 '백설공주'라 불리는 예쁜 딸을 낳았지만 왕비는 바로 죽고 만다. 1년이 지난 후 왕은 어여쁜 새 왕비를 맞지만 그녀는 시기와 질투심이 강해 누가 자신보다 더 예쁜 것을 참을 수 없었다. 백설공주가 자라 일곱 살이 되었을 때 마법의 거울이 그녀가 왕비보다 천 배는 더 예쁘다고 대답하자 시기가 마음속에서 독버섯처럼 자라올랐다. 마침내 왕비는 사냥꾼을 불러 백설공주를 숲으로 데려가 죽이고 그 증거로 간과 허파를 가져오도록 한

---

15) 일본의 동화작가 키류 미사오는 그림 동화의 최종판에서 삭제된 잔혹한 내용, 즉 왕과 딸의 근친상간, 왕비의 친딸 살해 시도 등을 복원하여 책으로 펴낸 바 있다. 키류 미사오, 《알고 보면 무시무시한 그림 동화 1》, 서울문화사, 1999, 14쪽.

다. 사냥꾼은 왕비의 명령에 따라 백설공주를 살해하기 위해 숲으로 데려갔으나 예쁜 공주가 살려달라고 애원하자 그녀를 숲속에 놓아주고 대신 멧돼지의 간과 허파를 왕비에게 가져다준다. 왕비는 요리사로 하여금 요리하게 한 다음에 그것을 백설공주의 것인 줄 알고 먹어 치운다. 숲속을 헤매던 백설공주는 일곱 난쟁이의 오두막에 도착하여 허기를 채우고 피곤해서 잠이 든다. 광산에서 일을 마치고 돌아온 난쟁이들은 백설공주를 발견하고 놀라지만 다음날 그녀의 사정을 듣고 그들의 집에 머물며 가사를 돕도록 허락한다. 백설공주가 죽은 줄 안 왕비는 마법의 거울에게 자신이 최고로 아름답다는 것을 확인하려다가 사냥꾼이 자신을 속였으며 백설공주가 일곱 난쟁이의 오두막에 아직 살아있다는 것을 알게 된다. 이에 다시 시기심이 발동한 왕비는 늙은 노파로 분장하고 백설공주가 거주하는 오두막을 찾아가 예쁜 물건들로 유혹하여 문을 열게 한 다음 허리끈으로 졸라 쓰러뜨리지만 집으로 돌아온 난쟁이들에 의해 구조된다. 그러자 왕비는 다른 모습으로 변장하고 이번에는 독이 묻은 빗을 가지고 오두막으로 백설공주를 다시 찾아가 머리에 빗을 대도록 유인하여 쓰러뜨리지만 이번에도 난쟁이들의 도움으로 다시 살아난다. 두 번의 시도에서 실패한 왕비는 세 번째는 농부로 변장하고 독이 든 사과를 준비해서 백설공주를 찾아가 그것을 먹게 해서 쓰러지게 한다. 뒤늦게 도착한 난쟁이들이 온갖 방법을 써보지만 백설공주가 깨어나지 않자 아름다운 모습을 계속 보기 위해 유리관에 눕혀 산꼭대기에 올려놓는다. 마침 숲을 지나가던 왕자가 유리관 속에 누워 있는 백설공주를 보고 반하여 애인처럼 보살필 테니 백설공주를 자신에게 넘겨줄 것을 난쟁이들에게 부탁하자 이를 허락한다. 유리관을 옮기던 중 왕의 신하가 발을 헛디디는 바람에 유리관이 심하게 흔들리고 그로 인해 목에 걸려 있던 사과가 튀어나오면서 백설공주는 눈을 뜨게 된다. 왕자는 마침내 공주에게 청혼하고 성대한 결혼식을 올린다. 결혼식에는 백설공주의 계모인 왕비도 초대되는데, 그녀는 불에 시뻘겋게 달구어진 쇠 신발을 신고 죽을 때까지 춤을 추어야 하는 벌을 받는다.

구전 민담을 채록한 이전 판본과 두드러진 차이는 등장인물의 변용에서 찾을 수 있다. 첫째, 주인공 백설공주의 변용이다. 구전 민담에서 젊음과 아름다움을 자랑하는 백설공주는 심지어 아버지인 왕을 유혹하고 성관계까지 가지며 숲속 오두막에서 밤이면 일곱 난쟁이와 번갈아가며 성관계를 맺는 인물로 그려진 반면, 그림 동화의 최종판에서는 계모의 시기와 질투에 희생되는 그야말로 윤리적 규범을 어기지 않는 순진하고 착한 공주로 묘사된다. 둘째, 친모이면서도 시기와 질투 때문에 딸을 희생시키려 했던 왕비가 최종 판본에서는 사악한 계모로 바뀌어 있다. 결국 그림 형제의 최종 판본은 당시 시민사회의 분위기를 감안하여 종교적 · 도덕적 · 교육적으로 용인될 수 있는 순화된 주인공들로 변용을 시도했다고 볼 수 있다.

이제 디즈니 애니메이션 영화 〈백설공주와 일곱 난쟁이〉를 살펴보자. 내용과 형식적인 측면에서 이 영화는 그림 형제의 동화 《백설공주》와 많은 차이를 보인다. 첫째, 왕비가 백설공주를 죽이기 위해 난쟁이들의 오두막을 찾아가는 횟수가 다르다. 그림 동화에서는 왕비가 허리끈, 독이 묻은 빗, 독이 든 사과를 가지고 세 차례에 걸쳐 오두막을 방문하여 백설공주를 없애려고 하지만, 디즈니 애니메이션에서는 독이 든 사과를 가지고 단지 한 번 시도하는 것으로 스토리가 단순화되어 있다. 둘째, 그림 동화에서는 백설공주가 관을 옮기던 시종들이 비틀거리는 바람에 목에 걸린 사과가 튀어나와 깨어나지만 애니메이션에서는 백설공주를 찾아 헤매던 왕자가 입을 맞추자 살아난다. 셋째, 그림 동화의 마지막 장면에서 결혼식에 초대된 왕비가 불에 시뻘겋게 달구어진 신발을 신고 죽을 때까지 춤을 추어야 하는 벌을 받는 반면, 애니메이션에서는 이 부분이 삭제되고 간단하게 해피엔딩으로 끝난다. 넷째, 그림 동화와 다르게 디즈니 애니메이션은 일곱 난쟁이에게 Happy(행복), Sleepy(졸음), Grumpy(심술), Dopey(어리석음), Sneezy(재채기) 등의 이름을 부여하여 귀엽고 익살스러운 캐릭터로 형상화한다. 다섯째, 백설공주가 발견한 난쟁이들의 오두막은 그림 동화에서 잘 정돈되어 있지만 디즈니 애니메이션에서는 물건들이 먼지를 뒤집어쓰고 어지럽게 널려 있다. 그래서 백설공주가 숲속 동물들과 함께 오두막을 깨끗하게 청소하는 장면이 뒤따른다. 여섯째, 디즈니 애니메이션은 동화책의 페이지를 넘기는 장면으로 내레이터가 이야기를 시작하며, 다시 내레이터가 등장하여 끝마무리를 한다. 일곱째, 동화에 없는 숲속의 귀여운 동물들을 대거 등장시킨다. 새, 다람쥐, 노루 등 귀여운 동물 캐릭터 창조가 돋보인다. 여덟째, 디즈니 애니메이션은 슬랩스틱에서 볼 수 있는 코믹한 요소와 뮤지컬적인 요소를 결합하여 동화에 없는 오락적인 분위기를 만들어낸다. 숲속 동물들의 즐거운 합창과 난쟁이들의 오두막에서 벌어지는 유쾌한 소동 장면은 이를 잘 입증해준다. 애니메이션이 극영화에 비해 훨씬 역동적인 이유도 이런 요소들이 들어 있기 때문이다. 아홉째, 디즈니 애니메이션은 과장과 단순화 기법을 사용하고 색상의 강조를 통해 독특한 캐릭터를 창조한다. 빨간 입술에 흰 피부, 까만 머리의 공주와 까만 망토를 걸친 계모가 이에 해당한다.

　그러나 동화와 애니메이션의 표층적인 구조에서 드러난 차이들보

애니메이션
〈백설공주와 일곱 난쟁이〉의
한 장면

다 더 중요한 것은 심층구조에 들어 있는 차이일 것이다. 우선 등장인물
들의 이미지가 어떻게 달라지고 있는가를 보자. 그림 동화의 결말 부분
은 계모인 왕비를 응징하는 장면을 포함하고 있으나 디즈니 애니메이
션은 이를 삭제했을 뿐만 아니라 유리관에서 깨어나는 것도 왕자의 키
스를 통해 가능하도록 변형함으로써 수동적이고 남성에게 순종적인 여
성 이미지를 강화시켰다. 다시 말해 주체적으로 사고하고 행동하는 여성
상이 아니라 순수함과 미모 때문에 남성에 의해 구원되는 수동적인 여
성상을 내면화시킨 셈이다. 또한 디즈니 애니메이션은 일곱 난쟁이에게
열심히 일하는 성실한 노동자의 이미지를 각인시킴으로써, 그리고 백설
공주가 일곱 난쟁이와 화목한 가정을 꾸리는 모습을 강조함으로써 당대
미국사회가 추구했던 건강한 노동과 화목한 가정의 가치를 부여하고자
했다. 다시 말해 성실하게 가사를 돌보는 백설공주와 노동자로서 규칙적
인 삶을 사는 난쟁이들은 청교도적 윤리의 실천자로서의 모습을 보인다.

요컨대 디즈니 애니메이션은 독일 동화에 근거하고 있지만 독일 시민사회의 백설공주를 재현하려 하지 않고, "미국화된 백설공주"(권혜경, 2007: 12 재인용)를 형상화하고 있다.[16] 또한 이 애니메이션은 슬랩스틱 코미디적인 요소와 뮤지컬적인 요소를 잘 결합함으로써 오락과 즐거움이 넘치는 화려하고 역동적인 애니메이션을 구현하고 있다.[17]

플라이셔 스튜디오의 단편 애니메이션 〈베티 붑의 백설공주〉

단편 애니메이션 〈베티 붑의 백설공주Betty Boop: Snow White〉(1933)는 디즈니 컬러 장편 애니메이션 〈백설공주와 일곱 난쟁이〉보다 4년 앞서 할리우드의 플라이셔 스튜디오에서 흑백으로 만들어졌다. 그래서 우리에게 잘 알려지지 않았지만 그림 동화의 할리우드 첫 수용이라는 의미를 지닌다.

플라이셔 스튜디오의 〈베티 붑의 백설공주〉에는 '베티 붑' 시리즈의 주인공 베티 붑이 왕비의 명령에 따라 자신을 죽이려는 두 기사한테서

---

16) 헨리 지루는 디즈니 영화들이 미학적 완성도를 무기로 성차별적, 인종차별적, 그리고 비민주적인 사회에 대한 찬양을 내면화했다고 비판하며, 잭 자이프는 월트 디즈니가 1930년대 경제 공황기에 근로정신과 화목한 가정을 지향하는 보수적인 이데올로기를 전파하기 위해 동화를 이용했다고 비판한다(박유신, 2008: 144).

17) 이 애니메이션과 비교해서 독일 DEFA사가 1961년 만든 극영화 〈백설공주〉를 보면, 왕비의 질투와 비도덕적인 행동, 백설공주의 시련과 행복은 난쟁이들의 우스꽝스런 행동, 경쾌한 음악 등 오락적·희극적 요소와 조화를 이루고 있고, 난쟁이들의 오두막은 사회주의 유토피아를 연상시킨다. 이광복, 〈독일 아동 및 청소년 문학의 '영화화'〉, 《독어교육》 48집, 2010, 225쪽 참조.

도망치다가 얼음관에 갇히지만 다시 살아나는 백설공주로 나온다. 그리고 코코와 빔보가 백설공주를 죽이려다가 자신들이 파놓은 구덩이에 빠지는 두 명의 기사 역할을 하고, 〈뽀빠이〉에 나오는 올리브는 공주를 죽이기 위해 난쟁이들을 쫓아가다가 용으로 변하는 왕비 역을 맡는다. 그리고 난쟁이들은 얼음관을 나르는 상여꾼으로 역할이 바뀌어 있고, 왕자는 결말 부분에서 모습을 드러내지 않는다(성례아, 2006: 201-204). 이 밖에도 단편 애니메이션 여기저기에 변형이 산재해 있다. 예를 들어 왕비가 노파로 변장하여 찾아가는 난쟁이들의 오두막 대신에 신비한 동굴이 나오고, 그 동굴에서 백설공주를 추격할 때는 코니아일랜드, 선술집 등이 배경으로 등장하며, 난쟁이들이 얼음관을 운반할 때는 당시 하위 계층의 사회상을 암시하는 배경이 등장한다(성례아, 2006: 204).

요컨대, 플라이셔 스튜디오의 〈베티 붑의 백설공주〉는 줄거리를 크게 변형하고 당대 미국에서 인기 있었던 캐릭터를 활용하여 그림 형제의 동화 《백설공주》를 재해석한 최초의 할리우드 단편 애니메이션이라 할 수 있다.

단편 애니메이션
〈베티 붑의 백설공주〉의 한
장면

드림웍스의 3D 애니메이션 〈슈렉〉

1994년 제프리 캣전버그Jeffrey Katzenberg, 스티븐 스필버그Steven Spielberg, 데이비드 게펜David Geffen이 공동 설립한 드림웍스DreamWorks SKG 는 1998년 〈이집트 왕자The Prince of Egypt〉(1998)에 이어 2001년부터 3D 애니메이션 〈슈렉Shrek〉 시리즈를 내놓아 기존의 디즈니 애니메이션에 대한 대항담론을 형성하는 계기를 마련했다. 여기에서는 시리즈 제1편에 해당하는 〈슈렉〉이 그림 동화를 비롯한 유럽 동화들을 어떻게 수용했는가를 살펴보고자 한다. 우선 〈슈렉〉의 줄거리를 간략하게 정리해보자.

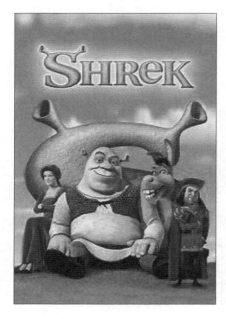

애니메이션 〈슈렉〉의 포스터

주인공 슈렉은 습지에서 혼자 살고 있는 녹색 괴물이다. 이웃 듈락 DuLoc성에는 영주 파쿼드가 살고 있다. 그런데 어느 날 파쿼드가 동화 속 모든 주인공들을 습지로 내몬다. 조용한 생활을 즐기던 슈렉은 이를 따지기 위해 파쿼드를 찾아가는데, 얼떨결에 그의 성에서 열린 '힘겨루기' 대회의 우승자가 된다. 그러자 파쿼드는 슈렉에게 탑에 갇힌 피오나 공주를 데려오면 습지에 다시 혼자 사는 것을 보장하겠다고 약속한다. 그래서 슈렉은 수다쟁이 당나귀를 데리고 피오나 공주 구조에 나서며, 온갖 역경을 이겨내고 마침내 탑에서 피오나를 구해 듈락성으로 향한다. 그런데 피오나에게 밤이 되면 괴물이 되어야 하는 저주가 씌워져 있다는 것을 알지 못하는 슈렉은 피오나를 좋아하게 된다. 그리고 슈렉은 피오나가 당나귀한테 "아무도 괴물을 좋아하지 않을 거예요"라고 하는 말을 몰래 엿듣는다. 슈렉은 피오나가 자신을 두고 한 말로 생각한다. 낙담한 슈렉은 다음날 바로 피오나를 파쿼드에게 데려다준다. 습지로 돌아온 슈렉은 당나귀로부터 자신과 피오나 사이에 오해가 있었음을 알게 되고, 듈락성으로 가서 피오나와 파쿼드의 결혼식을 저지하기에 이른다. 그리고 슈렉의 진정한 사랑의 키스를 받은 피오나는 저주에서 풀려난다. 하지만 피오나는 결국 공주의 모습이 아니라 슈렉과 같은 녹색 괴물의 모습을 받아들이고 슈렉과 결혼한다.

이처럼 〈슈렉〉에는 유럽의 고전 동화에서는 찾아볼 수 없는 캐릭터의 주인공이 그려져 있다. 슈렉은 외견상 위험에 빠진 공주를 구하는 용감한 왕자의 역할을 하는 듯 보이나 그의 외모와 이미지는 유럽의 고전 동화에 나오는 주인공들과 매우 딴판이다. 그림 형제의《백설공주》에 나오는 왕자는 멋진 외모에 용감하기까지 하지만, 슈렉은 숲속에 혼자 사는 녹색 괴물로 못생기고 지저분하며, 거칠고 이기적이다. 그가 피오나 공주를 구하기 위해 나서는 것도 순수한 사랑을 쟁취하기 위해서가 아니라 자신의 사생활을 침해받지 않기 위해 파쿼드와 모종의 거래가 있었기 때문이다. 피오나 역시 유럽 고전 동화에 나오는 공주의 이미지를 벗어던진다. 그림 동화 《백설공주》에서 공주는 아름답고 순수하며, 그 때문에 왕자의 간절한 사랑을 받게 된다. 그러나 〈슈렉〉에서 피오나는 낮에는 아름다운 공주이지만 밤에는 녹색 괴물로 변하는 저주받은 인물이다. 그리고 더욱 중요한 점은 피오나가 밤마다 확인하게 되는 자신의 두 번째 모습을 처음에는 받아들일 수 없지만 자신을 구해준 슈렉과의 만남을 통해 결국 '공주로서의 피오나'가 아니라 '괴물로서의 피오나'를 선택한다는 점이다. 이로써 피오나는 과거 디즈니 애니메이션의 전형적인 공주 이미지를 완전히 해체해버린다.

또한 플롯 구성에서도 〈슈렉〉은 유럽 고전 동화와 기존 디즈니 애니메이션을 전복시킨다. 예를 들어 〈슈렉〉에서 동화책의 페이지들을 넘기는 장면은 유럽 고전 동화, 특히 《백설공주》와 유사한 이야기를 하겠다는 인상을 주지만, 이런 기대를 바로 무너뜨린다. 왜냐하면 슈렉은 동

슈렉이 화장실에서 동화책을 찢은 종이를 사용하는 장면

화책의 마지막 페이지를 항문을 닦는 화장지로 사용하기 때문이다. 또한 파쿼드 영주가 왕이 되기 위해 마치 TV쇼처럼 소개되는 3명의 인물, 즉 신데렐라, 백설공주, 피오나 공주 중에서 피오나 공주를 선택하며, 선택된 피오나 공주는 새들과 노래하다가 너무 소리를 크게 질러 새가 알을 낳자 이것을 바로 돌판 위에 올려 요리를 해버린다. 이런 피오나의 모습은 동식물과 교감을 나눌 줄 아는 자연친화적인 동화 속 주인공의 모습이 아니다. 오히려 그 반대다. 디즈니 애니메이션의 백설공주도 숲속 귀여운 동물들과 어울려 멋진 춤을 추지 않았던가!

이 때문에 드림웍스 애니메이션 〈슈렉〉은 기존 디즈니 애니메이션에 대한 전복이라는 관점에서 평가된다. "지극히 보수적이고 가부장적 이데올로기를 지닌 디즈니 애니메이션 영화에 대한 안티테제"(박유신, 2008: 146)라는 주장이 바로 그 경우다. 〈슈렉〉을 "미디어 권력에 대한 전복의 욕망을 드러내는 알레고리"(박유신, 2008: 183)로 보는 견해도 유사한 맥락에서 이해된다.

디즈니 3D 애니메이션 〈라푼첼〉

그림 동화 《라푼첼》은 먼저 독일에서 2009년 퓌른아이젠Bodo Fürneisen 감독에 의해 극영화로 만들어졌다. 그리고 2010년 할리우드 디즈니사가 3D 애니메이션 〈라푼첼〉을 출시했고, 2012년에는 〈라푼첼: 바람이 나고, 사랑에 빠지고, 결혼하다〉[18]라는 타이틀의 7분짜리 필름을 제작했다. 여기서는 2010년 출시된 3D 애니메이션 〈라푼첼〉을 살펴보자.

　　오프닝 시퀀스에서 내레이터(플린 라이더)는 보이스오버 기법으로 이야기를 시작한다. 옛날 옛적에 햇빛 한줄기가 하늘에서 떨어져 마법의 황금꽃을 피웠는데, 이 꽃은 다친 사람이나 아픈 사람을 낫게 해주는 신비한 효험이 있었다. 먼 훗날 어느 왕국의 왕비가 아이를 낳다가 산고가 심해 죽게 되자 자신의 젊음을 유지하는 데만 사용하던 마녀 고텔한테서 그 꽃을 가져와 왕비에게 달여 먹이자 왕비가 회복되고 황금 머릿결이 아름다운 아기 공주 라푼첼이 태어났다. 이를 축하하기 위해 왕과 왕비는 하늘로 등을 날려 보냈다. 그러나 행복은 오래가지 못했다. 마녀 고텔이 성에 들어가 어린 공주 라푼첼을 납치하여 깊은 숲속 탑에 가두고 마법의 꽃을 되찾은 것처럼 소중하게 키웠다는 것이다. 여기까지가 내레이터가 들려준 틀 이야기인데, 그림 동화의 시작과는 사뭇 다르다. 동화는 마녀가 사는 뒤뜰 정원에 핀 초록색 식물 라푼첼을 부인이 무척 먹고 싶은 나머지 야위어가자 이를 훔치러 갔다가 아이를 낳으면 마녀에게 주겠다는 조건으로 그것을 얻어와 건강을 회복시키고 아이를 낳자 마녀가 '라푼첼'이라는 이름을 지어주고 데려가 키웠다는 평범한 부부의 이야기로 시작한다. 여기에 틀(액자) 구조는 존재하지 않는다. 영화에서 본격적으로 시작되는 라푼첼의 이야기는 다음과 같다.

---

18)　2012년 7분짜리 영화는 라푼첼과 라이더의 결혼식 장면을 보여준다. 결혼식 증인으로 초대된 카멜레온 파스칼과 말 막시무스는 꽃과 결혼반지를 가지고 가다가 그만 반지를 성의 계단 아래 도시로 떨어뜨려 잃어버린다. 둘은 그것을 찾기 위해 경쟁적으로 서두르다가 엄청난 피해를 입는다. 하지만 신랑 신부에게 때맞춰 반지를 갖다주는 데 성공한다. 라푼첼과 라이더는 반지를 교환하고 키스를 나눈다. 그런데 이번에는 막시무스가 웨딩 케이크를 건드려 굴러가게 만든다.
　https://en.wikipedia.org/wiki/Rapunzel_(Disney) 참조.

애니메이션
〈라푼첼〉의 한 장면

　　라푼첼은 탑 안에서 온종일 혼자 지내는데, 노래를 부르면 그녀의 머리카락은 빛나고 기적 같은 힘을 발휘한다. 그러던 어느 날 성에서 어린 공주의 왕관을 훔친 도적 플린 라이더Flynn Rider가 라푼첼이 갇혀 있는 탑으로 기어 올라온다. 라푼첼은 침입자를 프라이팬으로 제압하여 긴 머리카락으로 포박하고 왕관이 든 가방을 뺏어 숨긴다. 그리고 그녀는 왕관을 되돌려주는 조건으로 라이더의 도움을 얻어 탑을 벗어나 등불을 찾아가는 여행을 떠난다. 처음 자연을 대하는 라푼첼은 기쁨에 들뜨지만 탑으로 돌아갈까 하는 갈등에 휩싸이기도 한다. 한편 고텔은 라푼첼이 탑에서 도망간 것을 알고 추격하기 시작한다. 왕의 경비병들도 라이더를 체포하기 위해 수색에 나선다. 도피 중에 자신의 이름을 '유진'이라고 밝힌 라이더는 라푼첼의 머리카락이 마력을 가지고 있음을 알게 되고 사랑의 감정을 느끼기 시작한다. 성 가까이에 도착한 라푼첼과 유진은 나룻배에서 수많은 빛의 등불이 떠 있는 것을 보게 된다. 그리고 왕관을 왕에게 돌려주려던 유진은 몰래 나타난 고텔의 계략으로 잡혀서 성에 감금되고 라푼첼도 다시 탑에 갇히는 신세가 된다. 이때 라푼첼은 거울 속에 비친 모습을 보고 자신이 잃어버린 공주임을 깨닫고 고텔에게 항의한다. 막시무스가 보낸 조력자들의 도움으로 성의 감옥에서 탈출한 유진은 라푼첼이 다시 갇힌 탑으로 가지만 마녀 고텔의 공격으로 상처를 입고 쓰러진다. 이때 유진이 자신을 도우러 다가온 라푼첼의 황금 머리카락을 자르자 마녀 고텔은 힘을 잃고 정신이 혼미해져서 탑 밖으로 떨어져 죽는다. 쓰러진 유진은 자신의 뺨에 떨어진 라푼첼의 눈물 한 방울로 다시 살아나고, 라푼첼은 성을 방문하여 진짜 부모인 왕과 왕비를 만나게 된다.

이처럼 영화의 본 줄거리는 동화와 상당히 다르게 진행된다. 동화에서 왕자는 라푼첼이 긴 머리카락을 탑 아래로 내려주자 그것을 타고 올라오며, 라푼첼은 왕자를 보고 놀라지만 그를 프라이팬으로 제압하지 않는다. 그리고 바로 왕자의 청혼을 승낙하고 왕자를 따라 내려갈 생각을 한다. 그러나 무엇보다 뚜렷한 차이는 결말 부분에서 나타난다. 동화에서 마녀 고텔은 라푼첼이 자신을 배신하고 왕자에게 반한 것을 알고는 머리카락을 잘라버린 후에 버려진 외딴 숲으로 데려가 고통과 슬픔 속에 살도록 한다. 라푼첼을 더 이상 만날 수 없다는 것을 알게 된 왕자는 절망감에 싸여 정신없이 탑을 내려오다가 넘어져 가시에 눈을 찔려 봉사가 되어 숲을 떠돌며 살아간다. 그리고 몇 년 후 왕자는 버려진 숲속에서 우연히 만난 라푼첼을 목소리로 알아본다. 이에 라푼첼은 감격의 눈물을 흘리고, 그녀의 눈물 두 방울이 왕자의 눈을 뜨게 해준다. 이후 두 사람은 행복하게 살았다는 마무리 멘트가 뒤따른다. 반면에 영화는 보이스오버 기법으로 다시 유진의 목소리를 등장시켜 행복한 결말을 맺어준다.

동화와 애니메이션을 비교해보면, 이런 줄거리의 차이만 있는 것은 아니다. 주인공들의 캐릭터도 많은 차이를 보여준다. 우선 라푼첼에 주목해보자. 동화에서 라푼첼은 탑에 갇혀 있다가 왕자를 만난 이후 마녀를 배신했다는 이유로 쫓겨나지만, 디즈니 애니메이션에서 라푼첼은 탑에 침입한 도적 플린 라이더를 제압하고 그의 도움을 얻어 탈출한다. 그리고 등불을 찾아가는 여행을 시작한다. 동화의 라푼첼이 자신의 힘으로 탑에서 적극적으로 벗어나려 하지 않고, 버려진 숲에서도 체념하고 살아가는 수동적이고 순종적인 여성이라면, 애니메이션의 라푼첼은 자신의 정체성을 찾아나서는, 그 과정에서 때로는 폭력도 불사하는 적극적이고 능동적인 여성으로 묘사된다. 물론 어머니로 착각했던 마녀의 품이 안전하고 바깥세상은 무서운 사람들이 넘쳐나는 위험한 곳이라는 생각을 가졌을 때는 바깥세상에 대한 두려움이 생겼지만, 그것은 라푼첼의 내적 욕망, 즉 어릴 적부터 생일마다 탑의 천장으로 떠오르는 불빛을 보면서 밖에 나가 그것을 구경하고 말겠다는 꿈을 꺾지 못한다.

다음으로 나중에 본명이 '유진'으로 밝혀지는 플린 라이더를 살펴보자. 동화 속 왕자를 대신하는 인물로 캐릭터의 변형이 심하게 일어난 경우다. 동화에서 왕자는 라푼첼의 아름다운 노래와 미모에 반해 청혼했다가 마녀 고텔의 계략으로 눈이 먼 채 떠돌이 생활을 해야 했던 순수한 인물로 그려진다. 그러나 디즈니 애니메이션에서는 처음에 성에 들어가 왕관을 훔친 도둑이었다가 우연히 탑에서 만난 라푼첼의 바깥 여행을 도와주는 조력자가 되고, 마침내 서로 사랑하는 연인관계로 발전하는 카멜레온적인 인물로 재창조된다. 그가 2개의 이름을 가진 것도 이와 무관하지 않다. 미국 같은 최첨단 자본주의 사회에서 이러한 캐릭터는 결코 낯설어 보이지 않는다. 마녀 고텔의 경우도 마찬가지다. 그녀는 살인,

유괴, 절도 등이 만연한 현대사회에서 어떻게든 어린 소녀를 보호하려는 어머니의 역할을 적극적으로 수행하고 있기 때문이다. 마지막으로 동화에 없는 카멜레온과 막시무스 같은 코믹한 동물 캐릭터는 라푼첼과 플린의 모험여행을 재미있게 이끌어가려는 의도에서 창조한 것으로 볼 수 있다.

결국 이 영화는 동화의 인물들을 변형하고 새로운 캐릭터를 재창조하여 미국 현대사회를 직간접적으로 반영하면서 관객에게 유머와 오락을 제공한다. 장르상으로 보면, 이 애니메이션은 할리우드가 선호하는 코미디, 로맨스, 모험, 뮤지컬 장르를 교묘하게 혼합한 것으로 월트디즈니사의 역량을 잘 보여준 예라 하겠다.

3.
파우스트 모티프의 할리우드 수용과 변주: 〈악마와 다니엘 웹스터〉

'파우스트' 모티프의 할리우드 수용

영화에서 파우스트 모티프를 수용하기 시작한 것은 영화의 탄생 초기까지 거슬러 올라간다. 영화의 창시자로 알려진 뤼미에르 형제의 1~2분 분량의 영화 상영목록에도 〈파우스트와 메피스토Faust et Méphisto〉(1896), 〈파우스트: 메피스토펠레스의 출현Faust-l'Apparition de Méphistophélès〉(1897)이 들어 있다. 이후 본격적으로 영화를 가지고 재미있는 이야기를 할 수 있다는 사실을 알게 된 멜리에스도 파우스트 소재에 관심을 보였다. 〈메피스토펠레스의 밀실Cabinet de Méphistophélès〉(1897), 〈지옥의 파우스트Faust aux Enfers〉(1903) 등이 그것이다.

파우스트 소재를 본격 채택한 독일 영화로는 1913년 에버스Hans Heinz Ewers가 시나리오를 쓰고 베게너Paul Wegener가 열연한 리에Stellan Rye

감독의 〈프라하의 대학생〉(1913)을 들 수 있다. 줄거리는 다음과 같다.

　　1820년경 프라하의 가난한 대학생 발트윈은 백작의 아름다운 딸 마르기트의 사랑을 얻기 위해 사악한 마술사 스카피넬리에게 자신의 도플갱어인 거울에 비친 상(像)을 10만 굴덴에 판다. 이를 통해 마르기트의 마음을 얻지만 그 거울상으로부터 끊임없이 추격을 당한다. 이 도플갱어는 독자적인 생명을 얻어 그의 계획들을 방해한다. 더구나 아버지의 의사에 따라 마르기트가 결혼하려던 발트니스와 다투게 만들고 결투에 이르게 한다. 두 사람의 결투를 알게 된 마르기트는 뛰어난 검투사로 알려진 발트윈에게 발트니스를 해치지 않기를 부탁한다. 그러나 결투장에 늦게 나타난 발트윈은 발트니스가 이미 죽어 있음을 발견한다. 도플갱어, 즉 발트윈의 거울상이 대신 격투를 치르고 승리한 것이다. 이제 발트윈은 마르기트와 약속을 지키지 않은 대가로 그녀의 사랑과 사회적 지위를 상실하게 된다. 그러자 그는 자신의 도플갱어를 쏜다. 마침내 발트윈이 자신을 죽이고 마술사 스카피넬리가 승리한 것이다.

〈프라하의 대학생〉에서
발트윈에게 접근하는
스카피넬리

이처럼 이 영화는 도플갱어 모티프와 악마와의 계약 모티프가 스토리의 중심축을 형성한다. 사랑을 얻기 위해 자신의 도플갱어인 거울상을 스카피넬리에게 돈을 받고 파는 것은 파우스트가 세속적 행복을 얻는 대가로 메피스토펠레스에게 영혼을 파는 것과 같다. 악마와의 계약 모티프가 약간 변형되었을 뿐이다.

독일 바이마르 공화국 시대에는 무르나우 감독이 무성영화〈파우스트. 독일 민담Faust. Eine deutsche Volkssage〉(1926)을 내놓아 파우스트 소재에 대한 관심을 이어갔다. 영화의 제작자는 포머였으며, 메피스토 역에는 에밀 야닝스를 캐스팅했다. 그러나 이때 무르나우는 괴테의 희곡《파우스트》에만 의존하지 않고, 민중 전설과 영국 작가 말로Christopher Marlowe의 희곡《파우스트 박사의 비극적 역사Die tragische Historie vom Doktor Faustus》

무르나우 감독의 〈파우스트〉 포스터

를 함께 참조한 것으로 알려져 있다. 이 영화는 〈노스페라투〉(1922), 〈마지막 남자〉(1924)를 통해 국제적인 명성을 얻은 무르나우가 우파UFA를 떠나 할리우드로 이주하기 전에 독일에서 제작한 마지막 영화에 해당한다.

무르나우 이후 독일에서 파우스트 소재에 관심을 보인 영화감독은 (나치 지배와 제2차 세계대전이라는 정치적 상황 때문이기도 하지만) 거의 찾아보기 어렵다. 1960년 독일의 전설적인 배우 그륀트겐스Gustaf Gründgens가 연출한 함부르크 연극 공연을 촬영한 고르스키Peter Gorski 감독의 〈파우스트〉가 남아 있을 뿐이다.

그렇다면 미국에서는 어떠했는가? 파우스트 소재에 대한 첫 관심은 놀랍게도 1900년경 에디슨과 에드윈 포터까지 거슬러 올라간다. 그들이 만든 몇 분 안 되는 영화 〈파우스트와 마거릿Faust and Marguerite〉(1900)이 이를 입증해준다. 이후 파우스트 모티프는 할리우드 영화들에서 끊임없이 변주되었다. 대표적인 예로는 〈악마와 다니엘 웹스터The Devil and Daniel Webster〉(1941), 〈빌어먹을 양키들Damn Yankees〉(1958), 〈음탕한 제안 Indecent Proposal〉(1993), 〈악마의 변호사The Devil's Advocate〉(1997), 〈파우스트, 저주받은 자의 사랑Love of the Damned〉(2001), 〈나는 10대 파우스트였다I was a Teenage Faust〉(2002), 〈고스트 라이더Ghost Rider〉(2007) 등이 있다.

이 중 〈빌어먹을 양키들〉은 야구팀 '뉴욕 양키스'의 승리를 원하는 주인공이 악마와의 계약을 통해 소원을 이루지만 아내를 떠나보내야 했기 때문에 불행해져 다시 과거로 돌아가기를 원한다는 이야기이며, 〈나는 10대 파우스트였다〉는 자신의 외모를 고쳐서라도 소녀의 사랑을 얻고자 하는 10대 소년이 악마에게 자신의 영혼을 팔아 소원을 이루지만 그의 새로운 인생이 참된 이상이 아님을 인식하고 악마와의 계약을 파기하려는 이야기를 다룬다. 그리고 〈고스트 라이더〉는 모터사이클 스턴

트맨이 암에 걸린 아버지를 살리기 위해 메피스토펠레스에게 자신의 영혼을 맡기고 밤마다 '고스트 라이더'로 변하지만, 어둠의 세계를 지배하려는 악의 무리를 끝내 물리치고 자신의 영혼을 되찾는다는 이야기다.

요컨대, 파우스트 소재의 할리우드 수용은 대개 괴테의 희곡에서 출발하지만 인간의 구원 같은 심오한 문제보다는 악마와의 계약, 파우스트와 그레트헨의 사랑 같은 흥미로운 주제에 더 관심을 보였고, 이를 변형하는 방식을 선호했다고 할 수 있다. 결말도 긍정적으로 맺기를 원했다. 그래서 이들 영화는 상업성을 추구하는 할리우드 관습을 거의 벗어나지 못했다고 해도 과언이 아니다.

디터를레의 〈악마와 다니엘 웹스터〉

〈돈으로 살 수 있는 모든 것All That Money Can Buy〉라는 타이틀로도 알려진 이 영화는 무르나우 밑에서 조감독 생활을 하다가 할리우드로 이주한 독일 출신 감독 디터를레에 의해 만들어졌다. 영화 〈악마와 다니엘 웹스터〉의 스토리는 다음과 같다.

1940년대 미국 뉴햄프셔 지방에 제이비즈 스톤Jabez Stone이라는 농부가 가족과 함께 성실하게 일하며 살고 있다. 일요일에 교회에 갈 시간이 없을 정도로 많은 일을 하며 가계를 책임지고 있다. 하지만 기대했던 물질적 성공이 주어지지 않고 오히려 재정적 어려움을 느끼기 시작한다. 그래서 그는 몰래 인간의 모습으로 나타난 악마 스크래치Mr. Scratch와 계약을 맺고 피로써 서명까지 한다. 계약의 내용은 스톤을 재정적 어려움에서 벗어나게 하는 대가로 7년 후 그의 영혼을 가져가겠다는 것이다. 이제 스크래치의 도움으로 많은 금전을 소유하게 되자 스톤의 삶은 변모하기 시작한다. 그는 가족, 친구들 사이의 신뢰를 무너뜨리고, 자신의 도덕적 세계를 파괴하기 시작한다. 스크래치는 항상 스톤의 주위를 맴돌며 타락으로 가는 길을 지원한다. 더구나 스크래치는 스톤의 아내 메리가 아이를 낳자 보모 벨레Belle를 보내 스톤으로 하여금 그녀의 성적 매력에 빠지게 한다. 이처럼 점점 악마의 유혹에 빠져들던 스톤은 미국의 유명한 변호사 다니엘 웹스터를 만나게 된다. 웹스터는 7년이 지나 스크래치가 스톤의 영혼을 요구하자 그를 적극적으로 변호한다. 다니엘 웹스터는 스톤의 영혼을 가져가기 위해 열린 농가 헛간 재판에서 배심원들에게 스톤이 비록 잠시 도덕적 감각을 잃었다 할지라도 그는 미국적 가치를 지닌 자유 시민이며, 자기 정화능력이 있음을 강조한다. 결국 스톤의 영혼은 구원된다.

이처럼 이 영화는 미국 문화를 배경으로 파우스트 소재를 다룬다.

스톤이 악마와의 계약에
서명하는 장면

괴테의 《파우스트》와 비교하면 다음과 같은 차이들이 드러난다. 첫째, 괴테의 《파우스트》에 나오는 파우스트 박사는 인식에 대한 갈증, 즉 마르지 않는 지적 욕구 때문에 악마와 계약하지만, 스톤은 미국 시민으로서 기대했던 물질적 행복이 채워지지 않자 부를 누리기 위해 악마의 유혹에 빠지는 인물이다. 즉, 스톤은 일요일에 교회에 갈 시간적 여유가 없을 정도로 열심히 일하지만 재정적 어려움에서 벗어나지 못하자 악마와 계약을 하기에 이른다. 둘째, 괴테의 《파우스트》에서 파우스트 박사가 비록 쾌락의 나락으로 떨어졌지만 올바른 길을 가려는 의지와 타인에 대한 헌신적인 사랑을 보여주었기 때문에 신이 악마로부터 그의 영혼을 구해내지만, 이 영화에서는 기독교적인 미국 시민사회의 가치를 신봉하는 변호사 다니엘 웹스터가 농부 스톤에게서 그런 가치의 회복 가능성을 보았기 때문에 악마 스크래치로부터 그의 영혼을 구해낸다. 셋째, 악마 스크래치는 메피스토펠레스와 달리 인간의 모습으로 나타나며, 스톤을 늘 따라다니면서 그의 타락을 부추긴다. 마치 스톤의 '제2의 자아'로서의 역할을 수행하기도 한다. 넷째, 무조건적인 사랑, 깊은 신앙심 등의

악마가 웹스터에게 말을 거는
장면

측면에서 스톤의 아내 메리는 괴테의《파우스트》에 나오는 마가렛과 유사하지만, 아이를 키우는 엄마로서 기독교적 결혼관에 얽매어 있으며, 스톤 역시 열심히 일해 꿈을 실현하려는 가장으로서 전형적인 미국인의 모습을 구현한다. 다섯째, 괴테의《파우스트》에서는 푸들이 악마의 출현을 알려주지만, 여기서는 다리가 부러진 돼지가 스톤 집안에 닥쳐올 재정적 위기를 암시한다.

결국 독일에서 교양 있는 엘리트 독자를 향해 어필할 수 있었던 괴테의《파우스트》와 달리, 〈악마와 다니엘 웹스터〉는 가정을 꾸리고 살아가는 평범한 시민을 주인공으로 내세움으로써 대중을 겨냥하고 있다는 점에서 근본적인 차이를 보인다. 또한 이 영화는 독일 표현주의 영화의 형식미학적 요소를 계승하고 있다는 점에서도 주목할 만하다. 그것은 무엇보다 흑백 조명의 대비와 그림자 효과 등에서 잘 나타난다. 예를 들어 악마가 웹스터에게 말을 거는 장면은 뒷면 벽에 비치는 악마의 그림자 움직임을 통해 표현함으로써 특별한 분위기를 연출하고 있다.

4.
미하엘 엔데의 《끝없는 이야기》와
〈네버 엔딩 스토리〉

미하엘 엔데Michael Ende가 1979년 발표한 《끝없는 이야기Die unendliche Geschichte》는 1984년 페테르센의 〈끝없는 이야기Die unendliche Geschichte / The NeverEnding Story〉, 1989년 밀러의 〈네버 엔딩 스토리 II〉, 1994년 맥도날드의 〈네버 엔딩 스토리 III〉로 5년씩의 시차를 두고 영화화되어 할리우드에 소개되었다. 또한 캐나다에서는 2001년 웨이스먼 Adam Weissman과 월커Giles Walker 감독에 의해 엔데의 작품에서 모티프를 취하기는 했으나 서사구조를 크게 변경하여 4개의 에피소드, 즉 "현자의 책", "아우린의 힘", "마술 검", "판타지를 위한 싸움"으로 구성된 'TV 방송용 영화'가 워너브라더스사의 지원으로 만들어졌다.

미하엘 엔데의 판타지 소설 《끝없는 이야기》

엔데의 《끝없는 이야기》는 독일의 대표적인 청소년 판타지 문학에 속한다. 줄거리는 다음과 같다.

주인공 바스티안은 우선 현실세계에서 어려움에 처해 있다. 일찍 어머니를 여의고 아버지와 살고 있으며, 학교에서는 친구들로부터 괴롭힘을 당한다. 그래서 "바스티안에게 학교는 언제나 어른이 될 때까지 계속되고 그냥 묵묵히 체념한 채 견뎌내야만 하는, 마치 끝이 보이지 않는 징역살이처럼 여겨졌다."[19] 그러던 그가 어느 날 고서점에서 우연히 발견한 《끝없는 이야기》라는 책을 훔쳐다가 학교의 창고에서 읽는다. 책을 읽는 것만이 그에게는 정열로 남아 있었는데, 바로 그 책이 판타지의 세계로 가는 통로 구실을 한다. 이제 바스티안은 책 속 판타지 세계의 모험 이야기에 매료된다.

바스티안이 처음 알게 된 판타지 세계는 무(無)의 만행으로 사라질 위험에 빠져 있다. 그래서 이를 알리기 위해 판타지 세계의 사신들이 "환상 세계 모든 생명의 중심"(54)인 어린 황녀(皇女)에게 몰려가지만, 그녀마저 알 수 없는 병에 걸려 있다. 그래서 사신들은 어린 황녀에게 기대했던 즉각적인 도움을 받지 못한다. 그 대신에 어린 황녀는 명의(名醫) 카이론(반인-반마)을 불러 권력의 상징인 부적 아우린을 아트레유에게 전하도록 하여 부적의 힘으로 자신에게 새로운 이름을 지어주고 환상세계를

---

19) 미하엘 엔데(허수경 옮김), 《끝없는 이야기》, 비룡소, 2003, 21쪽. 이하 이 책의 인용은 본문에 쪽수만 표기함.

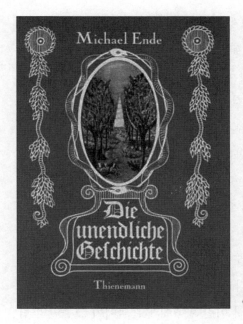

엔데의 《끝없는 이야기》의 책 표지

구해낼 인물을 찾아 나서게 한다. 이제 바스티안과 또래인 초록 피부색 종족 아트레유의 험난한 여정이 시작된다. 아트레유는 산과 계곡, 숲을 거쳐 슬픔의 늪을 지나가다가 거기서 타고 온 말 아르탁스를 잃고 큰 거북 모를라를 만난다. 모를라는 어린 황녀의 새로운 이름을 지어줄 수 있는 인물이 누구인지는 남쪽 신탁이 알고 있다고 말해준다. 아트레유가 다음으로 도착한 곳은 "죽음의 산맥"(107)이다. 거기서 그는 사나운 늑대 위그라물과 마주친다. 그때 행운의 용 푸후어가 나타나 늑대를 물리치고 아트레유를 구해준 다음 그를 남쪽 신탁에게 데려간다. 아트레유는 가는 도중에 땅의 요정 엥기북Engywuck을 만나 남쪽 신탁으로 가기 위해서는 3개의 요술 대문을 통과해야 한다는 것을 알게 된다. 아트레유는 두 번째 요술거울 대문에 이르러 거울을 통해 책을 탐독하고 있는 뚱뚱한 소년을 본다. 그가 바로 판타지 세계를 구원할 인물임을 알려주는 순간이다. 그런데 아트레유는 이 거울 대문을 통과하면서 모든 기억을 잃는다. 결국 아트레유는 유랄라의 비밀 궁전에 이르러 오직 한 인간 어린이만이 어린 황녀를 구할 수 있다는 것을 알고 그 어린이를 만나기 위해 푸후어와 함께 판타지의 경계에 이른다. 그러다가 네 바람거인(불, 물, 공기, 땅)의 싸움에 말려든다. 이 싸움에서 바다로 추락한 아트레유는 현실세계에서는 인간으로, 판타지 세계에서는 이리로 나타나는 중간존재 그모르크를 만난다. 그모르크는 판타지의 세계가 무에 의해 해체되면 인간의 합리적 사고가 상실되어 거짓과 기만이 인간 세계에 퍼지게 된다는 말을 해준다. 한 세계가 병들면 다른 세계도 병들게 된다는 것이다. 그사이에 푸후어는 신비의 부적 아우린을 바다 밑 산호가지에서 걷어 올려 아트레유에게로 간다. 그리하여 둘은 다시 어린 황녀에게로 돌아가 그동안의 탐색 결과를 보고한다.

한편 학교 창고에서 책을 읽던 바스티안은 끝없는 이야기 속으로 빨려 들어가 황녀의 얼굴을 떠올리고 자신이 그녀의 새로운 이름을 지어줄 인물임을 강하게 의식한다. 마침내 바스티안은 "달아이, 내가 갈게!"(304)라고 외치고 환상세계로 뛰어든다. 바스티안은 "두 세계를 전부 다시 건강하게 만들기 위해 누군가 환상세계로 가야 한다"(233)라는 것을 인식한 것이다. 그리하여 바스티안은 판타지 세계의 황녀를 만나게 되고, 병든 환상세계를 구하고 재구성하라는 명령과 함께 신비의 부적 아우린을 넘겨받는다. 그러나 바스티안이 판타지의 나라에서 자신의 소원을 하나씩 실현할 때마다 인간으로서의 기억을 하나씩 상실하게 된다는 것을 말해주지는 않는다. 이제 바스티안은 판타지 세계에서 강인하며 대담하고 용기 있는 자가 되어 가장 위험한 존재와도 맞서 이긴다. 그가 바라는 모든 것이 자신이 상상했던 것보다 훨씬 더 완전하고 다양하게 실현되는 것을 본다. 이때 그라오그라만이 바스티안에게 부적 아우린에 새겨진 "네 뜻하는 바를 행하라"라는 말은 진실한 의지를 행하라는 의미라고 말해준다. 그러나 바스티안은 점점 자신의 능력과 힘에 도취되기 시작한다. 그리하여 자신의 욕망을 좇게 되고 현실세계에서의 기억을 거의 상실할 위기에 처한다. 바스티안과 아트레유 사이에도 금이 가기 시작한다. 바스티안은 자신의 소원이 모두 이루어짐에 따라 판타지 세계로 더 깊숙이 들어가려고 하는 반면, 아트레유는 바스티안이 현실에서의 기억을 되찾아 인간 세계로 되돌아가기를 원한다. 하지만 바스티안이 점점 더 현실에서의 기억을 잃어가자 아트레유와 푸후어는 더 이상 소원을 행하지 않도록 한다. 그러자 바스티안은 아트레유와 푸후어를 내쫓는다. 한편 마녀 크사이드는 바스티안을 꼬드겨 판타지 나라의 어린 황제로 즉위하도록 한다. 그가 모든 것의 지배자로 마음대로 할 수 있는 것이 그의 진정한 의지라는 것이다. 이제 아트레유는 아우린을 뺏기 위해 대관식 날 동맹군을 데리고 온다. 아트레유와 바스티안의 싸움 중에 상아탑은 불타고 아트레유는 부상을 당한다. 바스티안은 그를 추적하다가 옛 황제들의 도시로 들어가게 된다. 거기서 바스티안은 너무 많은 소원을 말해서 판타지 세계로 왔다가 실제세계로 돌아가지 못한 사람들을 보고 화려하게 비상하려던 계획을 접는다. 온종일 고독하게 지내던 그에게 다시 새로운 소원이 생겨난다. 단지 공동사회의 일원으로서 여럿 가운데서 보호받고 싶다는 생각을 갖는다. 그래서 그는 안개 뱃사공들의 공동체로 간다. 거기서 그는 안개 뱃사공들이 공동으로 일하며, 서로 구별되지도 않고 개성도 없는, 곧 '자아'가 없는 자들임을 깨닫는다. 바스티안이 다음으로 찾아간 곳은 "어머니 같은 보살핌과 애정"(625)을 베푸는 아이우올라 부인의 '변화의 집'이다. 거기서 그는 인식의 변화를 경험한다. 아이우올라 부인에게 환상세계에서 겪었던 모든 일을 이야기하던 중 바스티안은 "달아이는 저에게 그토록 많은 것을 선물했는데 전 그걸로 해만 끼쳤어요, 저와 환상세계에"(626)라고 하면서 자기의 행동을 성찰하게 된다. 그리고 그곳을 떠나 인간 세계의 잊힌 꿈들이 숨겨져 있는 요르의 광산으로 가서 자기가 사랑할 수 있는 인간 세계의 누군가를 회상하려 하나 자기 이름 외에는 아무것도 떠올리지 못한다. 광부와 함께 깊은 땅속으로 내려가 자기 아버지가 그려진 그림에 이끌려 그것을 가지고 나오지만 아버지를 인식하지 못한다. 바스티안이 꿈의 형상에 이끌려 헤맬 때 아트레유와 푸후어가 나타난다. 바스티안은 마침내 자신의 부적 아우린을 아트레유에게 내놓는다. 그러자 부적은 빛을 발하고 그들 셋은 생명수 샘가에 서 있게 된다. 바스티안은 수정같이 맑은 물속으로 뛰어들어가 그 물의 활기와 즐거움에 흠뻑 취한다. 그는 이제 자신의 소속과 존재를 인식하게 되고, 즐거움의 모든 형태는 사랑으로 환원된다는 것을 알게 된다. 생명의 물을 마시고 자신의 정체성에 대한 성찰을 통해 자신을 사랑할 줄 아는 소년으로 다시 태어난 것이다. 이로 인해 현실세계로 다시 돌아올 수 있었던 바스티안은 아버지에게 환상세계에서 가져온 생명수를 전하고, '끝없는 이야기'를 들려준다. 그리고 그 다음날 고서점을 찾아가 자신이 책을 훔쳐갔음을 당당하게 고백한다. 그러나 주인 코레안더 씨는 책이 없어진 것을 알아차리지 못한다. 그는 바스티안에게 판타지로 가는 길은 책 외에도 많이 있으며, 또 사람들이 어린 황녀에게 새 이름을 붙여줄 때 다시 그녀를 만날 수 있다고 말한다. 그래서 그들은 끝나지 않고 계속될 경험들을 교환하기로 한다.

이처럼 이 작품은 판타지 장르의 전형적인 서사를 바탕으로 한다. 즉 현실세계에서 존재론적 위기에 처해 있던 바스티안이 책을 읽고 환상세계로 떠나고 거기서 많은 체험을 통해 진정한 자신의 의지를 발견하여 다시 현실세계로 귀환한다는 내용이 이야기의 골격을 이룬다. 그러나 여기서 스토리는 현실세계(출발) → 환상세계(여행) → 현실세계(귀환)라는 단순한 구조를 따르지 않는다. 현실세계와 환상세계의 경계를 수시로 넘나들지 않지만 현실세계에 존재하는 바스티안과 환상세계에 존재하는 바스티안의 두 이야기를 번갈아 진행하기 때문이다. 이것은 환상을 현실과 유기적으로 연결하여 현실에 대한 비유와 성찰을 이끌어내려는 작가의 의도적 전략으로 읽힌다.

또한 형식적인 측면에서 특징적인 것은 바스티안이 거주하는 현실세계와 그가 신비한 모험을 계속하는 환상세계가 책을 읽는 독자들에게 시각적으로 달리 전달되고 있다는 점이다. 즉 현실세계 이야기는 붉은색으로, 환상세계 이야기는 초록색으로 구분되어 인쇄되어 있다. 그리고 책 속의 책인 《끝없는 이야기》가 두 세계를 연결하는 통로로 활용되고 있다. 따라서 현실의 바스티안은 책 속의 책을 읽는 동안에만 환상세계의 바스티안이 되는 것이다. 바스티안이 독서를 중단하는 순간 여지없이 글자는 붉은색으로 바뀌고 만다.

페테르센 감독의 영화 〈끝없는 이야기〉

페테르센은 1967년 베를린 영화학교에서 만든 10분짜리 단편영화 〈이 사람 – 저 사람Der Eine - der Andere〉에서 이미 예술 장르와 대중 장르의 혼합을 시도했으며, 미국에서 베를린으로 이주해온 무어스George Moorse 감독 밑에서 쌓은 경험을 통해서는 장래 독일 영화와 국제영화 사이에서 폭넓게 활보할 수 있는 기반을 다졌다.[20] 그 결과 1970년대에는 '뉴 저먼 시네마'의 틀 안에 머물렀지만, 〈특전 유보트〉(1981)를 기점으로 1980년대 이후에는 할리우드 취향의 국제적인 영화를 만들기 시작했다.

페테르센의 이런 변모는 미하엘 엔데의 판타지 소설을 영화화한 〈끝없는 이야기〉(1984)에서도 확인할 수 있다. 워너브라더스와 합작으로 제작한 이 영화는 주인공 바스티안의 자기성찰적 부분이 들어 있는 소설의 후반부를 생략했다. 그리고 주인공에도 변화를 주었다. 푸른 피부, 검은 눈동자, 검푸른 머리의 아트레유를 인디언 이미지의 소년으로 등장시키고 있다. 또한 할리우드의 청소년 관객을 위해 일부 장면을 수정한 미국 버전 〈네버 엔딩 스토리〉를 따로 출시했다. 예를 들어 어린 황제를 구하기 위해 상아탑 테라스에 모인 방문객 중 코끼리, 샴쌍둥이 등을 추가하여 좀 더 호기심을 자극했고, 아트레유가 아트락스를 타고 임무 수행을 위해 떠나는 롱 쇼트 장면에는 미국의 황량한 사막을 달리는 아트레유의 모습을 첨가했다. 또한 영화음악을 다르게 삽입하였다. 예를 들어 독일어 버전에 들어간 돌딩거Klaus Doldinger 작곡의 타이틀곡 대신에 모로더Giorgio Moroder와 포어시Keith Forsey가 작곡하고 리말Limahl이 부른 타이틀곡 "네버 엔딩 스토리The Never Ending Story"를 미국 버전에 삽입했다. 그리고 이 곡이 유럽에서도 히트하자 독일 버전에도 이 사운드트랙을 넣어 다시 출시했다.

---

20) Vgl. Christine Haase: When Heimat meets Hollywood, New York, 2007, S. 65f.

영화 〈끝없는 이야기〉의 독일어판 포스터

　이처럼 페테르센은 엔데의 소설을 영화화하면서 할리우드 취향을 반영하려고 했다. 그러나 기본적으로 작가주의를 표방하는 유럽적인 영화 스타일을 크게 벗어나지는 않았다. 이는 나중에 다룰 후속 영화들과 대비되는 점이기도 하다.

　이제 엔데의 《끝없는 이야기》와 자세히 비교해보자. 엔데는 소설을 총 26장으로 구성했고, 현실세계의 이야기는 붉은색, 환상세계의 이야기는 초록색 인쇄로 구분했다. 그러나 페테르센의 영화는 환상세계로 들어온 바스티안이 어린 황제로부터 아우린을 전해 받고 환상세계의 모험에 나서는 13장까지를 다루고 있다. 소설 후반부에서 매우 중요하게 제시된 바스티안이 행하는 환상세계에서의 다양한 경험과 그 경험을 통해 정체성을 찾아가는 이야기가 영화에서는 생략되어버렸다. 예를 들어 엔

데의 소설 제23장 "옛 황제들의 도시"와 제26장 "생명의 물" 부분에는
다음과 같이 바스티안의 자기 인식 과정이 잘 드러나 있다.

바스티안은 더 이상 가장 위대한 자, 가장 강한 자, 혹은 가장 영리
한 자이고 싶지 않았다. 그 모든 것은 지나갔다. 좋든 나쁘든, 아름답
든 추하든, 똑똑하든 멍청하든 자신의 모든 결점들을 포함해서, 심지
어는 바로 그 결점들 때문에 있는 그대로 그렇게 사랑받기를 갈망했다
(Michael Ende, 2009: 377).

아트레유는 바스티안의 손을 잡고 그 소름끼치는 문을 지나 거대하
고 웅장한 모습으로 그들 앞에 위용을 드러낸 분수로 데려갔다. 푸후
어가 그들을 따랐다. 그리고 분수를 향해 한 걸음씩 내디딜 때마다 환
상세계에서 얻은 경이로운 선물들이 하나씩 바스티안에게서 떨어져나
갔다. 아름답고 강하고 두려움 없는 영웅에서 다시 작고 통통하고 수
줍음이 많은 소년이 되었다. (중략) 그러나 그는 수정처럼 맑은 물에 뛰
어들어 뒹굴고 물을 튕기며, 반짝이는 물방울에 입을 가져다댔다. 그리
고 갈증이 해소될 때까지 마시고 또 마셨다. 그러자 기쁨이, 산다는 기
쁨과 그 자신이 존재한다는 기쁨이 온몸에 가득 찼다. 왜냐하면 자신
이 누군지 어디에 속하는지 이제 다시 알았기 때문이다. 그는 새로 태
어난 것이다. 그리고 가장 멋진 것은 그가 이제 정확히 과거의 존재를
원했다는 것이다. 그가 모든 가능성 중에서 하나를 찾는다면 다른 것
을 택하지 않았을 것이다. 왜냐하면 세상에는 수천 가지 기쁨이 있지
만 원래 그 모든 기쁨은 사랑할 수 있다는 하나의 기쁨이라는 것을 이
제 알았기 때문이다. 둘은 동일한 것이었다(Michael Ende, 2009: 415f).

앞의 인용은 판타지 세계에서 허무와 싸우는 강인하고 용기 있는 자가 된 바스티안이 '옛 황제들의 도시'에 이르러 환상세계의 권력에 사로잡혀 불쌍한 종말을 맞이하는 자들을 보면서 자신은 있는 그대로의 모습으로 사랑받고 싶어 한다는 내용이고, 뒤의 인용은 현실세계의 기억을 거의 다 상실한 바스티안이 아트레유의 도움으로 생명의 물이 샘솟는 분수에서 물을 마시고 자기의 소속과 존재를 다시 인식하게 된다는 내용이다. 이처럼 소설에서는 바스티안의 자기 인식과 성찰을 들려주는 3인칭 화자의 목소리를 자주 들을 수 있다. 그러나 페테르센의 영화는 바스티안의 자기발견 또는 자기성찰 부분을 대폭 축소하거나 생략해버렸다.[21] 그 대신에 바스티안이 현실적인 위기에서 벗어나 용기 있는 소년으로 변신하는 데는 독서를 통해 만난 환상세계가 결정적인 역할을 했음을 부각했다.

영화의 시작 부분에서 바스티안은 어머니의 부재를 자주 꿈에서 보상받으려 하고, 수업 시간에 그림을 그린다든지 승마 시간에 제대로 말에 올라타지 못하는 등 실존적 위기에 처해 있음을 알 수 있다. 이런 바스티안에게 아버지는 구름 속에서 배회하지 말고 두 발을 지상에 딛고 설 것을 주문한다. 더구나 등굣길에서 친구들로부터 집단 괴롭힘을 당하고 도망치던 바스티안은 피신처가 되어준 코레안더 고서점에서《끝없는 이야기》라는 책을 우연히 발견하고, 이것을 학교 실험실 창고에 숨어 읽기 시작한다. 이 책을 통해 바스티안은 자신이 바로 '무nichts'에 의해 해체될 위기에 처한 환상세계를 구할 인물임을 알게 되고, 마침내 환상세계의 어린 황제를 만나 임무를 부여받는다. 그리고 영화는 푸후어를 타

---

21) 이 때문에 엔데는 페테르센의 영화에 실망하여 오프닝 크레딧에 자기의 이름이 나오는 것을 거부했다고 한다. Vgl. Christine Haase: When Heimat meets Hollywood, S. 80.

고 현실세계로 돌아온 바스티안이 자기를 괴롭혔던 친구들을 혼내주는 장면으로 끝난다. 요컨대 일찍이 할리우드 대중 장르에 대한 취향을 드러냈던 페테르센이 현실세계에서, 특히 1980년대 미국의 청소년들이 가정과 학교에서 흔히 직면했던 현실적인 위기를 극복하는 대안으로 환상세계를 유의미하게 구조화시켜 놓았지만, 환상세계에서 바스티안이 존재론적 성찰과 인식에 이르는 과정을 영상화하지는 않았다.

밀러 감독의 영화 〈네버 엔딩 스토리 II〉

밀러George T. Miller는 스코틀랜드 태생으로 호주에서 주로 텔레비전 방송극의 연출자로 활동하다가 워너브라더스의 지원으로 할리우드 배우들을 캐스팅하여 페테르센 영화의 후속편인 〈네버 엔딩 스토리 IIThe NeverEnding Story II〉(1990)를 감독하게 된다.

영화의 시작은 페테르센의 영화와 흡사하다. 바스티안이 처한 존재론적 위기 상황, 즉 엄마의 부재, 아빠의 무관심, 체육 시간에 다이빙을 주저하는 나약함 등이 먼저 묘사된다. 그리고 코레안더 서점에서 우연히 접하게 된 《끝없는 이야기》라는 책을 보다가 위험에 처해 있는 판타지 세계를 구하러 돌아오라는 어린 황녀의 목소리를 듣는다. 이후 이야기는 주로 소설의 제20장 "눈 달린 손", 제21장 "별들의 수도원", 제22장 "상아탑을 둘러싼 전투"에 의존한다. 이어지는 줄거리는 다음과 같다.

어린 황녀를 호로크성에 가두고 판타지 세계를 지배하고 있던 마법

영화 〈끝없는 이야기 II〉의 포스터

사 자이다(소설에서 크사이데)는 판타지 세계로 돌아온 바스티안이 소원을 빌어 현실세계의 기억을 하나씩 잃어버리도록 온갖 방법을 동원한다. 우선 은의 도시에 도착한 바스티안을 수차례 위험에 빠뜨려 소원을 빌게 하지만 그는 이에 좀처럼 응하지 않는다. 그러나 여제를 구하러 가기 위해서는 하늘을 나는 용이 필요하다. 그래서 그는 드디어 소원을 빈다. 이제 바스티안은 용 팔코어(소설에서 푸후어)를 타고, 다시 만난 아트레유는 말을 타고 호로크성으로 향한다. 가는 길에 바위 거인을 만나 판타지 세계가 없어져서는 안 된다는 말을 듣는다. 마침내 호로크성 가까이에 도착한 바스티안과 아트레유는 비장의 무기를 동원하여 공격을 개시한다. 하지만 마법사 자이다는 계속해서 괴물을 보내 그들을 위험에 빠뜨린다. 그때마다 바스티안은 오린(아우린)에게 소원을 빌어 위험한 상황에서 벗어나고, 그 대가로 현실의 기억을 하나씩 잃게 된다. 마침내 자이다를 만난 바스티안은 판타지 세계의 파괴에 대해 항의하지만 그녀를 제거하지 못한다. 오히려 술책에 걸려 더 많은 기억을 상실하게 된다. 더구나 바스티안은 자신이 자이다의 꼬임에 넘어간 것을 알고 오린을 뺏으려 하는 아트레유를 낭떠러지 아래로 밀어 떨어뜨린다. 나중에야 자이다의 술책을 알아차린 바스티안은 아르탁스를 타고 어디론가 떠나지만 그녀의 마력에 의해 어마어마한 협곡 아래 강물로 떨어진다. 강물에서 간신히 기어 나온 바스티안에게 님블리가 다시 나타나 그의 과거 기억 하나를 훔쳐보고 도우러 왔다면서 팔코어가 있는 은의 도시로 가는 길을 가르쳐준다. 엄마와 아빠에 대한 2개의 기억만이 남아 있던 바스티안은 은의 도시에 도착하여 팔코어가 데려온 아트레유를 살리는 데 하나의 소원을 사용하고, 또 하나는 자이다를 궤멸시키는 데 사용한다. 이제 다시 건강해진 판타지 세계의 어린 황녀로부터 "공허는 없애는 것이 아니라 사랑으로 채워야 하는 것"(1:20:45)[22]이며, "용기는 오린에서 오는 것이 아니라 마음에서 오는 것"(1:20:50)이라는 말을 듣는다. 그리고 마침내 바스티안은 어마어마한 낭떠러지 폭포에서 다이빙하여 현실세계로 돌아와 아버지의 사랑을 확인한다.

이처럼 밀러의 영화는 환상세계의 경험을 통해 현실을 치유하는 모습을 강조한다. 엔데의 소설과 중요한 차이를 보이는 지점이라 할 수 있다. 엔데의 경우 바스티안이 "달아이, 내가 갈게"라고 외치고 판타지 세

---

22) 이하에서 인용된 영화 대사 다음의 괄호 안의 숫자는 참고문헌에 제시한 DVD에서 대사가 나오는 지점의 러닝타임을 표시한 것이다. 즉, 여기에 인용된 대사는 1시간 20분 45초 지점에서 나온다는 표시다.

계로 사라진 이후 현실세계에서《끝없는 이야기》를 읽는 아버지의 존재가 드러나지 않지만, 밀러의 영화에서는 바스티안이 사라진 후 그가 놓아둔《끝없는 이야기》라는 책을 아버지가 읽으면서 판타지 세계에 있는 아들 바스티안을 응원한다. 또한 소원을 말해버림으로써 잃어버린 바스티안의 기억 중에서 엄마와 아빠에 대한 기억이 중요한 위치를 차지한다. 요컨대 밀러의 영화는 현실세계와 판타지 세계의 교차편집 — 특히 판타지 세계에서 소원을 빌면 부모와 관련된 현실세계의 기억을 잃어버린다는 설정 — 을 통해 부모와 자식 간 사랑의 회복에 방점을 찍고 있다. 할리우드 영화의 맥락에서 보면, 멜로드라마적인 설정이라 할 수 있다. 이와 달리 페테르센의 영화는 앞서 살펴본 것처럼 환상세계에서 얻은 자기 신뢰를 바탕으로 현실세계의 위기를 극복하는 바스티안의 모습을 강조한다. 그렇기 때문에 밀러의 영화처럼 아버지의 존재를 부각시키지 않고, 학교 창고에서《끝없는 이야기》를 읽고 있는 바스티안이 그《끝없는 이야기》속 판타지 세계 주인공들과 연결되어 있음을 암시하는 장면들을 자주 보여준다. 일례로 아트레유가 허기를 느낄 때 책을 읽는 바스티안도 허기를 느낀다.

끝으로 밀러 감독은 주로 세트 촬영을 통해 판타지 세계를 형상화

〈네버 엔딩
스토리 II〉에서
바스티안의 환상세계
모험 이야기를 읽고
있는 아버지

하려 했던 페테르센 감독과 달리, 새로운 그래픽기술을 사용하고 코믹한 엑스트라를 창조하여 환상성을 극대화했다. 엔딩 크레딧 부분에는 모로더Giorgio Moroder가 작곡하고 밀너Joe Milner가 부른 "Dreams We Dream", "The Never Ending Story" 등 팝음악을 넣었다. 결국 밀러는 형식적인 측면에서 할리우드 관습에 더 가까이 다가간 셈이다.

맥도날드 감독의 영화 〈네버 엔딩 스토리 III〉

맥도날드 감독의 영화는 두 번에 걸친 판타지 세계의 방문이 있은 후 1년이 지난 시점에서 바스티안이 재혼한 아버지를 따라 새로운 가정에서 살게 되는 이야기로 시작한다.

새엄마의 딸 니콜과 함께 전학 온 학교로 첫 등교를 하던 날, 바스티안은 불량배들한테 쫓겨 도서관으로 피신하게 된다. 거기서 우연히 《끝없는 이야기》라는 책을 발견하고 그 책을 통해 판타지 세계로 간다. 바스티안을 쫓던 불량배들은 바스티안이 사라진 자리에서 책을 발견하고, 거기에 쓰인 이야기가 자신들과 연관되어 있다는 것을 알고 나서는 도서관을 엉망으로 만들어버린다. 그리하여 불량배들의 사악한 힘이 판타지 세계에 영향을 미치자 여제는 바스티안에게 오린(아우린)을 건네주면서 오로지 불량배들한테서 책을 되찾는 데 사용하라고 당부한다. 그래서 바스티안은 오린을 가지고 주니어, 엥기북 등과 함께 판타지 세계를 떠나 현실세계로 돌아온다. 현실세계에서 자신과 헤어진 일행이 온갖 모험을

영화 〈네버 엔딩 스토리 III〉의 포스터

하는 동안 바스티안은 다시 학교로 돌아와 불량배들을 마주치게 된다. 불량배들은 바스티안을 추격하고, 니콜은 바스티안의 방에서 발견한 오린의 힘을 이용하여 쇼핑몰에서 원하는 물건들을 마구 산다. 바스티안을 쫓아온 불량배들은 마침 쇼핑몰에서 니콜을 발견하고 오린을 탈취하여 도망간다. 그러나 바스티안과 니콜은 격투 끝에 빼앗겼던 책과 함께 오린을 되찾는다. 이 과정에서 진정한 가족 구성원임을 확인한 니콜과 바스티안은 판타지 세계에서 온 일행들을 오린과 함께 다시 그곳으로 돌려보낸 후, 자신들 때문에 막 이혼하려던 부모를 찾아가 재결합시키고 책을 학교에 반납한다.

이처럼 맥도날드의 영화는 새엄마, 니콜, 불량배 등 새로운 인물을 등장시키고 서사의 대부분을 현실세계에서 일어나는 오락적인 에피소드로 가득 채움으로써 원작을 심하게 변형시켰다. 여기서 바스티안의 자아정체성 탐구라든지, 환상세계의 경험을 통한 현실의 치유라든지, 상상력을 키우는 독서의 중요성이라든지 하는 주제는 전혀 찾아볼 수 없다. 그 대신에 어지러운 모험과 유희, 저급한 유머,[23] 팝음악 등으로 가득하다. 이는 부모의 이혼과 재혼, 소비 욕구, 팝음악, 자유방임의 학교생활에 익숙한 미국 청소년을 대상으로 지나치게 상업적으로 접근한 결과일 것이다. 영화에서 니콜이 바스티안을 평가하면서 내던진 표현처럼 '생각없는unsophisticated' 영화인 셈이다.

　　종합하건대, 페테르센 감독은 소설에 비하면 자기 정체성을 찾는 탐색 과정을 약화시켰지만 오락적인 측면을 부가하여 판타지 소설의 문학성과 할리우드의 오락성을 비교적 잘 접목시킨 반면, 밀러 감독은 페테르센보다 더 발전된 컴퓨터그래픽 기술을 이용해서 내부 이야기에서는 환상성을 강화하고 외부 틀 이야기에서는 할리우드 영화 관습에 따라 멜로드라마적인 결말을 제시했다. 그리고 맥도날드 감독은 판타지 소설을 매우 심하게 변형시켜 천박하고 유희적인 에피소드와 대중적인 배경음악으로 가득 찬 이야기를 만들어냄으로써 독일 문학을 지나치게 상업적으로 수용했다.

---

23)　예를 들면 용 푸후어가 하늘을 날던 중에 자기가 유일한 존재가 아니었으면 좋겠다고 말하자 반대편에서 독일 비행기 '루프트한자'가 갑자기 나타나며, 판타지 세계의 여제가 쇼핑몰에서 물건을 사는 니콜을 관찰하던 중에 자신은 오린(아우린)의 힘을 이용해서 한 번도 쇼핑을 한 적이 없다고 말한다.

5.
클라이스트의 노벨레《미하엘 콜하스》의
'영화화': 〈미하엘 콜하스 – 반역자〉에서
〈래그타임〉까지[24)]

클라이스트Heinrich von Kleist의 작품은 지금까지 많은 감독들에 의해
영화화되었다. 2000년 메츨러Metzler 출판사가 펴낸《문학작품의 영화
화》사전[25)]을 보면, 1959년부터 1995년까지 26명의 감독에 의해《깨어
진 항아리Der zerbrochne Krug》,《홈부르크 왕자Prinz Friedrich von Homburg》,《주
워온 아이Der Findling》,《미하엘 콜하스Michael Kohlhaas》,《오 후작부인Die
Marquise von O》 등이 영화화되었다. 희곡 중에서는《깨어진 항아리》가, 노
벨레[26)] 중에서는《미하엘 콜하스》가 가장 많은 빈도수를 보였다.

---

24) 이 장의 일부는 이광복, 〈클라이스트 노벨레《미하엘 콜하스》를 바라보는 영화감독들의 시
     선〉,《독어교육》제66집, 215-233쪽의 내용을 수정, 보완한 것임을 밝혀둔다.

25) Schmid, Klaus M. & Schmidt, Ingrid: Lexikon Literaturverfilmung. Verzeichnis deutschspra-
     chiger Filme 1945-2000, 2. Aufl., Stuttgart 2001.

26) 노벨레는 독일 문학에서 볼 수 있는 독특한 장르로, 주로 전대미문의 사건을 직선적으로 진
     행하는 특징이 있다. 클라이스트의 노벨레에서는 '우연'이 특별한 사건의 전환점을 가져다주

물론《문학작품의 영화화 사전》은 완벽한 목록을 제시하지 못한다.《미하엘 콜하스》에 한정해서 보더라도 1969년 동시에 출시된 폴마르Wolf Vollmar 감독의 TV 방송용 영화 〈미하엘 콜하스〉와 슐렌도르프 감독의 영화 〈미하엘 콜하스 – 반역자〉만이 수록되어 있을 뿐이다. 하지만 당연히 할리우드에서 리메이크된 1981년 포만Miloš Forman의 〈래그타임Ragtime〉, 1999년 배덤John Badham 감독의 〈잭 불Jack Bull〉, 2013년 프랑스 감독 팔리에르Arnaud des Pallières의 〈미하엘 콜하스의 선택〉이 포함되어야 한다. 게다가 독일의 신예감독 레만Aron Lehmann이 재정적 도움 없이 어렵게 클라이스트의《미하엘 콜하스》를 소재로 영화를 만드는 사람들에 관한 이야기를 코믹하게 다룬 메타영화 〈미하엘 콜하스 혹은 수단의 적정성〉(2012)도 추가되어야 할 것이다.

　　어쨌든 클라이스트의《미하엘 콜하스》는 그의 노벨레 중에서 가장 많이, 그것도 각기 다른 시선으로 영화화되었다. 물론 이러한 수용은 이 작품이 내포하고 있는 해석의 다양성에 기인한다고 볼 수 있다. 게르트Klaus Gerth는 노벨레의 주인공 콜하스가 "불평가에서 반신(半神), 자기주장이 항상 옳다고 믿는 사람에서 순교자, 농민의 대변자에서 추상적인 이상주의자, 민중의 자식에서 부르주아지, 법의 성자에서 테러리스트까지"(Staiger, 2011: 55 재인용) 폭넓게 수용되었음을 지적한 바 있다.

　　는 역할을 하는 경우가 많다. 클라이스트는 '물 자체Ding an sch'의 본질을 알 수 없다는 인식의 한계를 느끼고 문학에서 이를 극복하려 시도했다. 그가 특히 노벨레에서 '우연'의 문제를 자주 다룬 것은 이런 이유라고 볼 수 있다.

슐렌도르프의 영화 〈미하엘 콜하스 - 반역자〉

슐렌도르프는 영화의 스크립트를 직접 작성한 후 콜하스 역에 영국 출신 배우 데이비드 워너David Warner, 엘리자베트 역에 덴마크 출신 여배우 안나 카리나Anna Karina 등 국제적인 배우들을 캐스팅하여 1968년 4월부터 6월까지 슬로바키아의 브라티슬라바Bratislava 등에서 촬영했다. 그리고 독일 극장용과 해외 보급용으로 나누어 제작했다.

독일 극장용 영화를 중심으로 살펴보면, 감독의 의도가 반영된 프롤로그가 눈에 띈다. 이 프롤로그는 1968년 5월 파리의 거리투쟁, 베를린, 뉴욕, 도쿄, 서울 등에서 실제로 일어난 대규모 시위 장면을 담은 흑백 영상들로 구성되어 있다. 이어서 영화는 카메라가 초원에서 풀을 뜯고 있는 말들의 자유로운 모습을 비추면서 해설자의 개입과 함께 시작된다. 해설자는 보이스오버 기법으로 "16세기 중엽 독일 하벨 강가에 미하엘 콜하스라는 말장수가 살았다. 그는 그의 시대에 가장 법에 충실한 동시에 가장 무시무시한 인물 중의 한 사람이었다"(02:35)라고 주인공 콜하스를 소개한 다음에 말을 팔기 위해 떠나는 그에게 아내 엘리자베트가 다정하게 키스를 하는 지점에 이르러 "그 결과는 반역이자, 방화요 살인이었다"(03:10)라고 마무리한다.

본격적인 스토리는 성(城)의 관리인이 말을 팔기 위해 비텐베르크로 가고 있는 콜하스 일행의 길목을 막고 통행증을 요구하면서 시작된다. 예상치 못한 일을 당한 콜하스는 성의 주인인 트롱카에게 따지러 간다. 그러나 트롱카는 콜하스에게 통행증을 가져올 때까지 말 두 마리를 맡겨두라고 요구한다. 시간에 쫓기던 콜하스는 말 두 마리와 하인 헤르제를 남겨두고 떠난다. 비텐베르크 시장에서 거래를 마치고 관청에 들른 콜하스는 통행증 요구가 부당하다는 것을 확인하고, 집으로 돌아가는 길에 맡겨둔 말들을 찾기 위해 다시 성을 방문한다. 그런데 돼지우리에서 삐쩍 마르고 상처투성이인 말들을 발견한다. 이에 분개한 콜하스는 말들이 다시 건강해질 때 자신에게 보내라고 하면서 그곳을 떠난다. 집으로 돌아온 콜하스는 학대를 당하고 쫓겨온 헤르제를 찾는다. 그리고 아내 엘리자베트가 등을 발로 주무르며 피곤을 풀어주는 동안에도 말들에 대한 생각을 떨쳐버리지 못한다. 다음날 그는 변호사를 찾아가 소송을 제기한다. 그러나 법원은 콜하스가 말 두 마리의 인수를 거부하고 오히려 소란을 피웠다는 이유로 기각 결정을 내린다. 이에 격분한 콜하스는 법원 관리가 말들을 농장으로 끌고 오자 "해골이 아니라 말"(20:39)을 원한다며 내쫓는다. 그날 저녁 콜하스는 아내에게 "나의 권리가 보장되지 않는 나라에서는 더 이상 살 수 없다"(22:30)라며 가진 재산을 모두 처분하겠다고 말한다. 그러나 아내가 이에 동의하지 않자 자신의 농장을 둘러본 후 여기에 그대로 머물 것이며, 말들을 잊어버리겠노라고 생각을 바꾼다. 하지만 엘리자베트는 부당한 일을 결코 좌시하지 않는 남편의 성격을 잘 알고 있었던 터라 자신이 직접 드레스덴에 가서 선제후에게 청원하려고 나선다. 드레스덴에 도착한 엘리자베트는 말을 타고 군중 사이를 지나가는 선제후에게 가까이 다가가 청원서를 건네려다 넘어져 호위병의 말발굽에 무참히 짓밟힌다. 목 부위에 큰 부상을 입은 그녀는 마차에 실려 집으로 이송되지만 남편의 품에서 숨을 거두고 만다. 아내를 장사지낸 콜하스는 트롱카에게 자신의 말들을 3일 이내에 옛날 상태로 돌려보내지 않으면 무력을 행사하겠다는 내용의 편지를 쓴다. 응답

이 없자 콜하스는 일행과 함께 야음을 틈타 트롱카의 성을 공격한다. 하지만 트롱카는 화염에 휩싸인 성을 간신히 빠져나와 수녀원으로 피신한다. 그러자 콜하스 일행은 수녀원에 침입하여 그곳을 아수라장으로 만들어버린다. 그리고 도망친 트롱카를 추격하기 위해 다시 비텐베르크로 향한다. 도중에 콜하스의 젊은 대원 몇 명은 지나가던 처녀를 겁탈하는 등 일탈 행동에 가담하고, 정찰을 나간 다른 부하들은 악랄한 도적떼들과 합류하여 정부군을 전멸시키기도 한다. 이후 콜하스 일행은 버려진 성터에서 잠시 망중한을 즐긴다. 그들은 떠들고 웃고 마시는가 하면, 일행에 섞인 창녀 카트리나Katrina는 트롱카로 변장하여 콜하스를 놀리기도 한다. 그리고 농부를 비롯한 추종자의 합세로 수가 대폭 늘어난 콜하스 일행은 마침내 비텐베르크에 도착하여 공격을 개시한다. 전투가 시작되자 곳곳에서 살인, 방화, 약탈, 폭력이 자행된다. 이처럼 비텐베르크의 상황이 심각해지자 드레스덴 궁정 각료들은 선제후에게 군대 파견을 강력히 요청한다. 하지만 폴란드와의 전쟁 때문에 군대가 필요했던 선제후는 이를 받아들이지 않는다. 이때 루터가 중재자로 나선다. 루터는 콜하스를 섣불리 범죄자로 취급해서는 안 되고 재판을 통해 그가 옳다면 사면해야 한다고 주장한다. 그리고 루터는 콜하스를 찾아가 복수를 단념하고 추종자들을 집으로 돌려보내면 드레스덴에서 새롭게 재판을 받을 수 있게 안전을 보장하겠다는 선제후의 제안을 전한다. 콜하스는 이를 받아들여 루터와 함께 드레스덴으로 간다. 거기서 콜하스는 박피공한테서 자신의 말들을 사들이기 위해 실랑이를 하고 있던 트롱카 일행과 마주친다. 이때 시민들이 콜하스를 알아보고 순찰병들에게 돌을 던지며 그를 연호하는 소동이 벌어진다. 이후 호위병들의 감시를 받게 된 콜하스는 자신이 포로나 다름없다고 여기고 아예 감옥으로 보내줄 것을 요청한다. 이

영화
〈미하엘 콜하스 – 반역자〉에서
콜하스를 처형하는 장면

소식을 들은 선제후는 드디어 재판을 열게 한다. 선제후는 트롱카에게
말들을 원래 상태대로 콜하스에게 돌려줄 것을 명령하고, 콜하스에게는
그가 이끄는 잔당의 계속된 방화와 드레스덴에서 일어난 소요의 책임을
물어 사형을 선고한다. "국가의 법 테두리 밖에서 권리를 찾으려는 자는
누구든 반역자다"(01:26:29)라는 것이다. 형이 집행되기 전 콜하스는 돌려
받은 말들을 풀어준다. 자유를 얻은 말들은 언덕 아래 멀리 초원으로 내
달리고, 콜하스는 팔다리를 짓이기는 처참한 형벌을 받고 공중 형틀에서
서서히 죽음을 맞이한다. 이때 카메라가 루터 옆에서 연날리기를 하며
노는 아이들의 모습을 잠깐 보여주고, 멀리 자유롭게 풀밭으로 내달리는
말들을 극단적인 롱 숏으로 비추면서 영화는 끝난다.

이처럼 슐렌도르프 영화의 스토리텔링은 클라이스트의 노벨레
에 크게 의존하지만 미세한 부분에서는 많은 차이를 보인다. 헬무트
샨체Helmut Schanze의 '문학작품 영화화'의 유형 분류에 따르면, '변형

Transformation'에 해당한다.[27] 그렇다면 슐렌도르프 감독은 이 영화에서 구체적으로 어떤 '변형'을 시도했을까?

첫째, 영화에는 노벨레의 전환점으로 매우 중요한 역할을 하는 집시 노파와 쪽지에 얽힌 에피소드가 생략되어 있다. 이 에피소드의 내용은 다음과 같다.

재판을 받기 위해 작센에서 브란덴부르크로 가던 콜하스는 우연히 만난 사냥꾼(작센 선제후)에게 자신이 목에 걸고 있는 캡슐 속 쪽지에 얽힌 사연을 이야기해준다. 즉, 콜하스는 트롱카를 추격하던 중에 잠시 들른 위터보크라는 도시의 장터에서 한 노파가 점을 치는 것을 보고 있었는데, 브란덴부르크 선제후를 만나러 마침 그곳에 온 작센 선제후가 장난삼아 자신의 운세를 물어보자 그 노파는 운세를 알고 싶으면 저 사람한테 물어보라고 하면서 "말장수 콜하스야, 이를 잘 간직해라. 언젠가 네 목숨을 구해줄 것이니!"라고 말한 뒤에 쪽지를 건네주었다는 것이다. 그러자 작센 선제후는 콜하스가 가진 그 쪽지를 어떻게든 손에 넣으려고 한다. 수렵시종을 시켜 그 쪽지를 주면 자유와 생명을 보장하겠다고까지 제안한다. 그러나 콜하스는 이를 거절하고 교수형(絞首刑)을 당하기 직전에 작센 선제후가 보는 앞에서 쪽지를 삼켜버린다.

---

27) 헬무트 샨체는 문학작품의 매체 전환 형식을 네 가지 유형, 즉 원작의 연극적 전환인 "전위 Transposition", 원작에 충실한 "수용Adaption", 원작으로부터 상당히 벗어나는 "변형Transformation", 그리고 원작에서 소재나 모티프만을 취하는 방식인 "변용Transfiguration"으로 분류한다. 이에 따르면 슐렌도르프의 영화는 "변형"에 속한다. Schanze, Helmut: Literatur – Film, Fernsehen. Transformationsprozesse, in: Schanze, Helmut (Hrsg.): Fernsehgeschichte der Literatur, München 1996, S. 82–92 & Staiger, Michael: Michael Kohlhaas im Medienwechsel, in: Der Deutschunterricht, 2011, S. 55–66 참조.

이처럼 이 에피소드는 신비주의적이고 동화적인 분위기를 풍긴다. 클라이스트가 "옛 연대기에서"라는 부제를 달아 자신의 노벨레가 사건의 연대기적 서술임을 분명히 했지만. 비평가들은 이 에피소드가 지닌 신비주의적이고 동화적인 성격 때문에 많은 논쟁을 벌였다. 슐렌도르프 감독은 이 에피소드가 원작에서 중요한 부분이기는 하지만, 19세기 초의 노벨레에서 20세기 중반의 현실적 의미를 읽어내려고 한 자신의 의도에 어울리지 않는 것으로 판단했기 때문에 생략했을 것으로 보인다.

둘째, 영화에서 등장인물의 변형이 눈에 띈다. 우선 콜하스는 노벨레에서 "그 시대 가장 법에 충실한 동시에 가장 무시무시한 사람"(Kleist, 1996: 9)으로 '정의'를 신봉하고 봉건체제에 대항하여 싸우는 자로 묘사되지만, 영화에서는 말 두 마리에 대한 보상과 죽은 아내의 복수를 위해 트롱카와 선제후로 대변되는 권력에 대항하여 싸우다가 처형당하는 반역자로 형상화된다. 노벨레와 달리 콜하스가 대적했던 낡은 봉건체제와 질서는 영화에서 잘 드러나지 않는다. 단지 배경으로 물러나 있을 뿐이다. 또한 콜하스가 정의를 위한 싸움에 나서기 전에 사건의 전말(顚末)을 알아보기 위해 하인 헤르제를 까다롭게 심문하는 신중함은 무뎌져 있다. 다음으로 "콜하스를 설득하여 인간사회의 질서 속으로 되돌아오게 하려는 일"(Kleist, 1996: 46)을 떠맡은 루터의 성격과 역할이 영화에서는 다르게 설정되어 있다. 콜하스와의 논쟁에서 "자의적 판단"(Kleist, 1996: 49)이니 "야만적인 사적 복수"(Kleist, 1996: 50)니 하면서 그를 몰아붙이던 성직자로서의 단호한 모습은 보이지 않고, 콜하스가 무기를 버리고 새롭게 재판을 받을 수 있도록 선제후의 편에서 중재하는 소극적인 역할을 할 뿐이다. 그리고 엘리자베트는 아내이자 어머니로서 전통적인 여성상을 구현하고 있는 것처럼 보이지만, 노벨레의 리스베트와 달리 남편의 허락 없이 청원서를 가지고 드레스덴 궁정으로 떠나는 당찬 여성으로 그려진다. 그리고 리스베트처럼 죽으면서 "원수를 용서하라"라는 성경 구절을 가리키지도 않는다. 왜냐하면 슐렌도르프가 정의와 복수의 문제에 대한 종교적 차원의 접근을 허용하지 않았기 때문이다. 또한 트롱카는 중·하위 계층의 삶에는 관심이 없고 천체실험에 열중하는 상위층 귀족으로, 작센 선제후는 콜하스 문제를 해결하기보다는 폴란드와의 전쟁에 더 골몰하는 최고 권력자로 변형되어 있다. 이 밖에도 슐렌도르프의 영화에는 노벨레에 없는 인물들이 상당히 등장한다는 점에 주목해볼 필요가 있다. 콜하스가 성에서 도망친 트롱카의 추적에 나섰을 때 그의 조카를 포함한 대학생들, 창녀, 도적떼가 합류하는데, 이들은 정의 추구에는 별 관심이 없고 이기적 욕망을 채우기 위해 일탈적인 행동을 서슴지 않는다. 그 때문에 이들은 콜하스가 정의 구현을 목표로 하는 올곧은 리더가 아니라 복수를 위해서는 누구든 받아들이는 정체성이 모호한 리더라는 이미지를 제공하는 데 기여한다. 이런 설정은 (1969년 '콜하스 소재의 현재화 시도'라는 맥락에서 볼 때) 혁명의 실패 원인에 대한 복선으로 읽을 수 있다(Moeller & Lellis, 2002: 48).

셋째, 정교하게 연출된 미장센이 노벨레의 변형에 기여하고 있다. 우선 앞서 지적했듯이, 독일 극장용으로 출시된 영화의 프롤로그 장면은 약 1분 30초 동안 1968년 무렵 파리, 베를린, 뉴욕, 도쿄, 서울 등에서 일어난 실제 대규모 시위 장면을 흑백 영상으로 보여준다. 이는 나중에 나오는, 박피공이 말 두 마리를 데리고 나타난 장터에서 군중이 돌을 던지며 시위하는 장면과 연결되는 효과를 준다(Staiger, 2011: 57). 그리고 이 흑백 영상에서 시위를 진압하는 기병대가 탄 말이 나오는 미장센을 볼 수 있는데, 이는 말이 스토리텔링에서 중요한 역할을 하게 될 것임을 미리 암

영화
〈미하엘 콜하스 – 반역자〉에서
엘리자베트가 콜하스를 발로
마사지하는 장면

시하는 역할을 한다. 또한 엘리자베트가 침대 위 천장에 매달려 발로 콜하스의 등을 주무르는 동작은 승마 동작을 연상시킨다(Moeller & Lellis, 2002: 55). 그리고 노벨레에서 경비병의 창에 찔리는 리스베트와 달리 엘리자베트는 선제후에게 접근하려다가 넘어진 후 말발굽에 무참히 짓밟히는데, 이 장면은 클로즈업으로 강조된다. 말과 관련된 이런 미장센의 창조는 말 모티프를 더욱 강화하려는 전략으로 읽힌다. 그뿐만 아니라 슐렌도르프는 영화에서 말들이 목초지에서 자유롭게 풀을 뜯는 장면으로 시작해서 콜하스가 자유를 허락한 말 두 마리가 초원으로 내달리는 장면으로 끝냄으로써 콜하스가 침해당한 권리를 보상받기 위한 투쟁이 아니라 오히려 자유를 얻기 위한 투쟁에 방점을 두었음을 상징적으로 보여준다. 이 밖에도 콜하스의 처형 장면 사이에 연날리기를 하며 천진난만하게 뛰노는 아이들이 나오는 숏이 삽입된 것을 볼 수 있다. 이것은 노벨레의 마지막 문장, 즉 "그러나 명랑하고 건장한 콜하스의 몇몇 후예들은 지난 세기까지 메클렌부르크에 살았다"(Kleist, 1996: 115)에 대응하는 장면으로 설정된 것이다.

영화
〈미하엘 콜하스 – 반역자〉에서
서부영화를 연상시키는 장면

　　결국 슐렌도르프는 클라이스트의 노벨레를 자신만의 관점으로 재해석한 것이다. 물론 그의 영화에 대한 부정적인 비판이 없는 것은 아니다. 슈타이거는 슐렌도르프가 1960년대 후반의 사회적 맥락에서 현재적 의미를 끌어내기 위해 클라이스트의 노벨레를 무리하게 변형함으로써 "일관성 없는 현재화의 형식"(Staiger, 2011: 57)을 취했다고 비판한다. 또한 레반도브스키는 노벨레가 지향하는 주제에서 많이 벗어나 당시 사회적 맥락에서 현재화를 시도했고 폭력, 범죄, 섹스 등으로 치장하여 억지로 의미를 부여했기 때문에 할리우드 서부극 같은 흥미 위주의 액션영화로 변질되었다면서 "클라이스트 노벨레의 실패한 영화화"(Lewandowski, 1981: 84)라고 비판한다(Lewandowski, 1981: 84-85). 사실 이 영화에는 레반도브스키의 주장을 뒷받침할 만한 서부극을 연상케 하는 장면이 여러 번 등장한다. 그러나 이런 부정적 평가에도 불구하고 슐렌도르프가 노벨레의 '빈자리'를 (특히 말 모티프를 강조하는 새로운 미장센의 창조에서 드러나듯이) 자신만의 독특한 시선으로 잘 채워 넣은 점은 높이 평가해야 할 것이다.

팔리에르 감독의 〈미하엘 콜하스의 선택〉

이 영화는 2013년 프랑스의 팔리에르 감독이 매즈 미켈슨Mads Mikkelsen, 브루노 간츠Bruno Ganz, 다비드 베넨David Bennent 등을 캐스팅하여 독일과 합작으로 제작했다. 여기서도 우선 영화의 스토리부터 살펴보자.

영화는 말장수 콜하스 일행이 말을 시장에 내다 팔기 위해 어딘가로 이동하는 장면으로 시작한다. 어둠에 싸인 광활한 들판과 언덕, 산등성이의 풍경이 이어진다. 그리고 숲속 길에서 공주가 통행료 징수권을

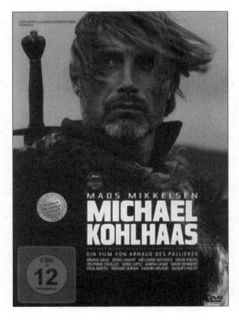

영화 〈미하엘 콜하스의 선택〉의 포스터

새로 하사했다는 이유로 차단목(遮斷木)을 설치하고 통행증을 요구하는 남작 일행과 마주친다. 콜하스가 통행증이 없다고 하자 남작은 검은 말 두 마리를 맡기고 가라고 위협한다. 그리고 튼실했던 말들을 목재를 나르는 일에 혹사하며, 말을 돌보기 위해 남았던 하인 세자르는 사냥개를 풀어 상해를 입힌 후 쫓아버린다. 한편 콜하스는 여행 중에 루터의 성경을 읽으며, 집으로 돌아오는 길에 아내의 옷을 사고, 집에 와서는 딸 리스베트를 챙긴다. 신앙심 깊고 자상한 남편이자 아버지임을 입증해 보이는 장면들이다. 얼마 후 남작을 찾아간 콜하스는 혹사당한 상처투성이 말 대신에 윤기가 흐르는 원래 상태의 말을 돌려달라고 요구한다. 그리고 변호사를 찾아가 세자르의 상처를 보여주면서 법원에 고소장을 접수할 것을 요청한다. 다시 집으로 돌아와 아내와 딸과 함께 망아지의 탄생 과정을 지켜보던 콜하스는 변호사로부터 고소가 세 번이나 기각되었다는 소식을 듣는다. 기각 결정문에 따르면, 콜하스는 근거 없이 고소를 제기한 "억지 소송꾼"(26:50)이라는 것이다. 이에 콜하스는 집과 토지를 모두 팔고 공주에게 직접 탄원하러 가겠다고 결심한다. 그러자 아내 주디스는 궁정 사람들과의 친분을 내세우며 탄원서를 자기가 전달하게 해달라고 청한다. 딸만 데리고 콜하스가 숲속 나들이를 나가는 장면은 이미 탄원서를 가지고 떠난 주디스의 부재를 알려준다. 그때 마차 한 대가 다가오고 불길한 예감을 느낀 콜하스는 딸을 숲속에 남겨둔 채 급히 집으로 향한다. 아내가 주검으로 돌아온 것이다. 아내의 흥건한 피를 닦아주는 콜하스와 거친 숨을 몰아쉬며 집으로 달려오는 딸의 모습이 슬픈 음악을 배경으로 교차한다. 아내의 장례를 정성스럽게 치른 후 콜하스는 "신은 원수를 사랑하라"고 했지만 "나는 기도하네. 우리가 남작을 용서할 때까지 나를 용서하지 말라"(39:39)고 하면서 사람들을 모집하여 남작의 성을 공격한다. 남작은 수녀원으로 도망치고, 그의 부하 몇은 살해되며, 몇은 콜하스 일행에 합류한다. 정보를 입수한 콜하스 부대는 수녀원을 공격하지만 변장한 남작을 놓치고 만다. 그사이 더 늘어난 콜하스 일행은 숲속에서 야영하면서 때를 기다린다. 이때 젊은 신부의 도움으로 딸 리스베트가 찾아와 합류한다. 그리고 콜하스에게 전쟁을 하는 이유가 엄마 때문인지 아니면 말 때문인지 묻는다. 모두 아니라고 대답한 콜하스는 정찰 중에 전사한 하인 세자르를 장사지내고 "훔치고 빼앗는 건 귀족들이다. 우리는 다르다"(01:08:33)라고 하면서 농가를 약탈한 부하 한 명을 교수형에 처하는 결연함을 보인다. 바로 그때 루터가 찾아와 "이게 당신이 말하는 정의인가?"(01:10:46), "내 눈에는 뒤틀린 마음이 보여. 상관도 없는 전쟁에 저들을 끌어들인 비뚤어진 마음. 당신 허리춤의 칼은 정의의 칼이 아니야"(01:12:13)라고 콜하스를 질타한다. 그리고 종교적 신앙을 대변하는 말을 계속 이어간다. 승리를 가져다주는 것은 "칼과 총이 아니라 십자가와 인내심"(01:13:49)이요, "지배와 권력이 아니라 복종과 겸손"(01:14:27)이라는 것이다. 마침내 콜하스는 "죽음은 선택의 문제요, 죽이지 않는 자는 죽지 않는다"(01:16:28)라고 말하는 루터의 설득을 받아들여 무기를 버리기로 한다. 그리고 루터로부터 고해성사를 받기 원한다. 하지만 콜하스가 자신한테 악을 행한 모든 자들을 용서할 수 있으나 그 남작만은 용서할 수 없다고 말하자 루터는 자리를 뜨고 만다. 이후 앙굴렘의 공주로부터 무기를 버리면 재판을 다시 열어 저지른 죄를 사면하겠다는 내용의 서신이 전해진다. 이에 콜하스는 부하들에게 무기를 버리게 하고 약간의 보상금을 주어 집으로 돌려보낸다. 그러고 나서 자신도 딸과 함께 집으로 돌아온다. 그런데 얼마 후 콜하스는 공주의 예기치 않은 방문을 받는다. 공주는 리스베트에게 엄마의 죽음에 대해 유감의 뜻을 전하고 재판 때까지 콜하스의 안전을 보장하겠다고 약속한다. 그러나 곧 콜하스는 부하 중 한 명이 무기를 버리지 않고 있다가 두 명의 귀족을 죽이고 재산을 농민들에게 나눠주었기 때문에 공주의 사면이 취소되었다는 소식을 듣는다. 그러자 콜하스는 리스베트를 데리고 야음을 틈타 몰래 도주하려다가 수색대에 붙잡혀 호송된다. 콜하스는 감방으로 찾아온 어린 신부에게 죽음을 염두에 두고 "확실하다는 것이 가장 두렵다. 주디스에게 가까워지는 만큼 리스베트에게서 멀어지고 있다"(01:45:24)라고 말한다. 마침내 형장에서 콜하스는 강제로 빼앗겼던 두 마리 검은 말과 함께 손해배상금을 받는다. 남작에게는 2년의 징역형이 선고된다. 마지막으로 콜하스는 딸에게 용서를 구하고 말을 태워 떠나보낸 후 왕국의 평화를 해친 죄로 참수를 당한다.

이상에서 알 수 있듯이, 팔리에르 감독의 영화 역시 클라이스트의 노벨레에 의존하면서도 세부적으로 많은 차이를 보인다. 그 때문에 슐렌도르프의 영화와 마찬가지로 문학작품의 '변형Transformation'에 속한다. 그렇다면 여기서 제기할 수 있는 중요한 문제는 '팔리에르가 슐렌도르프와 달리, 혹은 비슷하게 어떤 변형을 시도했는가?'일 것이다.

첫째, 노벨레에서는 콜하스와 작센 선제후 사이의 관계를 전복시키는 데 중요한 역할을 하는 집시여인과 쪽지 에피소드가 이 영화에도 생략되어 있다. 그런데 중요한 것은 그것이 슐렌도르프와 팔리에르의 경우 다른 차원에서 일어난다는 점이다. 즉 역사적 사건과 현재의 혁명적 사건을 연결하여 영화에 시사성을 부여하려 한 슐렌도르프에게 신비주의적이고 동화적인 성격의 에피소드가 어울리지 않았다면, 노벨레 구조를 변경하고 등장인물들을 단순화시켜서라도 정의의 문제에 집중하려

한 팔리에르에게는 이런 성격의 에피소드가 부차적인 것으로 보였을 것이다. 나아가 팔리에르가 노벨레의 박피공 에피소드를 생략한 것도 같은 맥락에서 이해된다.

둘째, 등장인물의 축소, 변형이 달리 일어난다. 팔리에르 영화는 노벨레에 나오는 인물들의 복잡한 관계를 단순화시킨다. 노벨레에는 봉건체제를 유지하려는 작센 선제후와 그와 대립관계에 있는 브란덴부르크 선제후가 등장하지만, 영화에서는 이들 대신에 콜하스를 찾아와 아내의 죽음에 대해 유감의 뜻을 표하고 "너는 나와 같구나. 사랑을 받으며 살지만 두려움의 대상이기도 하지"(01:29:37)라고 말하면서 동병상련의 감정을 토로하는 고대왕국의 공주가 나올 뿐이다. 이는 콜하스가 개인을 압제하는 봉건적 사회구조로 투쟁 대상을 확대하지 않았음을 의미한다. 콜하스를 찾아온 공주가 자신도 하마터면 위험에 빠질 수도 있었음을 고백하자, 그는 "내 것을 얻으면 그만입니다"(01:29:05)라고 하면서 자신의 공격목표를 확대할 의사가 없었음을 분명히 한다.

다음으로는 루터 캐릭터의 변형을 볼 수 있다. 야영지에서 10여 분 동안이나 콜하스와 나눈 대화 내용을 보면, 그는 자신의 기독교적 신앙의 범주 내에서 거의 일방적이면서도 논리적으로 콜하스를 설득하는 인물이자, 귀족계급의 존재를 옹호하는 보수주의적 인물이다. 그의 보수주의적 태도는 "우리가 바라는 것은 평화롭게 공존하는 것이니 농민들을 두려워할 필요가 없다고 평생 교회와 귀족들을 설득해왔는데, 당신의 폭동 때문에 내 노력은 허튼 것이 돼버렸소"(01:14:26)라는 말에 잘 나타나 있다. 하지만 콜하스의 입장을 공주에게 전달하는 중재자로서의 모습은 찾아보기 어렵다. 다시 말해 권위 있는 성직자의 자세로 콜하스와 논쟁하고 작센 선제후 사이를 중재하는 노벨레의 루터와는 다른 모

영화
〈미하엘 콜하스의
선택〉의 한 장면

습이다.[28] 이뿐 아니라 무기를 버리고 다시 재판을 받을 수 있도록 소극적인 자세로 선제후의 제안만을 전달하는 슐렌도르프 영화의 루터와도 사뭇 다른 인물로 개성화되어 있다.

이 외에 주목할 만한 인물로는 딸 리스베트가 있다. 노벨레와 슐렌도르프의 영화에서는 아이들이 잠깐 언급되거나 출연한다. 그들은 콜하스가 자상한 가장임을 보여주는 데 필요할 뿐이다. 하지만 팔리에르 영화에서 리스베트는 줄곧 아빠 곁을 지킨다. 그녀는 아빠의 사랑을 확인하기도 하고, 그의 정의 실현을 위한 투쟁이 과연 누구를 위한, 무엇을 위한 투쟁인지 때로는 표정으로, 때로는 말로 물어본다.

셋째, 시간적·공간적 배경의 변형이 눈에 띈다. 콜하스 일행이 어둠에 싸인 광활한 들판과 언덕을 지나고 산등성이를 넘어 멀리 이동하는 모습을 보여주는 영화의 타이틀 시퀀스는 관객을 시간적으로 특정할 수 없는 시기로 안내하는 역할을 한다. 노벨레에서 지명으로 언급된

---

28) 클라이스트의 노벨레에서 루터는 작센 선제후에게 "이런 불미스러운 상황에서는 말장수의 제안을 받아들여 이자가 저지른 죄를 사면하고 소송 재개를 허락하는 수밖에 없습니다. (중략) 요컨대 이 상황을 해결하려면 말장수를 작센 선제후에게 반란을 일으킨 역적으로 여기기보다는 작센 땅에 침입해 들어온 외적으로 간주해야 합니다"(클라이스트, 2013: 61)라고 쓴 서한을 보내 중재를 시도한다.

"엘베강"과 "작센의 멋진 기사의 성"(Kleist, 1996: 9)은 어디에서도 찾아볼
수 없다. 봉건 귀족과 농민, 상인 사이의 계급적 갈등관계가 존재하고 이
를 해결하려는 제도적 장치로서 법정이 존속했던 16세기 도시적 공간
이 아니라 특정할 수 없는 훨씬 이전 시기의 숲속 세계가 배경으로 등장
한다.[29] 영화를 줄곧 지배하는 어두운 색조, 말수가 적은 등장인물들의
대사, 의상, 음향 등은 이를 잘 뒷받침해준다. 이러한 설정은 16세기 실
제 사건에 바탕을 둔 노벨레의 연대기적 서술에 얽매이지 않고 시대를
초월해서 정의에 대한 근본적인 물음을 던지려고 했던 팔리에르 감독의
의도적 전략에서 비롯되었다고 볼 수 있다.

레만의 〈미하엘 콜하스 혹은 수단의 적정성〉

독일의 신예감독 레만Aron Lehmann의 〈미하엘 콜하스 혹은 수단의
적정성〉은 클라이스트의 《미하엘 콜하스》를 소재로 하여 영화를 만드는
사람들의 이야기를 코믹하게 다룬다. 영화에 관한 영화, 즉 메타영화인
셈이다. 이 영화의 주인공인 영화감독은 정의를 위한 투쟁을 벌이다가
범죄자가 되는 인물, 즉 미하엘 콜하스에 관한 영화를 만들고자 한다. 그
런데 영화 촬영에 착수하기도 전에 그에게 수단, 곧 재정지원이 갑자기
취소되어버린다. 하지만 영화에 대한 열정 때문에 영화감독은 핸드 카메

---

29) 이 영화는 이런 풍광을 연출하기 위해 프랑스 세네넌계곡, 시칠리아섬, 알바니아 등지에서 촬
    영했다고 한다. 이에 대해서는 Harald Jähner: Kleist – Neuverfilmung: Michael Kohlhaas, der
    Ur-Europäer, Berliner Zeitung 11.9.2013 참조.

라를 가지고 배우들을 달래며 촬영에 임한다. 클라이스트의 노벨레에 나오는 말은 소로 대체하고, 콜하스는 숲속 나무들을 트롱카 일당으로 생각하고 공격한다. 또한 총칼은 배우들의 맨손으로 대신한다. 게다가 몇 안 되는 배우들이 작품에 대한 견해 차이로 하나씩 떠나버린다. 그러자 영화감독은 자신이 직접 콜하스 역을 맡으며, 겨우 네 명의 엑스트라 배우들을 데리고 전투 장면을 촬영한다. 결국 이 영화는 수단, 즉 돈은 없지만 영화에 대한 열정이 매우 강한, 그러면서도 유머 감각을 지닌 영화감독이 클라이스트의 《미하엘 콜하스》에 바치는 오마주인 셈이다.

《미하엘 콜하스》의 할리우드 수용 1: 배덤 감독의 〈잭 불〉

할리우드 배덤John Badham 감독의 영화 〈잭 불Jack Bull〉(1999)은 타이틀 시퀀스에서 클라이스트의 노벨레에 근거하고 있음을 밝히고 있으나 슐렌도르프 감독의 영화와는 매우 다른 접근을 시도한다. 영화는 카메라가 와이오밍의 작은 마을에서 아들 케이지Cage, 아내 코라Cora, 그리고 이웃 친구들과 함께 말을 키우며 평화롭게 사는 레딩Redding의 일상을 보여주면서 시작한다.

말장수 레딩은 어느 날 말을 팔기 위해 일행과 함께 캐스퍼Casper 장터로 가던 중에 갑자기 길을 차단하고 10달러의 통행세를 요구하는 대지주 밸러드Ballard 일행과 마주친다. 시간이 급하고 금전적 여유가 없던 레딩은 우선 5달러를 지급하고 부족한 대가로 두 마리 검은 말과 인디언

영화 〈잭 불〉의 포스터

일꾼 빌리Billy를 남겨둔 채 그곳을 떠난다. 캐스퍼에서 장사를 마무리하고 돌아오는 길에 다시 그곳에 들른 레딩은 혹사당해 상처투성이가 된 두 마리 말을 발견한다. 격분한 레딩은 밸러드에게 자신의 말을 원래 상태로 돌려놓을 것을 요구한다. 하지만 밸러드는 이를 철저히 무시해버린다. 집으로 돌아온 레딩은 밸러드에게 폭행을 당하고 먼저 와 있던 빌리한테서 자초지종을 전해 듣는다. 분을 이기지 못한 레딩은 지역 변호사를 찾아가지만 부유한 백인에게 대항하는 인디언 일꾼의 주장으로는 승소할 수 없을 것이라는 대답이 돌아올 뿐이다. 그리고 소송을 포기하지 않은 레딩에게 얼마 후 변호사로부터 그 사건이 기각되었다는 소식이 전해진다. 그러자 이번에는 활달한 성격을 지닌 아내 코라가 지방 검사의 부인과 맺은 친분을 이용하여 탄원을 위해 나선다. 하지만 검찰청을 찾아간 코라는 동행한 우디와 밸러드 부하들의 싸움에 휘말려 마차에 치여 죽는다. 장례를 치른 후 레딩은 이제 법적 체계에 기대지 않고 직접 밸러드를 징벌하기로 한다. 그는 목장을 팔아 일당 15달러의 조건으로 농부들을 규합하여 밸러드의 저택을 공격하고 마구간에 불을 지른다. 그리고 도망친 밸러드를 추격한다. 캐스퍼로 숨어든 밸러드는 와이오밍 정부에 보호를 요청하고, 와이오밍 지사는 보안관에게 레딩을 체포하도록 지시한다. 마침 주(州) 편입을 눈앞에 둔 와이오밍 지사와 검찰은 일을 조용히 처리하기 위해 레딩에게 사면을 조건으로 자수를 권한다. 레딩은 이를 수락하고 법정에 선다. 그러나 재판 중에 밸러드를 상대로 토지 소유권 소송을 제기한 빌리에게 써준 편지가 빌미가 되어 사면은 취소되고 살인과 폭동을 일으킨 죄로 레딩은 교수형을, 밸러드는 위증죄로 2년의 징역형을 선고받는다. 결국 레딩은 원래 상태로 회복된 두 마리 검은 말을 밸러드한테 돌려받고 교수형에 처해진다. 영화는 와이오밍이 미합중국의 주로 편입되었음을 축하하는 거리 퍼레이드와 말을 끌고 가는 침울한 표정의 아들 케이지의 모습을 크로스커팅(교차편집)으로 보여주면서 끝난다.

이처럼 배덤 감독의 〈잭 불〉은 클라이스트의 노벨레를 19세기 후반 미국 와이오밍을 배경으로 펼쳐지는 서부극으로 탈바꿈시켰다. 우선 등장인물들의 변형을 보면, 브란덴부르크의 작은 마을 콜하젠뷔르크의 말장수 콜하스는 와이오밍의 작은 마을 콜린의 말장수 레딩으로, 융커 트롱카는 부농이자 대지주 밸러드로, 탄원서를 전달하려다가 선제후 호위병의 창에 쓰러지는 아내 리스베트는 캐스퍼 검찰청 앞에서 밸러드 일당의 마차에 치여 숨지는 코라로, 콜하스의 하인 헤르제는 레딩의 일꾼

영화 〈잭 불〉에서 밸러드
일당이 통행을 가로막는 장면

인 인디언 빌리로, 작센 선제후는 와이오밍 지사로 대체되었고, 팔리에르 영화에서 딸 리스베트처럼 아들 케이지가 가정 내의 중요한 인물로 등장한다. 그러나 클라이스트의 노벨레와 앞의 두 편의 영화에서 비중 있는 역할을 한 성직자 루터를 대체하는 인물은 보이지 않는다. 정의를 실현하기 위해 불의를 저지르는 행위가 정당한가에 대한 의문을 제기하는 루터 같은 인물이 등장한다면 밸러드에 대한 레딩의 복수가 동력을 잃어버릴 수도 있다고 보았을까? 결국 배덤 감독은 등장인물을 서부극의 콘셉트에 맞게 변형하거나 생략, 혹은 첨가한 셈이다.

그러나 이러한 등장인물들의 변형에도 불구하고 노벨레의 근본적인 갈등 구조는 거의 그대로 유지하고 있다. 즉, 지배 귀족계급과 피지배 상인계급 간의 갈등이 소농과 대지주, 인디언과 백인 사이의 갈등으로, 독일 봉건사회 시스템에서 유효한 법과 정의의 충돌이 미국 서부 개척시대 사회시스템에서 작동하는 자의적인 법과 정의의 충돌로 다시 나타나기 때문이다.

특히 여기서 주목해야 할 것은 이 영화가 할리우드 서부극의 전통을 대부분 수용하면서도 독자적인 색도 지니고 있다는 점일 것이다. 예를 들면 레딩과 밸러드 사이의 적대적 갈등을 첨예화하기 위해 아내 코라의 죽음을 이용한다. 즉, 코라의 죽음은 밸러드 일당이 휘두르는 폭력과 직접 연관이 있게 설정된다. 또한 서부극의 전통에 따라 갈등의 극적인 분위기를 조성하기 위해 영화음악을 활용한다. 하지만 레딩이 전형적으로 거칠고 강한 남성이 아니라 감수성 있는 남편이자 가족을 사랑하는 아버지로 등장한다는 점에서 전통 서부극과는 다른 색깔을 드러낸다(Staiger, 2011: 64-65).

《미하엘 콜하스》의 할리우드 수용 2: 포만 감독의 〈래그타임〉

포만Milos Forman은 1960년대 체코에서 영화의 새로운 물결을 일으킨 영화감독으로 국제적인 주목을 받았으나 당시 공산정권과의 마찰로 '프라하의 봄'이 진압된 이후 미국으로 이주하여 영화작업을 계속해나갔다. 주요 작품으로 〈뮌헨 1972München 1972〉(1973), 〈뻐꾸기 둥지 위로 날아간 새One Flew Over the Cuckoo's Nest〉(1975), 〈래그타임Ragtime〉(1981), 〈아마데우스Amadeus〉(1984) 등을 남겼다. 이 중에서 〈래그타임〉은 닥터로브E. L. Doctorow(1931~2015)의 1975년 동명소설 《래그타임》을 영화화한 것으로 알려져 있는데, 이 작품이 클라이스트의 노벨레 《미하엘 콜하스》에서 소재를 따왔기 때문에 할리우드에서의 간접적인 수용에 해당한다. 포만의 영화 〈래그타임〉의 스토리는 다음과 같다.

어느 날 부유한 사업가 저택의 정원에서 버려진 흑인 갓난아이가

영화 〈래그타임〉의 포스터

발견된다. 가장인 아버지는 내키지 않았으나 아내와 처남의 뜻에 따라 갓난아이를 입양하기로 작정한다. 처남은 아직 미혼으로 미모의 여인 에블린Evelyn를 쫓아다니는 중이다. 게다가 수소문 끝에 근처에서 찾아낸 아기엄마 사라Sarah도 받아들이기로 한다. 얼마 후에는 뮤직홀 등에서 피아노 연주자로 떠돌이 생활을 하던 아이의 아빠 콜하우스Coalhouse도 안정된 일자리를 구하자 사라를 찾아온다. 그리하여 콜하우스도 그 부호의 가족들과 친하게 지내게 된다. 그러던 어느 날 콜하우스는 승용차로 소방서 앞을 지나려다가 소방차로 길을 막고 통행료 25달러를 요구하는 백인 소방대원들에 의해 제지를 당한다. 잠시 차를 세워두고 항의하기 위해 경찰을 데려오는 사이 그의 자동차 시트가 오물로 더럽혀지고 흠집이 난 것을 본다. 항의를 해보지만 소방서 앞에 차를 세운 바람에 소방차의 긴급출동을 방해했다는 이유로 오히려 봉변을 당한다. 집에 와서 이를 아내 사라에게 알리자 그녀는 마침 인근에서 열리는 부통령 연설 집회에 참석하여 남편의 억울함을 호소하려 한다. 그러나 군중 틈에 깔려 심하게 다쳐 마침내 죽게 된다. 그러자 콜하우스는 소방대장을 붙잡아 복수하기 위해 처음으로 폭력을 행사한다. 그는 몇몇 흑인과 처남의 지원을 받아 피어폰트 모건 도서관Pierpont Morgan Library을 점거하고 소방대장의 인도를 압박하기 위해 폭발물을 가지고 위협한다. 경찰 지휘관은 사업가를 보내 경찰과 콜하우스 사이의 협상을 중재하는 데 성공한다. 콜하우스는 자신을 지원해준 사람들을 자유롭게 풀어주는 조건으로 항복을 결심한다. 하지만 콜하우스는 먼저 그들을 내보낸 후 손을 들고 도서관에서 나오다가 바로 사살된다. 사업가에게도 그의 중재 노력은 도움이 되지 못한다. 왜냐하면 아내가 자신의 아이들과 입양한 아이를 데리고 그를 떠났기 때문이다.

여기서 콜하우스는 클라이스트 노벨레의 콜하스처럼 부당한 권리 침해를 보상받으려다가 도리어 자신의 몰락을 자초한다. 형식적 측면에서 보면, 이 영화는 직선적으로 사건을 따라 움직이는 클라이스트의 노벨레와 달리, 콜하우스의 이야기에 에블린과 그를 쫓아다니는 처남의 이

영화
〈래그타임〉에서
백인 소방대원들이
통행을 가로막는 장면

야기가 교차편집되어 있다. 다시 말해 포만 감독은 사건이 직선적으로 진행되는 노벨레의 특징을 수용하는 대신에 스토리의 재미를 원하는 할리우드 관중을 의식해서 미모의 모델 에블린과 그를 쫓아다니는 처남의 이야기를 교차편집하는 방식으로 끼워 넣은 것이다. 또한 이 영화는 공간적 배경으로 뉴욕을 선택하고 주인공 콜하우스를 흑인으로 설정함으로써 1960년대 말 이후 할리우드에서 흔하게 다루어진 문제의식의 하나인 인종차별 문제를 건드리고 있다.

6.
뒤렌마트의 소설《약속》과
할리우드의 범죄 스릴러 〈맹세〉

뒤렌마트의 소설《약속》: "추리소설에 부치는 진혼곡"

　　스위스 베른 태생의 뒤렌마트가 쓴 많은 희곡 중에서《로물루스 대제Romulus der Grosse》(1949),《미시시피 씨의 결혼Die Ehe des Herrn Mississippi》(1952),《노부인의 방문Der Besuch der alten Dame》(1956) 등은 너무나 유명하다. 그래서 대부분 뒤렌마트를 극작가로 기억한다. 하지만 그는 1958년《약속Das Versprechen》을 발표함으로써 소설가로서의 면모를 보여 주기도 했다.

　　"추리소설에 부치는 진혼곡"이라는 부제를 단《약속》은 뒤렌마트가 바이다Vajda 감독의 영화 〈사건은 환한 대낮에 일어났다Es geschah am hellichten Tag〉(1958)의 시나리오 집필 작업에 참여한 후 기존의 추리소설과 다른 이야기를 쓰려는 목적에서 집필된 것이다.[30] 틀(액자) 구조 형식으로 이야기 속에 이야기가 있는 소설《약속》의 줄거리를 살펴보자.

작가인 서술자가 스위스 쿠어Chur의 한 호텔에서 추리소설에 관한 강연을 끝낸 후, 자신을 취리히로 데려다주기로 한 경찰서장 H박사를 만난다. 다음날 그들은 취리히로 가는 도중에 정신이 온전치 못한데다가 술 냄새를 풍기는 늙은 남자가 일하는 주유소에 들른다. 그리고 다시 취리히로 향하던 중에 H박사는 추리소설에 대한 자신의 비판적인 견해를 피력한다. 비현실적인 해피엔딩이 도덕적으로 필요할 수는 있으나 실제로는 우연한 일이 결정적인 역할을 한다는 것이다. 경찰서장은 오는 길에 들른 주유소의 남자가 자신과 함께 일했던 유능한 경찰관 마태Matthäi였다고 말하고, 9년 전에 일어났던 이야기를 해준다.

마태가 경찰 전문요원으로 요르단으로 파견되기 3일 전에 취리히 인근 시골에서 18세가량의 그리틀리Gritli가 살해되어 시체로 발견된다. 마태는 딸의 부모에게 사건 소식을 알리고 망연자실해 있는 그들에게 자신의 (천상의) "행복Seligkeit"을 걸고 살인자를 반드시 찾아내겠다고 맹세한다. 이후 그는 사건을 최초로 발견하여 신고한 방문판매원 폰 군텐von

---

30) 영화 〈사건은 환한 대낮에 일어났다〉와 관련하여 뒤렌마트는 함부르크의 석간신문 Hambu-rer Abendblatt와의 인터뷰에서 다음과 같이 말한 바 있다.

"우리가 이런저런 경찰조서를 끌어들인다 해도 성 윤리적 범죄에 대한 계몽영화가 없다. 그래서 나는 이 세상이 너무 혼돈스러워서 그 탐정과 같은 생각으로는 시스템 속으로 안내될 수 없다는 것을 보여주려고 했다. 대부분의 범죄소설들은 복잡한 현실이 탐정의 생각 속에 완전히 떠오를 수 있다고 하는 허구 때문에 애를 먹는다. 그래서 탐정 역의 주인공을 완벽하게 하려는 잘못에 이른다."(Bernd Matzkowski: Friedrich Dürrenmatt, Das Versprechen, Hollfeld, 2003. S. 29 재인용)

Gunten이 마을 사람들에게 린치당하는 것을 어렵사리 제지한다. 경찰은 수색 끝에 고슴도치를 선물한 키 큰 남자를 그린 그리틀리의 그림을 입수한다. 그리고 과거에 이미 두 번의 유사한 사건이 일어났음이 밝혀진다. 사건을 담당한 헨치Henzi는 폰 군텐이 범인이라고 단정하고 스무 시간의 심문 끝에 자백을 받아내는 데 성공한다. 그러나 그는 감방에서 바로 목을 매 자살하고 만다. 요르단으로 떠나기로 했던 마태는 공항에서 한 무리의 어린이들을 보고 갑자기 마음을 바꾼다. 그는 방문판매원이 무죄라고 확신하고 있었고, 더 이상의 살인을 막기 위해서는 이전에 소녀의 어머니에게 했던 약속을 지켜야 한다는 의무감을 느꼈기 때문이다. 하지만 경찰은 그 사건을 이미 종결해버린 터라 범인수색을 이제 자신의 힘으로 해결해야 한다. 그는 정신과 전문의를 찾아가 그리텔리의 그림을 보여주면서 해석해달라고 부탁한다. 그림에는 거인, 작은 형체의 고슴도치, 검은색 자동차, 뿔 달린 짐승 등이 그려져 있었다. 얼마 후 헨치는 마태가 어느 주유소에서 이전에 매춘부였던 헬러Heller와 그녀의 딸 안네마리Annemarie을 데리고 산다는 소식을 듣고 그를 찾아간다. 마태는 3개의 사건이 그라우뷘덴Graubünden과 취리히 사이에서 일어났으며, 범인은 그 길목에 있는 자신의 주유소를 기필코 지나가게 될 것이라고 확신하고 있었다. 더구나 마태는 범인을 유인하기 위해 그리텔리와 닮은 어린 안네마리를 미끼로 이용하려는 생각을 가지고 있었다. 범인이 안네마리에게 접근하기를 기다린 지 몇 달이 흐른 어느 날, 마태는 안네마리가 숲속 빈터에서 놀다가 낯선 사람으로부터 고슴도치 모양의 초콜릿을 선물로 받았다는 것을 알게 된다. 마태는 옛 동료 경찰들에게 이런 사실을 알리고 지원을 요청한다. 그리고 매일 숲속 빈터에서 그가 다시 나타나기를 기다린다. 그러나 몇 주가 지나도 아무도 나타나지 않자 경찰은 감시를 중단한다. 단지 마태만이 이를 포기하지 않는다.

여기서 다시 틀 이야기가 시작된다. 화자인 작가는 취리히에서 식사를 함께하면서 지금까지 가엾은 마태한테 벌어진 사건의 전말(顚末)을 털어놓았던 경찰서장이 들려준 후속 이야기를 계속한다. 경찰서장은 여러 해가 지난 후 주유소를 찾아가 피폐해지고 망상에 빠진 마태를 본 적이 있다고 말하고, 바보짓에 말려들어 휘청거리는 마태의 예에서 보듯이 추리소설은 여러 가지 결말이 있을 수 있다고 지적한다. 그리고 이 사건의 범인은 우연히 밝혀지게 되었다고 말한다. 즉 경찰서장이 지난해 임종을 앞둔 한 여인의 요청을 받고 병원으로 찾아갔는데, 자신과 재혼한 젊은, 그러나 정신적으로 편협한 남편이 세 번이나 살인을 저질렀으며, 안네마리에 대한 살인 시도는 범행 현장에 도착하기 전 자동차 사고로 죽는 바람에 실패했다는 이야기를 털어놓았다는 것이다. 이후 경찰서장은 마태에게 이를 알리려고 했지만 그가 그사이 심한 알코올 중독 증세를 보여서 어떻게 할 수 없었다는 것이다.

뒤렌마트의 소설과 그것의 바탕이 된 바이다의 영화를 비교해보면 몇 가지 뚜렷한 차이점이 보인다.

첫째, 바이다의 영화에 없는 틀 이야기 구조가 소설에는 있다. 이런 틀 구조의 설정은 작가가 바이다 영화를 비판적으로 '들여다보기' 위한 성격이 강하다. 이는 경찰서장 H박사가 소설가에게 하는 다음과 같은 말에서 가장 잘 드러난다.

나는 당신의 사고 과정이 대충 이런 것이리라 상상할 수 있습니다.

하지만 내 이야기를 이런 식으로 변용하는 것은 무척 긍정적일뿐더러 용기를 북돋워주는 것이기 때문에 소설로든 영화로든 금세 뻔한 내용으로 등장하게 되리라는 것까지 미리 말씀드릴 수 있습니다. 하긴 선생이라면 대체로 내가 지금 얼핏 시도한 것과 비슷하게 이야기 전부를 끌어가실 수 있을 겁니다. 물론 훨씬 훌륭한 솜씨로. 선생이야말로 결국 그 방면에 전문가가 아닙니까. 그렇게 종결 부분에 가서야 진짜 살인자가 등장하고, 희망이 실현되며, 믿음이 승리하게 되는 것이죠(프리드리히 뒤렌마트, 2015: 186-187).

여기서 경찰서장은 자신이 마태와 함께 숲속에 잠복하여 범인을 기다렸으나 범인이 나타나지 않아 실패했다는 데까지 이야기를 마치고 그 이후 예측 가능한 결말의 변용 가능성을 언급한 것이다. 기존의 추리소설과 영화에 대한 비판적 성찰을 수행하는 셈이다.

둘째, 소설 내부 이야기의 결말이 영화와 다르다. 바이다의 영화에서 마태는 안네마리를 '미끼'로 이용하는 대신에 인형을 사용한다. 그리고 범인이 우연한 자동차 사고로 사망하는 결말을 만들지도 않는다.

셋째, 영화와 소설을 자세히 들여다보면 등장인물들의 성격 차이가 나타난다. 바이다의 영화에서 주인공 마태는 유머 감각을 지녀 사회적 접촉에 전혀 어려움이 없는 인물로 등장한다. 겉으로는 담배를 피우기 시작하면서 변화를 보이는 것 같지만 결국은 일관된 성격을 유지한다. 이에 비해 사회성은 없지만 유능한 경찰관이던 소설 속 마태는 그리틀리 사건을 맡으면서 변화를 보인다. 마태는 방문판매원을 린치에서 구하는가 하면 그리틀리 부모에게 범인을 꼭 잡겠다고 약속하는 등 자신의 "오래된 사회적 수동성"(Stefan Volk, 2004: 146)에서 벗어나려 한다. 특히 마태는 공항에서 순진한 아이들을 보고 이들을 더 이상 희생시키지 않기 위해 자기의 약속을 지킬 의무가 있다고 느낌으로써 "지금까지의 피상적인 합리적 삶에 도덕적 깊이를 부여"(Stefan Volk, 2004: 146)한다. 그러나 그의 이러한 태도 변화는 옛 직장동료들에게 인정받지 못하고 벽에 부딪힌다. 더구나 자신의 (천상의) 행복을 걸고 한 약속을 지키려다가 어린 안네마리를 치명적 위험에 노출하며, 결국 범인을 잡을 수 없게 되자 정신적으로 피폐한 인물이 되고 만다. 한편 경찰서장 H박사는 현대사회에 염세적인 생각을 품고 있으며, 자신을 위해 도덕적 사고를 유지하는 인물에 속한다(Stefan Volk, 2004: 146). 그는 살인사건을 인지했을 때도 일관되게 보수적이고 편한 해결책을 선택한다. 이 밖에 바이다의 영화에서 범인은 유령처럼 숨어 있지 않고 경찰과 대치하지만, 소설에서 범인은 끝까지 모습을 드러내지 않다가 틀 이야기에서 경찰서장의 입을 통해 비로소 밝혀지게 된다.

뒤렌마트 소설의 할리우드 수용: 펜 감독의 영화〈맹세〉

2001년 펜Sean Penn 감독은 뒤렌마트의 소설《약속Das Versprechen》(1958)을 〈맹세Pledge〉[31]라는 타이틀로 영화화했다. 먼저 이 영화의 스토리텔링을 살펴보자. 영화의 오프닝 시퀀스는 망연자실한, 무엇인가를 중얼중얼하면서 괴로워하는 제리Jerry의 모습을 클로즈업한다. 이어서 영

---

31) 우리나라에서는 〈서스펙트Suspect〉라는 타이틀로 2004년 말에 개봉되었다.

화는 타이틀 제시와 함께 제리의 이야기를 본격적으로 시작한다.

제리는 몇 시간 후 은퇴식을 앞둔 경찰관이다. 과거의 업적 사진과
수상 사진은 그가 유능한 경찰이었음을 알려준다. 그는 동료들의 축하
속에 마지막 파티를 하던 중 어린 소녀 지니Ginny가 숲속에서 죽은 채 발
견되었다는 것을 동료 경찰관 스탠Stan을 통해 알게 된다. 영화는 파티
장면과 사건 현장을 미리 크로스커팅 기법으로 보여주기 때문에 관객은
제리보다 앞서 이 사건을 접한다. 소설과 달리 영화는 숲속에서 소녀의
시체를 처음 발견한 사람을 방문판매원이 아니라 인디언 토비Toby로 설
정하며, 이를 경찰에 신고한 사람도 도망치듯 사라지는 토비가 아니라
스노모빌을 타고 현장을 지나던 소년으로 설정한다. 사건 현장을 둘러본
제리는 죽은 소녀의 부모에게 딸의 사망 소식을 알리고 범인을 꼭 잡겠
다고 약속한다. 소녀의 부모가 "아이가 손수 만든 십자가를 걸고 맹세할
수 있는가?"(21:27)라고 다시 묻자, "내 영혼의 구원을 걸고"(21:43) 맹세한
다고 말한다. 그리고 동료 경찰관들이 전과기록을 바탕으로 토비를 범인
으로 몰아가는 것을 지켜본다. 특히 스탠은 소설의 헨치Henzi처럼 죄의식
을 느끼지 않는다. 그러나 제리는 토비가 범인이라고 믿지 않는다. 토비
는 소설과 달리 목을 매지 않고 경찰서에서 심문을 받던 중 경찰관의 총
을 빼앗아 자살한다. 은퇴 후 멕시코로 낚시 여행을 떠나려던 제리는 공
항에서 사건 관련 TV 뉴스를 보고 생각을 바꾼다. 멕시코 여행을 취소
하고 재수사에 착수한 그는 지니의 할머니를 찾아가 실종되던 날의 사
정을 듣는가 하면, 지니가 다니던 학교를 찾아가 친구한테서 중요한 정
보를 얻는다. 지니가 "마법사"라 불렀던, 고슴도치 인형을 선물한 거인을
직접 그린 그림이 있다는 것이다. 제리는 스탠에게 부탁하여 유사 범죄

기록, 전과자 프로필 등의 정보를 얻어낸 후 참고인 조사에 나선다. 8년 전 유사 사건을 담당했던 지방 경찰과 3년 전 실종된 열 살 소녀의 아버지를 찾아간다. 그리하여 세 사건의 유사성을 찾아낸다. 세 사건 모두 빨간 옷을 입은 금발의 어린 소녀가 성폭행을 당하고 살해되었다는 것이다. 그리고 제리는 사건을 이미 종결시켜버린 경찰서장을 찾아가 지니가 그린 그림을 증거로 범인이 인디언 토비가 아니라고 주장하면서 경찰이 재수사하지 않으면 은퇴한 자신이 계속 수사하겠다는 의지를 보인다. 제리는 세 사건의 범행 현장과 가까운 곳에 있는 리조트로 잠시 낚시 휴가를 떠났다가 인근 주유소를 아예 매입하여 운영하면서 범인의 차량이 나타나기를 기다린다. 그리고 여성 심리학자를 찾아가 지니의 그림에 대한 분석을 부탁한다. 그러나 그녀는 그림에 대한 해석보다는 오히려 줄담배를 피우고 땀을 흘리며 망상에 빠지는 제리의 심리상태에 더 관심을 보인다. 더 이상 사건의 단서를 찾지 못한 채 시간을 흘러 보내던 제리는 남편과 헤어지고 여덟 살짜리 딸 크리시Chrissy를 키우면서 인근에서 레스토랑을 운영하던 로리Lori와 친해지고 그들과 함께 벼룩시장 구경에 나선다. 잠시 한눈을 파는 사이 크리시가 누군가로부터 고슴도치 인형을 선물받았다는 것을 알게 된 제리는 인형가게를 찾아가 주인의 아들에 대해 탐문하기도 한다. 그러던 어느 날 밤 로리가 전남편으로부터 심한 폭행을 당하고 나서 전직 경찰관인 자신을 믿고 찾아오자 그녀를 정성스럽게 치료해주고 딸과 함께 자기 주유소에 머물도록 한다. 이후 제리는 일을 하면서도 수상한 사람이 빨간 원피스를 입고 밖에서 혼자 놀고 있는 크리시에게 몰래 접근하는지를 예의주시한다. 또한 잠들기 전 동화책을 읽어줄 정도로 친해진 크리시에게는 "거인이 말을 걸면 나에게 즉시 알려라"(01:33:38)라고 말하고 그러겠다는 약속을 받아낸다. 낚시를 마치고 돌아온 어느 날 크리시가 초대를 받아 교회에 갔다는 얘기를 듣고, 이전에 크리시에게 교회 목사가 접근하는 것을 목격한 제리는 벽장에서 권총을 꺼내 들고 급히 교회로 향한다. 가는 도중 목사가 크리시를 성폭행한 후 살해하는 끔찍한 장면을 상상해보지만 교회에 도착해서는 예배 중인 목사를 발견하고 안도의 한숨을 쉰다. 그러던 어느 날 제리는 크리시가 잠들기 전에 이튿날 만나 고슴도치 초콜릿을 주기로 했다는 '마법사' 이야기를 들려주자, 다음날 이를 경찰에 알리고 크리시가 학교에서 돌아오는 길목의 숲속에 잠복하여 감시를 시작한다. 그러나 아무도 나타나지 않자 경찰은 철수해버리고 스탠은 제리에게 이전에 토비를 범인으로 확정했던 것을 상기시키면서 다시 사건의 종결을 선언한다. 그리고 경찰은 로리에게 제리가 20년 전에는 대단한 경찰이었으나 이제 알코올 중독자이자 촌뜨기 신세로 전락했으며, 범인을 잡기 위해 겨우 여덟 살 소녀인 크리시를 '미끼'로 활용했다고 말해준다. 그러자 로리는 분노하고 배신감을 느낀다. 이제 영화는 고슴도치 인형을 운전석 앞쪽에 매단 차량이 불에 타 잿더미가 돼버린 교통사고 현장을 보여주고 나서 영화의 오프닝 시퀀스처럼 몹시 괴로워하는, 심지어 정신이상 증세를 보이는 제리를 비추면서 끝난다.

이상에서 보듯이, 영화의 첫 번째로 중요한 차이는 소설의 틀 구조가 없다는 것이다. 그래서 영화에는 당연히 외부 이야기에 해당하는 추리소설 작가의 강연도, 경찰서장과 동행하는 취리히 여정도 있을 리 없다. 그 대신에 영화는 주인공 제리의 이야기를 내부에 담고 있다는 것을 암시해주는 방식으로 다른 형태의 틀 구조 형식을 취한다. 다시 말해 오프닝과 클로징 장면에서 클로즈업으로 제리의 괴로워하는 모습이 똑같

영화 〈맹세〉의 오프닝
장면

영화 〈맹세〉의 클로징
장면

이 반복되며 내부 이야기를 감싸고 있는 것처럼 제시한다. 그리고 오프
닝 장면에 클로즈업된 제리의 얼굴 주위를 날고 있는 까마귀들을 삽입
함으로써 앞으로 제리에게 일어날 사건의 불길한 징조를 암시한다. 내부
이야기에서는 제리가 친해진 로리, 크리시와 함께 잠시 호수로 피크닉을
갔을 때 다정한 이들의 모습에 까마귀가 날아가는 모습이 다시 한번 겹
쳐진다. 이 역시 이들 관계의 파국을 암시해주는 미장센으로 읽힌다.

두 번째 중요한 차이는 소설과 영화에서 다르게 나타나는 등장인물
들의 캐릭터다. 물론 이 차이는 소설과 영화를 자세히 읽고 보았을 때 분
명해진다. 우선 소설의 주인공 마태와 영화의 주인공 제리를 자세히 살
펴보자.

뒤렌마트의 소설에 나오는 인물들의 분석에서 살펴보았듯이, 사회
성은 부족하나 우수한 경찰관이던 마태는 이 사건을 경험하면서 태도의

변화를 보인다. 즉, 이 사건에 관여하지 않고 홀연히 여행을 떠나도 되지만 도덕적 의무감에 사로잡혀 소녀의 부모에게 살인자를 꼭 잡겠다고 약속한다. 그가 공항에서 천진난만한 아이들을 보고 더 이상의 희생을 막기 위해 비행기에 오르지 않는 것도 이 때문이다. 반면에 영화 속 주인 공 제리는 마태처럼 소녀의 부모에게 범인을 잡겠다고 약속하지만, 이 것은 태도의 변화에 따른 도덕적 의무감의 발현이라고 보기 어렵다. 오히려 지금까지 계속해서 내면화시켜온 명예욕과 직업적 의무감의 발동이라고 볼 수 있다. 제리가 휴가를 떠나려던 공항에서 천진난만한 아이들을 보고 돌아선 것이 아니라 TV 방송의 뉴스를 보고 돌아섰던 것도 이와 무관하지 않다. 은퇴함으로써 생기는 공허함을 받아들이기 어려웠던 것이다. 여하튼 마태는 자신의 "행복Seligkeit"을 걸고, 제리는 "내 영혼의 구원을 걸고on my soul's salvation" 범인을 잡겠다고 약속하며, 이를 지키기 위해 노력한다. 그러나 두 사람이 명목적으로 원했던 "영혼의 치유 Seelenheil"는 달성되지 못한다. 오히려 둘 다 "맹신주의Fanatismus"에 빠짐으로써 육체적·정신적으로 피폐해진다. 영화의 시작과 끝 시퀀스에서 (소설의 틀 구조를 대신하는 방식으로) 피폐해진 제리의 모습이 시각적으로 강조된다. 이 밖에 등장인물들 사이의 관계도 달리 설정된다. 소설과 달리 영화에서 제리와 크리시의 관계는 나중에 아빠와 딸의 관계로 발전하고, 제리와 로리의 관계도 소소한 행복을 추구하는 부부와 유사한 관계로 발전한다.

세 번째 중요한 차이는 장르, 시점 등 형식적 측면에서 드러난다. 우선 "추리소설에 부치는 진혼곡"이라는 부제는 이 소설이 기존의 범죄소설과는 다르다는 것을 암시한다. 전통적인 추리소설은 사건의 해결을 향해서 곧장 나아가는 플롯을 가지지만, 이 소설은 외견상 사건의 해결을 목표로 이야기를 끌고 가는 것처럼 보인다. 하지만 자세히 들여다보면 이야기가 사건에서 벗어나 그 사건을 담당한 수사관에게 점차 집중되고 있는 것을 알 수 있다. 다음 구절은 이에 대한 증거로 충분하다.

> 우리는 기다리고 또 기다렸습니다. 우리의 관심사는 근본적으로 그 소녀도 살인범도 아니었습니다. 우리에게 중요한 것은 바로 마태였어요. 그의 생각이 옳았음이 입증되고 그가 목표에 도달하는 것이 중요했단 말입니다. 안 그러면 큰 불행이 닥쳐올 테니까요. 우리 모두가 그것을 느끼고 있었습니다(프리드리히 뒤렌마트, 2015: 169).

이제 영화를 장르적 측면에서 살펴보자. 우선 이 영화는 어린 소녀가 살해된 사건의 범인을 찾는 수사 이야기로 시작하기 때문에 탐정영화로 기대할 수 있다. 하지만 수사관 제리를 자세히 살펴보면, 은퇴식을 몇 시간 앞둔 풍부한 수사 경력의 소유자임에도 불구하고 사건을 주도면밀하게 조사하는 모습을 보여주지 않는다. 더구나 죽은 소녀의 부모를 찾아가 자신의 "영혼의 구원을 걸고" 범인을 잡겠다고 약속하고 그 약속에 대한 도덕적 의무감에 사로잡힌다. 또한 사건의 해결방식도 고전 탐정영화가 지향하는 논리를 따르지 않는다. 즉, 연쇄 사건은 범인이 끝에 가서 "우연"에 의해 밝혀지는 것으로 종결되기 때문이다. 따라서 장르상 이 영화는 고전 탐정영화에서 많이 벗어나 있다.

그렇다면 할리우드 스릴러와의 관련성은 어떠한가? 이 영화의 전반부에 나오는 소녀의 시체 발견, 토비의 끔찍한 권총 자살 장면 등은 범죄 스릴러를 연상케 하지만 후반으로 갈수록 이야기 템포가 느슨해지면서 이에 대한 기대감도 무산된다.

다음으로 기타 형식적인 요소들의 차이점을 찾아보자. 소설의 외부 이야기에서는 추리소설 작가가 1인칭 화자 시점에서 경찰서장 H박사의 이야기를, 내부 이야기에서는 경찰서장 H박사가 1인칭 화자 시점에서 경찰관 마태의 이야기를 전하는 서술방식을 택한다. 그러나 영화는 틀 구조 형식의 1인칭 시점에서 상대의 대화를 재구성해서 서술하는 방식을 포기하고, 마태에 상응하는 인물인 제리의 이야기를 카메라 시점에서 직접 보여준다. 또한 영화는 소설의 공간적 배경을 1950년대 스위스 산간 마을에서 21세기 초 미국의 어느 시골 마을로 옮겨놓는다.

7.
캐스트너의 《에밀과 탐정들》과
할리우드 수용

캐스트너Erich Kästner(1899~1974)는 우리에게 독일 아동 및 청소년 문학 작가로 친숙하다. 드레스덴 출신으로 라이프치히 대학에서 역사, 철학, 문학 등을 공부했으며, 1927년부터 베를린에서 작가로 활동했다. 나치 시절에는 그의 작품들이 국가 이데올로기에 반한다는 이유로 불태워지는 등 박해를 받았다. 대표작으로는 《에밀과 탐정들Emil und die Detektive》(1929), 《핑크트헨과 안톤Pünktchen und Anton》(1931), 《하늘을 나는 교실Das fliegende Klassenzimmer》(1933), 《5월 35일Der 35. Mai》(1933), 《쌍둥이 로테Das doppelte Lottchen》(1949) 등이 있다.

1929년 발표된 캐스트너의 《에밀과 탐정들》은 범인을 찾는 탐정의 이야기이면서 사회비판적 내용을 포함하고 있는 아동 및 청소년 문학에 속한다. 그럼에도 불구하고 이 작품은 독일에서 1931년 람프레히트Gerhard Lamprecht, 1954년 슈테믈레Robert A. Stemmle, 2000년 부흐Franziska Buch 감독에 의해 영화화되어 매번 어린이 관객의 관심과 흥미를 불러일으켰다. 또한 할리우드의 월트디즈니사에 의해 1964년 동명의 타이틀로 영화화되기도 했다. 이처럼 캐스트너의《에밀과 탐정들》이 오락이나 판타지 장르가 아님에도 불구하고 독일과 미국에서 여러 차례 영화화되었다는 것은 매우 흥미롭다. 따라서 어떤 수용 메커니즘이 작동했는지 앞의 세 편의 경우는 상호텍스트적 관점에서, 그리고 마지막 디즈니 영화는 상호문화적 관점에서 고찰해보는 일은 매우 의미 있을 것이다.

캐스트너의《에밀과 탐정들》

고향인 소도시 노이슈타트Neustadt에서 어머니와 단둘이 사는 열두 살 에밀 티쉬바인Emil Tischbein은 베를린에 있는 외할머니 집을 방문하기로 한다. 미용사인 어머니는 에밀에게 140마르크의 돈을 외할머니에게 잘 전해드릴 것을 당부한다. 그런데 에밀은 베를린으로 가는 열차 안에서 그룬트아이스Grundeis라 불리는 수상한 남자한테 그 돈을 도둑맞는다. 베를린 동물원역에서 내린 에밀은 경찰에 알리면 얼마 전에 친구들과 장난삼아 저지른 비행이 들통 날까 봐 신고하지 못하고 혼자서 도둑을 추격한다. 이때 경적을 가지고 탐정놀이를 하던 구스타프Gustav가 친구들을 모아 지원에 나선다. 그들은 베를린 시내로 잠입한 그룬트아이스를 미행하고 감시한다. 에밀은 외할머니 집에 전갈을 보내 사촌 포니Pony를 합류시킨다. 쫓기는 신세가 된 그룬트아이스는 훔친 돈을 교환하기 위해 은행으로 들어가고, 이를 알게 된 어린이 탐정들은 그를 붙잡아 경찰에 넘긴다. 경찰 조사에서 도둑의 가짜 이름들(뮐러, 키스링 등)이 밝혀지고, 그가 소지하고 있던 지폐가 에밀의 것으로 확인된다. 에밀이 돈을 재킷 주머니에 핀으로 고정해놓았는데 그 자국이 증거가 된 것이다. 그리고 계속된 조사에서 그룬트아이스는 수배 중인 은행도둑이었음이 밝혀지고, 에밀은 1천 마르크의 보상금을 받게 된다.

이처럼 캐스트너의 소설은 1인칭 화자가 에밀에 관해 들려주는 이야기로 구성된다. 공간적 배경은 1930년대 대도시 베를린이다. 그런데 문제는 이곳에서 어린이들에 대한 공적 보호 시스템이 제대로 작동하지 않는다는 점이다. 캐스트너는 바로 이곳을 배경으로 은행강도를 붙잡는 시골 출신 에밀을 등장시켜 도덕성에 민감하면서도 용감한 어린이 상(像)을 정립하려는 의도를 내비친다. 캐스트너가 1930년 UFA에 저작권을 넘기면서 에밀을 가능하면 문학작품처럼 도덕적 결함이 없는 어린이로 묘사하기를 희망했다는 사실은 이를 잘 입증해준다(Sabine Franke, 2006: 130).

람프레히트의 〈에밀과 탐정들〉

람프레히트의 영화는 캐스트너의 문학에 많이 기대고 있다. 1931년 UFA에서 흑백영화로 제작된 이 영화의 시나리오는 나치 정권이 들어서자 파리를 거쳐 미국으로 망명한 빌리 와일더Billy Wilder가 썼다.

영화는 우선 시골도시 노이슈타트에 사는 에밀이 친구들과 카를 대제의 동상에 모자를 씌우고 콧수염을 붙여 동네 경찰을 우롱하고 도망

람프레히트의 영화
〈에밀과 탐정들〉의 한 장면

가는 시퀀스를 보여준다. 이 장면은 문학작품과 영화에서 비슷하게 묘사되어 있으나 서로 다르게 기능하고 있음에 주목할 필요가 있다. 캐스트너의 경우 에밀의 이런 과거 행적은 앞으로의 도덕적 행위를 위한 밑거름으로 작용한다. 에밀은 베를린행 기차에서 잠깐 졸았을 때 꿈속에서 예쉬케 경사에게 자신이 동상에 낙서했던 일을 실토하며, 베를린 시내 전차에서는 검표원에게 돈을 잃어버려 표를 살 수 없었음을 솔직하게 고백하기 때문이다. 반면에 람프레히트의 영화에서는 이런 에밀의 과거 행적은 앞으로 베를린에서 탐정 역할을 수행하기 위한 연습처럼 보인다. 왜냐하면 에밀은 베를린에서 도둑을 추적하는 중에 시내 전차의 검표원을 민첩하게 따돌리고 무임승차를 하는가 하면, 호텔에 투숙한 범인의 객실로 잠입하여 그의 지갑을 훔쳐 나오는 등 도둑을 잡기 위해 도둑이 되는 역할을 능숙하게 수행하기 때문이다. 이처럼 람프레히트 영화의 에밀은 도둑이 가진 돈을 훔치면 그 사람도 도둑이 된다는 생각 때문에 범인의 객실로 몰래 들어가 지갑을 훔치지 않는 문학작품의 에밀과 사뭇 다른 모습을 보인다. 물론 영화도 결말 부분에서는 에밀의 도덕적 책임을 환기시킨다. 즉, 경찰은 에밀이 은행강도를 잡아 1천 DM의 보상금을 받는 유명인사가 되었으나 그것으로 일전에 카를 대제의 동상을 모독한 죄를 무마할 수 없다고 하면서 10페니히의 벌금을 부과하기 때문이다. 하지만 이런 설정은 문학작품에서 에밀이 자발적으로 도덕적 의식을 표출하는 것과는 근본적인 차이를 보인다.

요컨대 람프레히트의 영화는 어린이 관객에게 재미를 더해주기 위해 원작의 변형을 시도한다. 그리하여 원작이 중요하게 제기했던 도덕성 문제를 (캐스트너가 염려했던 대로) 희석시킨다. 이런 맥락에서 보면, 도둑을 쫓는 와중에, 그리고 대대적인 환영식 자리에서 여자 친구 포니의 애정을 독점하기 위해 에밀과 구스타프가 싸우는 멜로드라마적인 서브플롯은 애교스럽기까지 하다. 그럼에도 불구하고 이 영화가 주는 미덕이 있다면, 물질이 정신을 압도하는 1930년대 베를린이라는 거대도시 공간을 배경으로 당시 어린이들이 안고 있는 문제가 무엇이었는가를 비판적으로 성찰할 수 있게 한 세심한 배려가 아닐까 싶다.

슈테믈레의 〈에밀과 탐정들〉

1954년 슈테믈레의 영화는 람프레히트의 영화에 비하면 캐스트너의 원작에서 더 벗어난다. 이 영화의 주된 시공간적 배경은 1930년대가 아니라 1950년대 베를린이다. 이 영화에서 에밀은 카를 대제의 동상에 콧수염을 붙이는 대신에 친구들의 패거리에 끼려는 담력 테스트의 일환으로 수족관에 잡혀 있는 물개를 몰래 바다로 내보내는 일을 함께 수행한다. 이때 길가에 놓여 있는 수레를 허락 없이 무단으로 사용하기도 한

슈테믈레의 〈에밀과 탐정들〉 포스터

다. 그러나 에밀이 그러한 비행에 가담했는지 아무도 알지 못하며, 학교
에서는 성적이 좋아 상까지 받는다. 그리고 에밀은 미용사인 엄마의 심
부름으로 베를린에 사는 외할머니 집에 가다가 기차에서 140마르크를
도둑맞는다. 범인 추적에 나선 에밀은 베를린 시내에서 전차 검표원을
재치 있게 따돌리고 무임승차를 하는가 하면, 거리에서 만난 구스타프에
게 범인의 호텔방에서 지갑을 몰래 훔쳐 나오게 한다. 마침내 자신이 붙
잡은 도둑이 은행절도범으로 밝혀지자 에밀은 1천 마르크의 포상금을
받고 어머니와 함께 매년 베를린에서 열리는 경찰 스포츠 축제에 초대
된다.

이처럼 슈테플레의 영화는 람프레히트의 영화에 비해 캐스트너의 원작을 더 많이 변형했고, 도둑을 잡은 영웅적인 행위와 그에 대한 보상을 강조했다는 점에서 차이를 드러낸다.

부흐의 〈에밀과 탐정들〉

주인공 에밀은 노이슈타트가 아니라 오스트제Ostsee 인근에 있는 슈트라이글리츠Streiglitz에서 실업자인 아버지와 단둘이 살고 있다. 어느 날 아버지가 새 일자리를 얻게 되자 흥분한 나머지 교통사고를 내서 병원에 입원하고 운전면허증을 3개월 동안 취소당할 처지에 놓인다. 이때 수학교사 훔멜Hummel이 베를린에서 목사로 일하는 자신의 여동생 집에 잠시 머물다 올 것을 제안한다. 에밀은 아버지가 새로 얻은 일자리를 잃지 않도록 위조 운전면허증을 만들어 올 생각으로 이를 받아들인다. 대도시 베를린에서는 모두 것이 가능하다고 들었기 때문이다. 에밀은 1,500마르크를 가지고 외할머니가 아니라 수학교사의 여동생 훔멜 부인한테로 떠난다. 기차에서 에밀은 그룬트아이스라고 불리는 낯선 남자에게 베를린에 가는 이유를 말해버린다. 그러자 그는 전화로 운전면허증 위조범과의 약속을 주선해주고 에밀이 잠든 사이에 재킷 바깥 주머니에 넣어두었던 돈을 훔쳐 달아난다. 정신을 차린 에밀은 이를 알고 베를린 동물원역에 내려 그를 추격한다. 그리고 아무런 양심의 가책도 없이 전차를 무임승차한다. 그리고 레스토랑에 들어간 그룬트아이스를 주방 창문으로 감시하다가 음식을 훔쳐 먹는다. 에밀은 이를 지켜본 포니에게 (이 영화에

부흐의 〈에밀과 탐정들〉 포스터

서 구스타프는 홈멜 부인의 아들로 나온다) 제압당하는데, 자신의 상황을 설명해주
자 포니는 경찰에 신고할 것을 제안한다. 하지만 에밀은 예전의 비행 때
문에 용기를 내지 못한다. 포니는 휘파람으로 친구들을 모으고, 홈멜 부
인에게는 가짜 에밀을 보내 안심시킨다. 에밀은 포니의 도움으로 호텔
에 투숙한 그룬트아이스가 다른 손님들 방에서 훔친 귀중품이 든 가방
을 몰래 들고 나온다. 그리고 에밀과 포니는 운전면허증 위조범들을 만
나 귀중품을 보여주면서 거래를 시도한다. 그러자 귀중품을 차지하려는
위조범들과 뒤따라온 도둑 그룬트아이스, 에밀과 포니 사이에 추격전이
벌어지고 포니가 납치된다. 에밀과 탐정들은 귀중품 가방을 건네는 조건
으로 포니를 데려온 다음에 모여든 수많은 아이들과 함께 그룬트아이스
의 추격에 나선다. 그리고 홈멜 부인이 설교 중인 교회로 도망간 그를 붙

부흐의 영화
〈에밀과 탐정들〉의 한 장면

잡아 경찰에 넘긴다. 에밀은 다이아몬드를 도난당한 미국인이 내놓은 포상금 5천 마르크를 받고, 아버지는 새 일자리를 얻게 된다. 그리고 영화는 아버지와 에밀이 행복한 가정을 새로 꾸리게 될 것임을 암시하면서 끝난다.

이처럼 부흐의 영화에서 에밀은 성적은 우수하나 헌옷 수집함에서 신발을 훔치고 저금통에서 몰래 돈을 꺼내고 무임승차를 하면서도 크게 죄의식을 느끼지 않는, 상황 논리에 강한 소년으로 묘사된다. 이 영화는 도덕적인 주제와 관련해서 람프레히트나 슈테믈레의 영화와 비교하면, 캐스트너의 원작으로부터 가장 멀리 떨어져 있다. 오락과 멜로, 그리고 도덕 사이에 이 영화를 위치시킨다면, 오락과 멜로 쪽에 좀 더 가까이 위치시킬 수 있을 것이다.

요컨대 캐스트너의 원작과 시대를 달리해서 제작된 세 편의 영화는 에밀의 도덕성을 각기 달리 묘사함으로써 시대에 따라 도덕적 기준이 다를 수 있는 것인지, 혹은 목적이 옳으면 비도덕적 수단도 정당화될 수 있는지에 대한 성찰을 유도한다. 이 외에도 1920년대 말 캐스트너의 작품에서 발견할 수 있는 문제들, 즉 고정된 성 역할을 강조하는 사회질서,

어린이들의 유희 욕망, 도시와 시골의 빈부 격차, 약자 보호를 위한 사회 안전장치의 미비, 유아적인 연대 의식, 어린이들의 우정과 사랑 등이 문학작품과 영화들에서 각기 얼마나 다른 무게를 지니는지를 살펴보는 일은 매우 유의미할 것이다.

트윅스버리의 〈에밀과 탐정들〉

월트디즈니사에서 만든, 트윅스버리 감독의 영화 〈에밀과 탐정들〉(1964)은 캐스트너의 《에밀과 탐정들》을 독일 사회라는 콘텍스트가 아니라 자본주의의 최첨단을 달리는 미국 사회라는 콘텍스트에서 수용한 예다.

주인공 에밀은 버스를 타고 베를린으로 어머니의 심부름을 간다. 중간에 수녀들이 버스에 오르자 그룬트아이스는 이 기회를 놓치지 않고 에밀과 합석하게 된다. 그는 코믹한 행동으로 에밀의 집중력을 흐려 에밀이 잠들자 재킷 속 돈 봉투를 훔친다. 잠에서 깨어난 에밀은 자신의 돈 봉투가 없어진 것을 알아차리고 그룬트아이스를 뒤따라 내려 그를 미행한다. 교통경찰관에게 도움을 요청해보지만 러시아워라는 핑계로 외면당한다. 이때 베를린 동물원역 근처에서 가이드 서비스를 하는 어린이 사설탐정 구스타프가 지원을 자청한다. 둘은 그룬트아이스가 버린 메모 쪽지에서 도둑 일당들이 접선하기로 한 장소를 알아내고 구스타프의 친구들을 불러 모은 뒤 작전회의를 한다. 접선 장소인 호텔을 감시하

던 에밀과 탐정들은 그룬트아이스가 지도를 가지고 범행 장소를 답사한 후 건물 폐허더미 속으로 사라지는 것을 목격한다. 그곳으로 쫓아간 탐정들은 경찰까지 대동하여 수색하지만 사라진 흔적을 찾지 못하고 집으로 돌아간다. 에밀과 구스타프만이 포기하지 않고 밤을 새며 그곳을 지킨다. 다음날 에밀은 두 명의 절도범, 뮐러와 그의 두목이 폐허더미의 틈으로 들어가는 것을 보고 혼자 따라 들어가 이들을 미행하다가 들켜 인질로 포박된다. 밖에서는 에밀의 실종 사실을 경찰에 알리고 구스타프와 친구들이 수색에 나서는 동안 동굴 속에서는 절도범들이 은행금고로 이어지는 지하 갱도를 파기 시작한다. 지하 갱도가 어느 정도 완성되자 에밀을 총으로 위협해서 은행금고에서 돈 주머니를 꺼내게 한다. 그러나 돈을 갖고 도망치던 세 명의 은행절도범은 비밀통로 입구에서 지키고

트익스버리 감독의 영화
〈에밀과 탐정들〉의 한 장면

있던 경찰과 탐정들에 의해 체포된다.

　이처럼 트익스버리 감독의 〈에밀과 탐정들〉은 할리우드가 선호했던 갱스터 장르의 입맛에 맞게 제작되었다. 결국 캐스트너의 원작과 그것을 수용한 독일 영화 세 편에서 제기할 수 있었던 (물론 경중의 차이는 있지만) 도덕, 성차별적 사회질서, 어린이들의 유희 욕망, 시골과 도시의 격차, 노약자를 위한 사회 안전장치의 미비, 어린이들의 연대 의식 등의 문제는 여기서 전혀 찾아볼 수 없고 은행절도범들과 그들을 붙잡기 위해 고군분투하는 에밀과 탐정들의 긴장감만이 남아 있을 뿐이다. 말하자면 캐스트너의 소설이 할리우드 범죄영화의 맥락 속으로 깊숙이 들어온 셈이다.

8.
카프카《소송》의 영화화: 오손 웰스의 〈심판〉

오손 웰스와《소송》의 '영화화'

카프카는 일찍부터 많은 작품이 영화화된 작가 중의 한 사람이
다. 메츨러 출판사의 《문학작품의 영화화 사전》에 따르면, 《소송Der
Prozess》(1925)[32]이 1962년 할리우드 영화감독 오손 웰스Orson Welles에
의해 〈심판Trial〉이라는 타이틀로 영화화된 이래 《성Das Schloss》(1926)이
1968년 루돌프 뇔테Rudolf Noelte에 의해, 《변신Die Verwandlung》(1916)이
1975년 얀 네멕Jan Němec 감독에 의해 동명의 타이틀로 영화화되는 등
11편의 영화[33]가 제작되었다(Metzler: 99-100). 이처럼 지금까지 카프카의

---

32) 카프카가《소송》을 쓴 것은 1914년이지만, 친구 막스 브로트Max Brod가 발표한 것은 1925년
이다.

33) 이 중에서《소송》이 두 번, 《성》이 세 번이나 영화화되었다. 《소송》은 1999년 미하엘 무쉬너
감독에 의해 〈길의 끝에서Am Ende des Ganges〉라는 타이틀로 출시되었다. 그리고 《성》은
1968년 루돌프 뇔테와 막시밀리안 쉘Maximilian Schell 감독에 의해, 1997년에는 미하엘 하네

문학에 대한 영화 매체의 관심은 매우 컸다고 할 수 있다. 그러나 카프카 텍스트의 난해함을 생각해볼 때, 이것은 의외의 결과다.

바그너Benno Wagner에 따르면, 카프카의 작품은 영화로 전환할 때 다음의 두 가지 이유에서 어려움에 봉착한다. 첫째, 카프카의 소설들은 완결된 이야기 단위들로 구성되어 있지 않다. 소설 《소송》과 《성》도 미완의 작품으로 남겨졌는데, 카프카 사후 막스 브로트Max Brod에 의해 비로소 문학으로서의 체계를 갖추게 된 것으로 널리 알려져 있다. 둘째, 카프카 텍스트들은 명료한 해명을 허용하지 않는다. 카프카의 작품들은 열려 있으며, 다의적인 텍스트가 제공하는 불명료한 이미지들로 가득하다(Wagner, 2005: 147).

마찬가지로 카프카의 《소송》도 난해한 작품임에 틀림없다. 하지만 미국 위스콘신주 출신의 오손 웰스는 1962년 이 작품을 성공적으로 영화화했다. 영화감독으로서 오손 웰스의 역량은 혁신적인 촬영기법을 도입한 〈시민 케인Citizen Kane〉(1941)[34]을 통해 이미 입증된 바 있다. 이 영화는 1998년 '미국영화연구소'에 의해 역대 최고의 필름으로 선정될 정도로 좋은 평가를 받았다. 이 밖에도 오손 웰스는 〈맥베스Macbeth〉(1948), 〈제3의 사나이The Third Man〉(1949), 〈오델로The Tragedy of Othello〉(1952), '필름

케Michael Haneke 감독에 의해 TV영화로 제작되었다. 전자의 경우 직접적인 인용은 거의 하지 않고 소설의 많은 부분을 축약하거나 생략함으로써 원작에 대한 적극적인 해석을 추구한다. 반면에 후자는 원작에 충실한 재현을 목표로 하고 있다.

34) 할리우드 메이저 영화사 중의 하나인 RKO에서 제작된 이 흑백영화는 개봉 당시 일반 관객에게는 어려운 영화로 인식되었기 때문에 15만 달러의 손실을 안겨주었으나, 아카데미상 9개 부분에 노미네이트되는 등 평론가들로부터는 호평을 받았다. 특히 프랑수아 트뤼포, 앙드레 바쟁 등 프랑스 영화평론가들에 의해 극찬을 받았다. 바쟁은 〈시민 케인〉의 등장과 함께 영화의 새로운 시대가 열렸음을 선포하면서 이 영화에 나타난 공간적인 깊이감과 플랑 세캉스에 주목했다(홍성남 외, 《오손 웰스》, 한나래, 2001, 28–41쪽 참조).

느와르 '에 속하는 〈악의 손길Touch of Evil〉(1958)[35] 등을 발표했다. 오손 웰
스는 한 프랑스 영화잡지와의 인터뷰에서 카프카의 《소송》을 영화로 만
들게 된 것은 우연이었다고 말한다. 그는 1948년 미국을 떠나 유럽에 머
무르는 동안 재정적 어려움에 봉착했는데, 그때 마침 프랑스가 재정적
지원을 제안했고 15개의 영화 프로젝트 리스트 중에서 우연히 카프카
의 《소송》을 선택했다는 것이다(Johannes Diekhans, 2004: 282). 여하튼 오손 웰
스는 할리우드 영화문법을 탈피하여 늘 새로운 영화 스타일을 추구해왔
기에 카프카의 난해한 글쓰기 방식을 영상 매체로 옮길 수 있었던 감독
으로 평가된다. 부흐카Buchka도 "웰스의 도전적인 태도는 그가 20세기의
가장 수수께끼 같은 텍스트의 하나를 위해 명료한 이미지를 찾으려 했
다는 데 있다"(Wagner, 2005: 150)고 지적한 바 있다.

오손 웰스 이후에는 영국 출신의 영화감독이자 연극 연출가였던 데
이비드 존스David Hugh Jones가 1993년 카프카의 《소송》을 다시 영화화하
려고 시도했다. 영어 타이틀은 역시 〈심판The Trial〉으로 붙여졌다. 데이비
드 존스는 이 영화에서 주인공의 내면세계를 반영하는 카메라의 시점은
절제하고, 카메라의 객관적 시점을 유지하며 K의 일상을 보여준다. 그러
나 그는 카프카의 다의적 텍스트를 반영하는 데는 실패했다.

---

35) 이 영화는 오손 웰스가 〈맥베스〉(1948) 이후 10년 만에 할리우드 스튜디오에서 만든 영화로
리네이커라는 건설업자가 자동차에 장착된 다이너마이트가 터져 사망하자, 미국 수사관과
매력적인 이국 여인과 신혼여행 중이던 멕시코 수사관이 개입한다는 내용이다. 제임스 네어
모어는 〈악의 손길〉이 1940년대 할리우드에 융성했던 범죄스릴러를 마감하고 새로운 필름
느와르 시대를 예고했다고 지적했다(홍성남 외, 《오손 웰스》, 한나래, 2001, 52-67쪽 참조).

카프카의 《소송》

카프카의 《소송》은 인과성이 높지 않은 10개의 장으로 구성되어 있다. 각 장의 내용을 요약하면 다음과 같다.

주인공 요제프 K는 은행의 업무주임으로 일해왔는데, 서른 번째 생일날 아침 법원 직원들에 의해 이유 없이 체포된다. 그러나 신체가 구금된 것은 아니어서 K의 행동은 자유롭다. 뷔어스트너 양이 사는 옆방에서 진행된 간단한 심문에서 그들은 K가 체포되었으나 은행원으로 계속 일할 수 있다고 말한다. 은행 업무를 마치고 귀가한 K는 뷔어스트너 양에게 방을 허락 없이 사용한 것을 사과하러 갔다가 목마른 짐승처럼 얼굴에 키스를 퍼붓는다(1장).

K는 일요일에 첫 심리가 열린다는 전화 통지를 받고 지정된 장소로 간다. 시간을 알려주지 않아 9시에 도착하기 위해 서둘렀지만, 많은 세입자들이 사는 복잡한 구조의 건물을 뒤지느라 10시에야 가까스로 5층 법정을 발견하게 된다. 입구에서 세탁하는 여자의 안내에 따라 사람들로 가득 찬 홀 안으로 들어가자 예심판사가 페인트공이냐고 묻는다. 그러자 K는 이것을 꼬투리 잡아 체포의 부당성과 법원 직원들의 부정행위를 폭로한다. 그리고 예심판사와 배후 조직이 무고한 사람들을 체포하고 아무 소용도 없는 소송절차를 진행하고 있다고 강하게 비판한 뒤 그곳을 재빨리 빠져나온다(2장).

K는 기다리던 출두 통지가 새로 도착하지 않자 일요일에 다시 이전의 법정으로 찾아간다. 거기서 그는 자신을 정리(廷吏)의 아내라고 밝힌,

이전에 보았던 세탁하는 여자를 만난다. 그 여자는 K를 텅 빈 법정으로 끌고 가 예심판사의 책상 위에 놓여 있던 법전을 보여주는데, 그 속에서 포르노 그림이 나온다. 더구나 그 여자는 K에게 몸을 맡기며 육체적인 접근을 시도한다. 그때 그 여자를 좋아하는 법대생이 나타나 그녀를 가로챈 다음, 좁은 계단 통로를 통해 다락방에 있는 예심판사에게 데려간다. 뒤에 남은 K를 발견한 정리는 그를 다락으로 데려가 사무실을 보여준다. 거기서 K는 무작정 소송을 기다리고 있는 피고인들을 만난다. 그리고 협소한 환경과 숨 막히는 공기 때문에 점점 더 심한 현기증을 느낀다. 마침내 K는 법원 안내원의 도움을 받아 밖으로 빠져나온다(3장).

K는 뷔어스트너 양에게 귀찮게 했던 행위를 사과하려 하지만 그녀를 만나지 못한다. 어느 날 아침 그는 뷔어스트너 양의 친구인 몬탁 양이 그녀의 방으로 이사하는 것을 알게 된다. 그루바흐 부인은 뷔어스트너 양에 대해 험담했던 것을 K에게 사과하려 하지만, K는 옆방의 이사에 대해서만 관심을 갖는다(4장).

K는 은행 사무실을 나오다가 창고에서 나오는 비명을 듣는다. K는 예전에 체포되었을 당시 감시인 프란츠와 빌렘의 행동에 대해 예심판사에게 불만을 제기했기 때문에 그들이 창고에서 무릎을 꿇고 제3자에게 두들겨 맞고 있는 것을 발견한다. 두 사람은 자신들이 얻어맞는 것에는 K의 책임이 있다고 보고 그에게 도움을 청한다. 그래서 K는 중지하도록 제3자를 매수하려 하지만 실패하고 만다(5장).

K의 삼촌 알베르트는 조카의 소송에 대한 소식을 듣고 그를 만나 소송을 도와주기 위해 서둘러 도시로 온다. 그들은 알베르트의 동창인 변호사 훌트를 찾아간다. 훌트는 K의 사건을 맡지만 곧바로 관심을 두지 않는다. 더구나 훌트의 비서 레니가 K를 유혹한다. 알베르트는 K가 소송

에는 관심이 없고 여자들에게 휘둘린다고 비난한다(6장).

K는 변호사 훌트의 업무처리가 마음에 들지 않자 스스로 자신의 변호를 맡기로 한다. K의 소송에 대해 알고 있는 은행 고객이 그에게 법에 해박하고 유용한 정보를 쥐고 있는 화가 티토렐리를 추천한다. 어떤 기회라도 붙잡기를 원하는 K는 티토렐리의 아틀리에로 간다. 화가는 K에게 유죄냐 무죄냐에 상관없이 실제적인 무죄는 불가능하다며, 두 가지 다른 가능성, 즉 형식적인 무죄와 지연작전이 있으니 그중에서 하나를 선택하라고 요구한다. K는 상담료를 지급하는 대신에 세 점의 그림을 사서 뒷문을 통해 건물을 빠져나온다(7장).

K는 직접 계약을 해지하기 위해 담당 변호사 방으로 간다. 레니가 변호사의 건강을 돌보는 동안 K는 거기서 만난 다른 의뢰인 블로크와 대화를 나눈다. 블로크는 5년 넘게 소송 중에 있고, 주임 변호사 외에도 5명의 다른 변호사들에게도 사건을 의뢰했다고 말한다. 변호사 훌트는 K의 계약 해지 의사를 전해들은 후 의뢰인 블로크가 "변호사의 개"처럼 무릎을 꿇는 모습을 보여준다. 변호사 훌트는 판사와 나눈 대화를 언급하면서 블로크의 소송이 아직도 시작되지 않았다고 실토한다(8장).

K는 은행지점장으로부터 이탈리아인 고객에게 돔(대성당)을 안내해주라는 지시를 받는다. 그러나 이자가 약속 장소에 나타나지 않자 혼자서 돔 안으로 들어간다. 거기서 그는 자신을 교도소 신부라고 소개한 성직자를 만난다. 그는 K의 소송이 불리한 상황에 있음을 알려주고, '법 앞에서'라는 우화를 들려준다. 한 시골 남자가 법 안으로 들어가려다가 문지기에 의해 거부당하자 입장이 허용될 때까지 기다리기로 한다. 그는 애원하기도 하고 뇌물로 매수하려고도 한다. 심지어 문지기의 털외투 깃에 벼룩이 있는 것을 알아챌 정도로 가까워지지만, 시간이 지날수록 기

력이 없어진다. 죽기 전 마지막으로 그 남자는 "모든 사람이 법을 열망하고 있습니다. 그런데 그 오랜 세월 동안 나밖에는 아무도 안으로 들여보내 달라고 애원하는 사람이 없는 것은 무슨 까닭이죠?"(카프카, 2017: 268)라고 묻는다. 그러자 문지기는 "이 문은 당신만을 위한 것으로 정해져 있었기 때문에 다른 사람은 들어갈 수 없었어. 이젠 문을 닫아야지"(카프카, 2017: 268)라고 큰소리로 외친다. 이 이야기를 듣고 난 K는 교도소 신부와 우화의 의미에 대해 토론한다. 하지만 그 이야기가 자신의 상황을 비유적으로 암시하고 있음을 인식하지 못한다(9장).

K는 서른한 번째 생일 전날 저녁, 검은 옷을 입은 두 남자에 의해 자기 집에서 강제로 끌려나간다. K는 도시 밖 채석장에서 아무런 저항도 해보지 못하고 그들의 칼에 심장을 찔린다(10장).

카프카의 《소송》은 지금까지 자서전적 · 종교적 · 실존주의적 · 유물론적 · 정신분석학적 · 포스트모더니즘적 관점 등 다양한 관점에서 해석되어왔다. 그렇다면 오손 웰스 감독은 자신의 영화를 통해 어떤 해석을 시도했을까? 그가 주도면밀하게 시도한 서사 형식과 공간 구성을 중심으로 살펴보자.

오손 웰스의 〈심판〉: 서사 형식과 공간 구성의 차이

오손 웰스의 영화는 카프카가 소설을 발표한 지 거의 50년이 지나서 만들어졌다. 영화는 먼저 서사 형식에서 소설과 차이를 보인다.

첫째, 소설 9장에 나오는 우화 '법 앞에서'가 영화에서는 프롤로그에서 먼저 등장한다. 여기서 내레이터는 보이스오버 기법으로 우화 '법 앞에서'의 주요 장면들을 슬라이드쇼 형식으로 시각화하는 가운데 내용을 요약한다. 그리고 "이것이 《소송》이 말하려는 이야기다. 이야기의 논리는 꿈의 논리, 아니 악몽의 논리다"라는 코멘트와 함께 프롤로그를 끝낸다.[36] 이어서 카메라는 잠자는 K의 얼굴을 클로즈업으로 흐리게 잡은 다음 차차 선명하게 하는 기법으로 내부 이야기로 넘어간다. 내부 이야기에서 우화 이야기가 다시 한번 등장한다. 소설의 9장에서는 K가 돔에서 만난 성직자가 우화 이야기를 해주지만, 영화에서는 변호사 해슬러가 환등기의 슬라이드를 이용하여 법원에 반항하는 K에게 이 우화를 들려준다. 그리고 종결 시퀀스에서 내레이터가 다시 등장하여 "이 영화 〈소송〉은 카프카의 소설에 기반을 둔다. (…) 나는 변호사 역을 연기했고, 시

영화 〈심판〉의
프롤로그 중 한 장면

---

36) 내레이터의 이러한 코멘트는 두 가지 해석 가능성을 열어놓는다. 하나는 틀 내부의 전체 이야기를 K의 꿈으로 보는 것이고, 다른 하나는 프롤로그 자체를 K의 꿈으로 보는 것이다. 후자의 경우는 돔에서 K가 변호사 해슬러에게 "그 모든 것을 나는 이미 들었소"라고 말한 것이 근거가 된다(Michael Staiger, 2011: 80).

나리오를 썼으며, 감독했다. 내 이름은 오손 웰스"라고 밝힌다. 영화의 처음과 끝에 나오는 내레이터가 다름 아닌 변호사 해슬러 역을 맡았던 오손 웰스 감독 자신임을 밝힌 것이다.[37] 그리고 영화는 맨 마지막 두 숏을 해슬러가 돔에서 보여주었던 환등기와 문지기가 거의 닫아버린 문을 보여주는 숏으로 장식한다. 이로써 '법 앞에서'라는 우화가 내부 이야기를 감싸는 형식을 취한다. 이처럼 영화는 소설과는 다른 서사 형식을 취함으로써 내부 이야기를 외부에서 조망하게 하는 전략을 펴고 있다. 다시 말해 이것은 영화의 주제를 함축적으로 제시하기 위한 감독의 전략에 다름 아니다.

둘째, 스토리 전개의 세부적인 차이들이 드러난다. 영화에서는 소설의 4장(뷔어스트너 양의 친구)에 해당하는 장면이 소설의 1장에 해당하는 장면 다음에 이어지는가 하면, 텅 빈 법정에서 세탁하는 여자를 만나는 장면과 재판소 사무국을 방문하는 장면은 6장(레니)에 해당하는 장면 다음에 나온다. 또한 변호사의 해고도 화가 티토렐리의 방문에 앞서 일어난다. 그뿐만 아니라 돔 장면에서는 성직자가 아니라 변호사가 '법 앞에서'라는 우화를 이야기한다. 그 때문에 변호사의 위상이 소설보다 높아진다. 위협적인 권위자의 역할에서 현명한 충고자의 역할로 바뀐 것이다. 이 밖에도 미세한 차이는 여러 곳에서 발견할 수 있다. 예를 들어 소설처럼 K가 뷔어스트너 양에게 일방적으로 키스를 퍼붓지 않는다.

셋째, 영화는 K의 처형 장면을 묘사한 소설의 결말을 다르게 제시한다. 소설의 K는 저항 없이 처형되나 영화에서는 죽기 전에 사형집행인들에게 말을 건다. 그들이 K를 찌르지 못하고 망설이자 K는 "너희들, 너

---

37) 영화감독 오손 웰스는 자신의 영화에서 자주 배우로 출연했다. 예를 들어 〈시민 케인〉(1941)에서는 주인공 케인Charles Foster Kane 역을 맡아 열연했다.

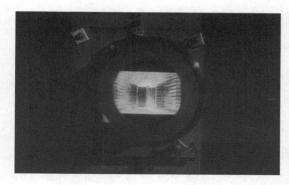

영화 〈심판〉의 마지막 두 번째 숏

영화 〈심판〉의 마지막 숏

희들이 해야지!"라고 소리를 지른다. 채석장 구덩이에 K를 남겨두고 밖으로 나간 그들은 다이너마이트에 불을 붙여 던진다. 곧바로 여러 번의 폭발이 일어나고 연기구름이 피어오른다. 이처럼 웰스의 영화는 소설과 달리 K의 죽음을 명시적으로 보여주지 않고 관객의 추측에 맡긴다.

　넷째, 영화에서는 시간의 압축이 일어난다. 소설에서는 소송이 1년에 걸쳐 진행되지만 영화에서는 오래 걸리지 않는다. 소설에서 K는 여러 날이 지나서야 첫 심리에 출두하지만, 영화에서는 체포된 날 밤에 찾아간다. 또한 K가 처형되기 직전까지 항상 똑같은 옷을 입고 있는 것도 이를 암시한다. 다만 프롤로그에 제시된 '법 앞에서'라는 우화가 오랜 시간이 걸렸을 것이라는 착각을 줄 뿐이다.

다섯째, 서사 시점의 차이가 드러난다. 먼저 카프카《소송》의 첫 마디, 즉 "누군가 요제프 K를 중상한 것이 틀림없다. 아무 잘못도 하지 않았을 것 같은데, 어느 날 아침 그는 체포되었기 때문이다"(Kafka, 1981: 7)[38]를 읽어보자. 여기서 "아무 잘못도 하지 않았을 것 같은데"라는 표현은 분명히 주인공 K의 주관적 생각과 중첩되는 서술자의 주관적 생각으로 보인다. 그러나 바로 다음 문장, "어느 날 아침 그는 체포되었기 때문이다"는 서술자가 객관적 시점에서 서술한 표현임에 틀림없다. 또 다른 예로 소설의 마지막 부분에 나오는 "그는 '개같이'라고 말했다. 그가 죽은 후에도 치욕은 남을 것 같았다"(Kafka, 1981: 194)[39]를 살펴보자. 앞 문장 "그는 '개같이'라고 말했다"에는 K의 말을 직접 인용하는 서술자의 객관적 시점이 들어 있고, 이어지는 간접화법으로 기술된 문장 "그가 죽은 후에도 치욕은 남을 것 같았다"에는 K의 주관적 시점과 서술자의 주관적 시점이 중첩되어 있다. 이처럼 카프카의 텍스트에는 양가적 시점이 여기저기 들어 있다. 바흐친Mikhail Bakhtin의 용어에 따르면, '다성성Polyphonie'이 발화되는 지점들이다. 그렇다면 오손 웰스의 영화는 어떤 시점들을 사용하고 있는가? 영화는 기본적으로 카메라의 객관적 시점을 사용하면서 동시에 K의 입장에서 바라보는 주관적 시점을 병행한다. 빈번한 클로즈업과 근접 촬영은 다름 아닌 주인공의 주관적 시점을 시각화하려는 시도다. 그리고 렌즈의 교차, 특이한 앵글, 카메라의 비정상적인 움직임 등은 객관적 시점과 주관적 시점의 경계를 흐리게 하여 몽환적이고 초현

---

38) Jemand mußte Josef K. verleumdet haben, denn ohne daß er etwas Böses getan hätte, wurde er eines Morgens verhaftet.

39) "Wie ein Hund!" sagte er, es war, als sollte die Scham ihn überleben.

실적인 세계를 연출한다.

다음으로 살펴볼 것은 공간의 차이다. 영화의 공간은 소설에 묘사된 공간과 세세하면서도 중요한 차이를 보인다.

첫째, 주인공 K의 사적인 일상 공간을 살펴보자. 소설에서는 K가 거주하는 사적 공간에 대한 묘사가 매우 인색하다. 그의 방은 줄거리의 전개를 위해 필요한 정도로만 언급될 뿐이다. 방에 있는 책상, 전화기 같은 생활필수품과 다른 방으로 통하는 문에 대한 언급이 있을 뿐이다. 영화는 카프카의 이런 인색함을 아늑하지 않고 삭막한 공간으로 시각화해서 표현한다. 즉 하얀 벽으로 둘러싸인, 최소한의 가구만 놓여 있는 휑한 방

K가 거주하는 방

뷔어스트너 양의 방

이 카메라에 비치기 때문이다. 이러한 분위기 연출은 오손 웰스가 〈시민
케인〉에서부터 시도한 '딥 포커스(deep focus)[40]'라는 촬영기술 때문에 더욱
효과를 발휘한다. 그러나 영화의 같은 시퀀스에서 뷔어스트너 양의 방은
K의 방과는 대조적으로 시각화되고 있음이 눈에 띈다. 뷔어스트너 양의
방은 소설에서도 마찬가지로 인색하게 묘사되지만 영화에서 화려한 무
늬의 커튼과 벽지, 침대보, 가구 등으로 장식되어 있어 아늑한 분위기를
느끼게 한다. 이는 K의 상황을 대비적으로 강조하려는 감독의 의도로 읽
힌다.

둘째, K가 은행 주임으로 일하는 사무실 공간에 주목해보자. K의
사무실은 수백 명의 직원들이 타자기로 업무를 보는 거대한 홀이며, 그
의 책상은 그 한가운데 개방된 플랫폼 위에 있다. 마치 독일 표현주의 감

K의 은행 사무실 공간

---

40) 이를 '시야 심도Tiefenschärfe'라고도 한다. 이 기
    법으로 촬영한 〈시민 케인〉에 나오는 다음 장면
    은 너무나 유명하다. 이 숏에서 원경은 근경처럼
    선명하게 보인다. 즉, 창밖에서 눈을 맞으며 놀고
    있는 찰스의 움직임이 방에서 그의 장래와 관련
    된 이야기를 하는 가족들의 모습만큼 선명하게
    비친다.

독 프리츠 랑의 〈메트로폴리스〉에 나오는 거대도시를 연상시킨다. 하지만 소설에는 K의 은행 사무실에 대한 묘사가 거의 없다. 다만 숙부가 K를 사무실로 찾아가는 6장을 보면 K의 사무실은 심부름하는 사환이 있고 소파가 있을 뿐이다. 영화처럼 수백 대의 타자기가 놓인 책상들과 근무자들로 가득 찬 거대한 공간이 아니다. 그렇다면 오손 웰스는 왜 이런 공간에 K를 배치해놓았을까? 왜 거대한 공간과 조직을 끌어들인 것일까? 이것은 그가 잠을 자는 개인적인 공간 이미지와도 연관하여 생각할 수 있다. 달리 말해 관료화된 거대 조직사회에서 살아가는 개인의 익명성과 무(無)정체성을 공간의 이미지로 반영하기 위한 연출 의도로 읽힌다. 또한 영화에서만 볼 수 있는 K의 거대한 사무실의 위층에 설치된 대형 컴퓨터도 이런 맥락에서 이해된다. 오손 웰스가 1960년대 현대사회로 소설의 무대를 옮겨왔다는 증표로도 볼 수 있지만, K가 속한 거대 조직사회를 움직이는 보이지 않는 손으로 해석할 수 있기 때문이다. 숙부는 K에게 혐의가 무엇인지 컴퓨터한테 물어보라고 하지 않는가?

셋째, 심리가 일어나는 법원을 살펴보자. 소설의 서술자는 K가 첫 심리를 받기 위해 찾아간 법원 건물을 가난한 사람들, 좁은 공간, 더러운 공기로 가득 찬 공간으로 특징짓는다. 그리고 법정은 "거의 천장까지 방청객으로 가득 찬, 창문이 두 개 달린 중간 크기의 방"(Kafka, 1981: 17)으로 묘사한다. 영화에서 K는 홀로코스트의 희생자들을 연상시키는 죄수들 사이를 지나 법원 건물 안으로 들어가고, 세탁하는 여자에 의해 수백 명의 사람들이 모여 있는 홀로 안내된다. 여기서부터 K는 거대조직의 힘이 작동하는 법정 공간을 체험하게 된다. 이처럼 영화는 법원 건물에 함께 거주하는 가난한 사람들을 홀로코스트 희생자들을 연상시키는 죄수들로, 중간 크기의 방을 방청객으로 가득 찬 거대한 홀로 대체함으로써

K가 밝히려는 죄의 원인이 역사적 상황 및 거대 집단과 관계가 있음을 암시한다. K가 나가는 법원의 거대한 문도 거대 권력에 대한 상징으로 읽힌다.

넷째, 변호사 훌트의 사무실과 화가 티토렐리의 화실을 살펴보자. 우선 변호사 훌트는 좁고 천장이 낮은 방에서 근무한다. 소설의 서술자는 그 방을 다음과 같이 묘사한다.

그 방은 조그만 통풍창을 통해서만 햇빛이 겨우 들어오는데 창문이 너무 높이 달려 있기 때문에 혹시라도 밖을 내다보려면 우선 등에 태워줄 사람부터 찾아야 한다. 게다가 천장 바로 앞에 있는 굴뚝에서 나오는 연기가 코로 들어오고 얼굴도 새까맣게 된다. (…) 그 방의 바닥에는 1년 이상이나 전부터 구멍이 하나 뚫어져 있는데, 사람이 빠질 정도는 아니지만 그래도 발 하나가 빠질 정도는 된다. 그 방은 2층에 있기 때문에 누가 그 구멍에 빠지면 다리가 다락 1층에 있는 복도로 뻗쳐나오게 된다. 더욱이 거기는 바로 소송 당사자들이 대기하는 곳이다 (카프카: 147).

이런 공간 묘사는 법원에서 차지하는 변호사 훌트의 위치가 보잘것 없으며, K의 소송에서 실질적인 도움을 주지 못할 것임을 암시한다. 다음으로 화가 티토렐리는 재판소 사무국 정반대 쪽 교외에 있는 꼭대기 다락방에 살고 있는데, 그의 아틀리에로 가는 좁고 긴, 답답하고 층계참도 없는 계단은 다음과 같이 묘사된다.

그 계단은 유난히 좁고 매우 길고, 꺾여 돌아가지도 않았기 때문에 끝까지 다 보였는데, 곧바로 티토렐리의 방문 앞에서 끝이 나 있었다. 문 위에 비스듬히 작은 채광창이 있어 다른 계단과는 달리 비교적 햇빛이 밝게 비치는 그 문은 페인트칠을 하지 않은 각목으로 만들어져 있었고, 티토렐리라는 이름이 굵은 붓을 사용하여 빨간색으로 쓰여 있었다(카프카: 175).

이처럼 소설에서 다락방으로 가는 길은 가늘고 좁은 계단식 통로로 묘사된다. 공기도 탁해 숨이 막힐 정도다. 예심판사가 있는 재판 사무국의 다락방으로 가는 길도 마찬가지다. 그렇다면 영화는 소설이 묘사하

영화 〈심판〉에서 다락방으로
가는 길을 보여주는 장면

영화 〈심판〉에서 혼란스러운
공간을 보여주는 장면

는 이러한 공간 이미지들을 어떻게 시각화했는가? 첫째, 영화는 카프카가 묘사한 협소하고 답답하며 미로 같은 내부 공간을 보여주기 위해 카메라의 다양한 시점, 광각렌즈 숏, 클로즈업, 선명한 명암의 대비, 음향 혹은 음악의 삽입, 몽타주 등의 기법을 활용한다. 그 결과 계단, 통로, 홀, 방들로 채워진 혼란스러운 공간, 마치 영상 퍼즐 같은 공간들이 만들어진다. 이런 공간들은 순차적이고 필연적인 연결이 결여되어 있고 비현실성을 띠기 때문에 K는 여기서 방향을 잃어버린다. 둘째, 영화는 외부 공간과 군중을 끌어들여 새로운 효과를 노린다. 앞서 언급한 홀로코스트 희생자를 연상시키는 죄수들이 법원 건물로 들어가는 길을 막고 있는 장면은 대표적인 예에 해당한다.

결국 오손 웰스 감독은 할리우드 주류 영화의 도식을 따르지 않고 독일 표현주의 무성영화의 영향을 받은 '필름 느와르 film noir' 형식을 차용하여 자기만의 독특한 미장센을 연출함으로써 카프카의 글쓰기 의도를 넘어서고 있으며,[41] 내용적으로는 카프카의 《소송》을 "개인과 (전체주의적) 사회 사이의 갈등의 알레고리"(Johannes Diekhans, 2004: 281)로 읽어내려고 했다.

---

41) 프랑수아 트뤼포는 오손 웰스의 연출 스타일에 대해 다음과 같이 말한 바 있다. "무성영화는 무르나우, 에이젠슈타인, 히치콕 같은 여러 명의 위대한 시각적 능력자들을 배출했다. 하지만 유성영화의 경우는 영화 상영 3분이 지나면 이미 그 사람의 스타일을 알 수 있는 단 한 명의 감독이 있을 뿐이다. 그 사람이 바로 오손 웰스다."[Michael Braun: Kafka im Film, in: Braun, Michael & Kamp, Werner (Hrsg.): Kontext Film, Berlin 2006. S. 41 재인용]

소더버그의 〈카프카〉

1989년 〈섹스, 거짓말, 비디오테이프Sex, Lies, and Videotape〉로 유명해진 할리우드 영화감독 소더버그는 1991년 스릴러에 해당하는 영화 〈카프카〉를 내놓는다. 주인공 카프카 역에는 영국 출신 배우 제러미 아이런스Jeremy Irons를 캐스팅했다. 이 영화는 카프카의 삶과 작품들, 특히《성》과《소송》에 나타난 특유의 분위기를 잘 반영했다.[42] 그리고 무엇보다 현실과 허구의 경계를 모호하게 그렸다. 요컨대 이 영화는 "그(카프카)의 작품과 삶의 수많은 조각들로 만들어진 브리콜라주Bricolage"(Michael Staiger, 2011: 86)라고 할 수 있다.

영화의 줄거리는 1919년 프라하를 무대로 펼쳐진다. 주인공 카프카는 거대한 보험회사의 직원으로 여가를 이용해 가끔 글을 쓰는 작가이기도 하다. 그런데 어느 날 갑자기 친구이자 동료인 에두아르트 라반Eduard Raban이 실종된다. 형사 그루바흐Grubach는 카프카에게 라반의 시체를 확인하도록 한 다음에 그의 죽음을 투신자살로 처리하려 한다. 카프카는 라반의 죽음에 비밀이 숨겨져 있다고 믿고 이를 캐내려 한다. 그러던 중 회사 동료이자 라반의 여자 친구였던 가브리엘라가 그를 무정부주의자들의 모임에 데려간다. 성(城)의 절대적인 권력에 대항하여 폭

---

42) 주인공 카프카는 한편으로《소송》의 주인공 K를, 다른 한편으로 작가 카프카를 연상케 하는 인물이다. 후자의 경우는 주인공이 아버지에게 가끔 편지를 쓰는 보험회사 직원이라는 사실 외에도 "그가 깨어나 어마어마하게 큰 벌레로 변한 남자에 대한 이야기를 완성했다", "내가 나오지 못하면 집에 있는 노트를 찾아서 파기해주세요."(01:06:50) 등의 진술에 근거한다. 또한 주인공 카프카의 동료인 라반은《시골에서의 결혼 준비》, 보험회사 감독관 브루겔Burgel은《성》, 경관 그루바흐는《소송》에 나오는 이름들이다.

탄테러 등 무력투쟁을 하는 사람들의 모임으로, 카프카에게 도움을 요청한다. 하지만 카프카는 자신의 저술이 정치적으로 이용되는 것에 반대한다. 그러나 이어서 가브리엘라가 실종되자 카프카는 죽은 에두아르트의 방에서 발견하여 보관하고 있던 폭탄 가방을 성으로 운반하는 임무를 맡는다. 가방을 가지고 비밀통로를 통해 성에 들어간 그는 무르나우 Murnau 박사가 실종된 노동자들을 대상으로 뇌 생체실험을 하는 광경을 목격한다. 그는 무르나우 박사에게 "난 악몽을 쓰려고 했지만 당신은 그것을 만들어놓았군요"(01:18:38)라고 말한다. 이때 폭발이 일어나고 무르나우 박사는 자신이 고안한 실험 기계의 마지막 희생자가 된다. 실험에 가담한 이들과 기계는 파괴된다. 비밀통로를 통해 간신히 성을 빠져나온 카프카는 시체 검안실에서 성의 권력에 의해 희생된 가브리엘라의 시신을 확인하고 그루바흐 형사가 자살로 결론짓는 데 동의한다. 다시 보험회사 직원이자 작가의 일상으로 돌아왔지만 전과 다르게 결핵을 앓기 시작한 카프카는 "나는 늘 무지 속에서 사는 것보다 진실을 아는 게 낫다고 믿어왔습니다. 이제 내가 옳았다는 것을 깨달았습니다. 더 이상 이 세상의 일부라는 걸 부정할 수 없습니다"(01:29:25~01:29:45)라고 아버지에게 보내는 편지를 마무리한다.

이처럼 소더버그는 카프카의 작품들과 삶의 조각들을 가지고 퍼즐

영화 〈카프카〉에서
흑백 명암의 대비가 뚜렷한
공간 조명

을 완성하듯이 잘 짜인 스릴러 장르를 완성했다. 그러나 소더버그 영화의 미덕은 여기에 그치지 않는다. 소더버그는 영화적 자기반영의 방식을 통해 독일 표현주의 영화의 맥을 잇는다. 첫째, 1991년 영화이지만 표현주의 영화처럼 흑백 무성영화의 장점을 잘 활용한다. 약 1시간 30분 러닝타임 중에서 후반부 15분 정도만이 컬러 화면일 뿐이다. 컬러 화면은 스토리 전개상 카프카가 성에 들어가 성에서 벌어지고 있는 거대 권력의 음모를 확인하는 부분에 해당한다. 직장 동료 에두아르트의 실종과 죽음, 무정부주의자들의 폭탄테러와 그들의 피격, 가브리엘라의 실종, 카프카의 추격과 도피 등의 나머지 장면들은 모두 긴장감 있는 흑백 화면으로 구성되어 있다. 둘째, 독일 표현주의 영화에서 즐겨 사용했던 흑백 조명을 통한 명암의 대비, 그림자를 활용한 공포 분위기 조성 등의 기법이 영화의 형식을 지배하고 있다. 셋째, 독일 표현주의 영화를 생각나게 하는 인물들이 등장한다. 즉, 성 밖에서 납치해온 자들의 생체실험을 하는 총책임자의 이름이 표현주의 영화의 거장 무르나우Murnau이며, 의문의 보험청구사건 파일의 이름이 무르나우의 〈노스페라투〉(1922)에 나오는 올락 백작Graf Orlac의 이름을 딴 것이다. 또한 에두아르트를 살해하고 카프카를 추격하는 좀비 같은 인물은 골렘을 연상시킨다.

결국 소더버그의 영화는 올리버 야르아우스Oliver Jahraus의 말을 빌

소더버그의 영화에서 범죄를
지켜보는 그림자

리자면, "카프카를 영화로 만들려는 시도 중에서 가장 영리하고 가장 많이 숙고한 경우의 하나"(Michael Staiger, 2011: 87 재인용)라고 할 수 있다.

9.
슈니츨러의《꿈의 노벨레》와
큐브릭의 〈아이즈 와이드 셧〉의 영화미학

큐브릭과 그의 '영화화' 시도

슈니츨러Arthur Schnitzler(1862~1931)는 1862년 오스트리아 빈에서 태어나 대학에서 의학을 공부한 의사이자 작가였다. 그는 작가로서는 1890년부터 후고 폰 호프만슈탈, 리하르트 베어호프만과 함께 '빈 모더니즘'을 이끌었고, 프로이트와 교류하면서 인간의 내면세계를 탐구하는 글쓰기 작업에 집중했다. 그리고 1926년《꿈의 노벨레Traumnovelle》를 발표했다. 이 책은 베를린의 어느 잡지에 일곱 차례로 나누어 실었던 것을 모아 출간한 것으로, 젊은 의사 프리돌린Fridolin과 그의 아내 알베르티네Albertine의 결혼생활과 성적 욕망 사이의 갈등을 다룬다. 작품의 배경은 20세기 초 오스트리아 빈이다.

슈니츨러의《꿈의 노벨레》는 할리우드의 거장 스탠리 큐브릭에 의해 1999년에야 영화화되었다.[43] 1928년 뉴욕에서 태어난 유대인 혈통의 큐브릭은 문학, 사진에 관심이 많았으며, 뉴욕의 예술영화관과 현대미술관을 즐겨 찾은 영화 마니아였다. 24세 때인 1953년 저예산 영화 〈공포와 욕망Fear und Desire〉을 만들어 주목받기 시작한다. 이후 '해리스 · 큐브릭 픽처스'를 설립하여 〈살인The Killing〉(1956), 〈영광의 길Paths of Glory〉(1957), 〈스파르타쿠스Spartacus〉(1960) 등을 출시하고, 1960년대부터는 영국에 머물면서 〈롤리타Lolita〉(1962), 〈2001 스페이스 오디세이2001: A Space Odyssey〉(1968), 〈시계태엽 오렌지A Clockwork Orange〉(1971), 스티븐 킹Stephen King의 소설을 영화화한 〈샤이닝Shining〉(1980) 등 걸작을 내놓는다. 그리고 〈아이즈 와이드 셧Eyes Wide Shut〉(1999)이라는 문제작을 남기고 런던에서 71세의 나이로 생을 마감한다.[44]

〈아이즈 와이드 셧〉은 슈니츨러의 《꿈의 노벨레》를 영화화한 것으로 라파엘Frederic Raphael이 시나리오 작업에 참여했고, 당시의 할리우드 톱스타로 실제 부부관계였던 톰 크루즈Tom Cruise와 니콜 키드먼Nicole

---

43) 큐브릭은 슈니츨러의 《꿈의 노벨레》를 〈2001 스페이스 오디세이2001: A Space Odyssey〉를 제작한 1968년 이미 영화로 만들려고 생각하고 있었다. 그러나 영화가 탄생하기까지 약 30년을 더 기다려야 했다. 큐브릭 외에는 1969년 글뤽Wolfgang Glück이 오스트리아에서 TV영화로 출시한 바 있다(제임스 네어모어, 2017: 439).

44) 큐브릭은 혁신적이고 독창적인 스타일을 만들어낸 감독으로 평가받는다. 또한 완벽주의자로 불릴 정도로 기술적으로 높은 완성도를 추구한 감독으로도 알려져 있다. 네어모어James Naremore에 따르면, 큐브릭 영화의 특수성은 영화 매체의 특성에 대한 관심, 검열에 대한 저항, 감상보다 풍자와 아이러니에 대한 선호, 관습적 내러티브에 대한 반감, 관객과 캐릭터 사이의 정서적 동일시에 대한 거부, 도구적 합리성과 무의식적 비합리성 사이의 관계에 대한 관심에서 비롯되었다(제임스 네어모어, 2017: 18). 이 때문에 큐브릭의 영화들은 매번 찬사와 비난이 교차하는 논쟁의 중심에 놓이게 되었다. 특히 인류 역사와 기계 문명에 대한 철학적인 성찰을 담고 있는 〈2001 스페이스 오디세이〉는 엄청난 반향을 불러일으켰고, 루카스, 스필버그 등 수많은 영화감독들에게 영향을 미쳤다. 또한 노골적인 성과 끔찍한 폭력 묘사로 가득 찬 〈시계태엽 오렌지〉는 표현양식의 허용과 자유에 대한 격렬한 논쟁을 불러일으켰다.

Kidman이 주연배우로 열연했으며, 각본, 제작, 감독을 모두 맡았던 큐브릭이 갑자기 세상을 떠나는 바람에 사운드 믹싱 등 마무리 편집 작업에 참여하지 못한 것으로 알려져 있다(제임스 네어모어, 2017: 437).

슈니츨러의《꿈의 노벨레》 – 꿈과 현실의 이중주

35세의 프리돌린과 25세의 알베르티네는 겉으로는 화목한 결혼생활을 하는 것처럼 보인다. 프리돌린은 빈의 한 병원 의사이며, 알베르티네는 가정에 충실한 주부이자 여섯 살 난 딸의 엄마다. 그런데 어느 날무도회를 다녀온 뒤 대화를 나누던 중에 두 사람 모두에게서 "감추어진 욕망, 거의 예상치 못했던 욕망, 가장 명징하고 가장 순수한 영혼 속이라 할지라도 위험천만한 회오리바람을 불러일으킬 수 있는 욕망"(아르투어 슈니츨러, 1999: 16-17, 이하 이 책의 페이지만 표기)이 고개를 든다. 그래서 부부는 불순한 호기심이 발동하여 상대의 고백을 끌어내려 한다. 먼저 알베르티네가 덴마크 휴가 때 만났던, 가족과 자신의 미래를 내던지고 싶을 정도로 반해버렸던 남자에 대한 이야기를 꺼내고, 이어서 프리돌린 역시 그때 자신을 매료시킨 소녀에 관한 이야기를 발설한다. 남편의 반응에 고무된 알베르티네는 약혼 직전 뵈르터 호숫가에서 만난 매혹적인 남자에 관한 이야기도 덧붙인다. 그때 궁정 고문관이 심장발작을 일으켜 위독하다는 소식이 전해져서 둘 사이의 대화는 중단되지만, 이날 부부의 예상치 못했던 고백은 감추어진 억압과 균열을 드러내는 결정적인 계기가 된다.

궁정 고문관의 집에 도착한 프리돌린은 그가 이미 사망했음을 확인하고 딸 마리안네Marianne를 위로하려 한다. 그러자 마리안네는 약혼자 뢰디거Roediger 박사를 따라 괴팅겐으로 가겠다고 말한 후 갑자기 눈물을 흘리며 프리돌린에게 사랑을 고백한다. 프리돌린은 마리안네를 진정시키고 그녀의 약혼자가 나타나자 그곳을 빠져나온다.

성적 욕망을 숨기지 않았던 아내와의 대화, 궁정 고문관의 죽음, 마리안네의 사랑 고백 등 뜻밖의 사건들로 머리가 어지러워진 프리돌린은 빈의 밤거리를 떠돌기 시작한다. 그때 '미치'라 불리는 창녀가 접근하자 그녀를 따라간다. 그러나 프리돌린은 성병이 두려워 육체관계는 갖지 않고 돈만 지급하고자 한다. 그러나 그녀가 이를 거부하자 프리돌린은 다음날 포도주를 선물하리라 마음먹고 그녀의 방을 나선다.

다시 정처 없이 거리를 헤매던 프리돌린은 어느 커피숍에 들렀다가 술집이나 비밀 집회에서 피아노 연주를 하면서 지내는 대학 동창 나흐티갈을 우연히 만난다. 프리돌린은 나흐티갈이 참석하기로 되어 있는 비밀 무도회 이야기를 듣고 자신을 데려갈 것을 고집스럽게 부탁한다. 그런데 무도회에 가기 위해서는 의상과 가면이 필요했기 때문에 밤늦은 시간에도 불구하고 의상대여점을 찾아간다. 거기서 그는 광대 복장을 한 주인집 딸이 법복을 입은 두 남자와 애정행각을 벌이고 있는 것을 목격한다.

마침내 수도승 의상과 가면을 빌려 나흐티갈을 뒤따라간 프리돌린은 '덴마크'라는 암호를 대고 밤 무도회장으로 들어간다. 그러나 거기서 프리돌린은 곧 낯선 참가자로 인식되고, 한 아름다운 여자로부터 즉시 그곳을 떠나라는 충고를 받는다. 관능적인 비밀에 도취한 프리돌린은 이를 거부하고 그녀의 가면을 벗기려 한다. 그러자 그녀는 얼마 전에 신분이 노출되어 결혼식을 앞둔 한 여자가 자살한 사건을 말해준다. 이때 한 남자가 다가와 프리돌린에게 내부 암호를 묻는다. 대답을 하지 못 하자 그의 가면을 벗기려고 한다. 위험에 처한 프리돌린은 아까 그 여자의 희생을 담보로 무도회장 밖으로 추방된다. 프리돌린은 대기 중이던 마차를 타고 새벽에 집으로 돌아온다.

프리돌린이 집에 도착하여 수도승 의상과 가면을 숨겨놓고 침대로 들어가려고 했을 때 아내 알베르티네가 악몽을 꾸며 고통스러워한다. 그러자 프리돌린은 그녀를 깨워 꿈 이야기를 들어준다. 꿈에서 두 사람은 초원에서 열정적인 밤을 보낸다. 다음날 아침에 두 사람의 옷이 사라진 것을 발견한 프리돌린이 옷을 구하러 산 밑 도시로 내려간 사이에 알베르티네는 덴마크 휴가 때 봤던 그 남자를 다시 만나 (다른 남녀 커플처럼) 비밀스러운 욕망을 마음껏 채운다. 그러면서 알베르티네는 프리돌린이 여왕(덴마크 해변의 소녀)에게 체포되어 고문을 당하는 것을 지켜본다. 여왕이 자기의 애인이 되어주면 십자가에 못 박혀 죽는 것을 막아주겠다고 하지만 프리돌린은 알베르티네에 대한 신의 때문에 이를 거절한다. 이때 알베르티네는 프리돌린을 향해 동정이 아니라 조소의 웃음을 터뜨린다. 이런 내용의 꿈 이야기를 듣고 난 프리돌린은 "애정으로 사탕발림"(116) 된 부부 침실에 "죽이지 않고는 못 배길 원수처럼 나란히 누워 있다"(116)라고 생각한다.

프리돌린은 아침에 수도승 의상과 모자를 왕진 가방에 넣고 집을 나선다. 그리고 병원 일을 마친 후 나흐티갈을 찾아가지만, 그녀는 이미 두 신사에 의해 끌려간 뒤였다. 이제 그는 의상을 반납하기 위해 의상대여점에 들른다. 그리고 어젯밤 자신을 구해준 아름다운 여인을 생각하고는 비밀 무도회가 열렸던 집을 찾아간다. 하지만 그 집 하인으로부터 더 이상 조사하지 말라는 경고를 받는다. 집으로 돌아온 프리돌린은 "천사

같이 선량한 눈빛과 가정주부이자 어머니의 모습"(130)을 한 알베르티네를 보고 "이 모든 질서, 이 모든 균형, 자신의 삶에 관한 이 모든 안정감은 그저 허상과 거짓 이외에 그 어떤 것도 의미하지 않는다"(131)라는 인식에 이른다. 그리고 자신도 성실한 남편이자 동시에 난봉꾼으로서 이중적인 삶을 살게 되면 아내가 "꿈속에서 자신에게 준 쓰라린 아픔과 굴욕"(133)에 대한 앙갚음을 할 수 있을 것으로 생각한다. 그래서 그는 다시 집을 나와 "실체 없는 허깨비"(137)처럼 거리를 배회한다. 우선 마리안네를 찾아가 보지만 더 이상 전에 사랑을 고백했던 그녀가 아니다. 다음으로 찾아간 창녀 미치는 병원에 입원 중이어서 만날 수 없다. 허탈해진 프리돌린은 어느 카페에서 석간신문에 난 D 남작 부인의 음독자살에 관한 기사를 본다. 프리돌린은 그 부인이 비밀 무도회에서 자신을 구해준 여자일 것이라는 확신으로 병원 안치실을 찾아가보지만 그 확신은 믿을 수 없게 된다.

다시 집으로 돌아온 프리돌린은 알베르티네의 머리 옆에 나란히 놓여 있는, 비밀 무도회에서 자신이 썼던 가면을 목격한다. 프리돌린은 순간 놀라지만, 이것을 아내의 가벼운 경고이자 용서의 표시로 간주한다. 그래서 프리돌린은 아내에게 모든 것을 털어놓는다. 이후 두 사람은 각자의 무의식적 욕망을 인정하고 서로를 용서한다. 그리고 두 사람은 "가벼운 잠에 빠져 있었지만 서로에 대한 꿈에서 깨어나 몸을 바짝 붙이고 있었다."(164)

큐브릭의 〈아이즈 와이드 셧〉의 영화미학 –
카메라의 시선으로 바라보는 꿈과 현실

슈니츨러의 《꿈의 노벨레》와 비교하기 위해 〈아이즈 와이드 셧〉의 줄거리를 살펴보자. 이 영화는 19개의 시퀀스로 구성되어 있다.

뉴욕의 의사 빌 하포드Bill Harford와 아내 앨리스 하포드Alice Harford는 친구이자 백만장자인 빅터 지글러Victor Ziegler의 크리스마스 파티에 초대된다. 거기서 두 사람은 서로 각자에게 접근하는 사람들한테 에로틱한 관심을 표출하지만 특별한 일은 일어나지 않는다. 다음날 두 사람은 전날 파티에서 만났던 사람들 이야기를 하다가 남자와 여자의 성적인 본성에 대한 논쟁을 벌인다. 그러다가 앨리스는 작년 여름휴가 때 한 해군장교를 본 적이 있는데, 너무 매력적이어서 남편과 딸을 포기하고 그와 관계를 맺고 싶었다고 고백한다. 그들의 대화는 마침 빌에게 환자의 사망 소식을 알리는 전화 때문에 중단된다. 곧장 환자의 집으로 달려간 빌은 시신을 지키던 딸 마리온Marion한테서 갑작스럽게 사랑한다는 고백을 듣는다. 황급히 그곳을 빠져나와 뉴욕의 밤거리를 거닐던 빌은 창녀인 도미노를 만나 그녀의 방으로 따라 들어간다. 하지만 갑자기 아내한테서 핸드폰 전화가 걸려오자 돈만 지급하고 헤어진다. 그 후 빌은 우연히 지글러의 파티에서 만났던 피아니스트 닉Nick Nightingale이 일하는 카페에 들른다. 닉은 빌에게 그날 새벽에 열리는, 자신이 눈을 가린 채 연주하게 될 비밀파티에 관한 이야기를 해준다. 호기심이 발동한 빌은 입장을 위해 필요한 '피델리오Fidelio'(뜻: '신의')라는 암호를 알아내고, 의상과 가면을 구하기 위해 '레인보우'라는 의상대여점으로 간다. 거기서 검은 색 의상을 고르던 빌은 가게 주인의 어린 딸이 두 명의 일본인 남자와 몰래 문란한 짓을 하다가 들키는 사건의 목격자가 된다. 택시를 타고 닉이 알려준 장소에 도착한 빌은 비밀파티의 입장을 허가받는다. 거기서 그는 가면을 쓴 사람들이 '검은 미사' 같은 의식을 행한 다음에 섹스 파티를 즐기는 것을 본다. 그때 한 아름다운 여자가 접근하여 빌에게 빨리 탈출하라고 충고하지만 이를 따르지 않는다. 마침내 빌은 다른 사람들에게 적발되어 가면을 벗지 않을 수 없게 된다. 하지만 빌에게 경고했던 여자가 빌 대신 모든 책임을 지겠다고 하자 비밀을 지키는 조건으로 처벌하지 않고 풀어준다. 매우 혼란스러운 상태로 집에 도착한 빌은 악몽을 꾸고 있던 앨리스를 깨워 그녀의 꿈 이야기를 듣는다. 꿈의 내용은 앨리스가 수많은 남자들과 섹스를 하는데 빌이 이를 지켜보자 음흉한 웃음을 지어 보였다는 것이다. 다음날 빌은 지난밤 사건의 전말을 알아내려고 한다. 그래서 그는 어제 들렀던 곳들을 모두 체크해보기로 한다. 하지만 모든 것이 이미 달라져 있다. 친구 닉과 창녀는 사라지고 없고, 옷을 돌려주려 간 의상대여점에서는 주인집 딸이 성매매로 이용되고 있었다는 사실을 알게 된다. 마지막으로 비밀파티가 열렸던 장소로 가보지만 조사를 중단하라는 경고 메시지를 재차 받는다. 집으로 돌아온 빌은 딸의 공부를 도와주고 있는 아내의 모습을 보면서 그녀가 해군 장교와 섹스하는 장면을 상상한다. 빌은 혼란스러운 마음을 달래려 창녀 도미노를 다시 한번 찾아가지만, 그녀가 에이즈에 걸렸다는 사실을 알고 충격에 빠진다. 그리고 누군가의 미행을 따돌리기 위해 들른 카페에서 빌은 이전에 지글러가 초대한 파티에서 만났던, 미스뉴욕 출신의 미녀 아만다 커랜Amanda Curran[애칭: 맨디(Mandy)]이 약물과다 복용으로 실려 갔다는 소식을

앨리스의 베개 옆에 놓여
있는 가면

접하고 곧장 병원으로 향한다. 거기서 시신을 검안하던 빌은 죽은 여자
가 비밀파티에서 자신을 구해준 여자라고 확신한다. 하지만 연락을 받고
나타난 지글러는 죽은 여자는 그 비밀파티와 전혀 관련이 없고 단지 약
물 과다로 사망한 것이며, 자신도 참가한 그 비밀파티는 빌을 겁주기 위
해 벌인 '소극'이었을 뿐이라고 말해준다. 허탈해서 집으로 돌아온 빌은
없어진 가면이 아내의 베개 옆에 가지런히 놓여 있는 것을 보게 된다. 그
러자 빌은 갑자기 눈물을 흘리면서 앨리스를 불신하여 복수하려고 했던
일들을 모두 털어놓는다. 그들은 서로를 용서하고 이제부터는 깨어 있기
로 한다. 영화는 가족이 즐겁게 크리스마스 쇼핑을 하는 장면과 함께 앨
리스가 지금 당장 둘이서 해야 할 일은 "섹스하기ficken"(02:27:17)라고 말하
는 장면을 비추면서 끝이 난다.

줄거리 비교에서 알 수 있듯이, 소설과 영화는 큰 틀에서 인간의 잠
재된 성적 욕망과 사회적 관습의 긴장관계에서 일어나는 부부의 갈등과
화해를 그리고 있지만, 구체적인 표현 방법, 즉 서사구조와 형식 등에서
많은 차이를 보인다.

《꿈의 노벨레》의 장면과 〈아이즈 와이드 셧〉의 시퀀스 비교

《꿈의 노벨레》		〈아이즈 와이드 셧〉	
1	고백 장면	1	오프닝 시퀀스
		2	크리스마스 파티: 유혹
		3	애무 장면, 일상
		4	고백 장면
2	마리온의 집, 사랑의 고백, 약혼자 뢰딩거 박사	5	마리온의 집, 사랑의 고백, 약혼자 칼
3	밤거리: 부딪힘, 창녀 미치 미치의 방	6	밤거리: 부딪힘, 창녀 도미노
		7	도미노의 방
4	카페: 나흐티갈	8	카페 소나타: 닉 나이팅게일
	의상대여점: 기비저와 딸 저택: 세레머니 가면들, 춤, 경고, 희생자	9	의상대여점, 밀리치와 딸
		10	빌라 소머톤: 세레머니 가면들, 섹스, 경고, 희생자
5	집: 알베르티네의 꿈	11	집: 앨리스의 꿈
6	프리돌린의 탐문: 커피숍, 카페, 음식점 의상대여점, 진료, 마리안네 집 방문 미치의 친구, 카페, 미행 병원 / 영안실 집: 털어놓음, 화해	12	빌의 탐문: 카페, 커피숍, 호텔, 의상대여점, 진료, 빌라 소머톤
		13	집, 진료, 마리온에게 전화
		14	도미노 친구 샐리, 미행, 카페
		15	병원 / 영안실
		16	지글러의 집: 설명
		17	집: 털어놓음
		18	장난감가게: 화해
		19	클로징 시퀀스

첫째, 소설과 영화의 시작과 끝이 다르게 구조화되어 있다. 소설은 천일야화에 나오는 "스물네 명의 구릿빛 노예들이 호화찬란한 갈레선(船)의 노를 저어"(아르투어 슈니츨러, 1999: 13, 이하 이 책의 페이지만 표시) "진홍빛 망토로 몸을 감싼"(13) 왕자님을 칼리프 궁전으로 모셔간다는 내용의 구절을 어린 딸이 큰 소리로 읽는 것으로 시작한다. 그리고 "옆방에서 들려오는 아이의 해맑은 웃음소리와 함께 새로운 하루가 시작되었다"(164)로 끝난다. 그러나 영화는 가부장적 사회의 현존과 그로 인해 억압된 젊은 부부의 욕망 사이에서 생긴 갈등과 그것의 일시적인 해소를 암시하는, 어렴풋하게 제시된 틀 구조를 차용하지 않는다. 그 대신에 영화는 크리스마스 파티에 가기 위해 준비하는 장면으로 시작해서 크리스마스 쇼핑을 하는 장면으로 마무리하는 구조를 택하고 있다. 또한 영화는 소설에 나오지 않는 지글러를 두 번째 시퀀스(크리스마스 파티)와 16번째 시퀀스(지글러의 집)에 등장시켜 내부 이야기를 감싸는 틀을 만들어놓고 있다. 특히 16번째 시퀀스에서 지글러는 빌이 경험했던 가면무도회와 자신을 구해준 여인의 죽음에 얽힌 비밀을 밝혀준다. 결국 영화는 빌의 오디세이적 경험에 긴장감을 부여하고 이를 해소시켜주는 결정적인 인물로 지글러를 선택한 셈이다.

둘째, 영화에서는 소설의 서사구조에서 중요한 위치를 차지하는 꿈이 축소되거나 변형되어 있다. 우선 소설에서는 무도회에 다녀온 후 알베르티네의 고백 다음에 프리돌린의 고백이 이어지지만, 영화에서는 크리스마스 파티에 다녀온 후 아내 앨리스의 고백이 있을 뿐 남편 빌의 고백은 뒤따르지 않는다. 그 때문에 영화의 다음 서사에서도 빌의 고백에 대한 응전으로서 앨리스의 중요한 꿈이 형상화되기보다는 빌의 일탈에 대한 대응으로 앨리스의 꿈 이야기가 축소되어 등장한다. 소설에서는 알베르티네가 프리돌린의 고백과 일탈에 대응하여 다음과 같은 자세한 꿈 이야기를 해준다. 알베르티네는 결혼 전날 뵈르터 호숫가 전원주택에서 갈레선의 노예들이 데려다준 프리돌린을 만났고 숲속에서 신혼 첫날밤을 뜨겁게 보냈는데, 다음날 옷이 없어져 프리돌린이 초원 아래 도시로 옷을 구하러 간 사이에 알베르티네는 덴마크 해변에서 만난 해군 장교와 실컷 성적 욕망을 채우고 나서 자신에 대한 신의 때문에 여왕(덴마크 해변의 소녀)의 유혹을 뿌리치는 남편을 비웃었다는 것이다. 그런데 영화에서 앨리스는 빌에게 이와는 약간 다른 꿈 이야기를 들려준다. 소설의 꿈 이야기에서는 알베르티네가 자신에 대한 신의 때문에 여왕의 유혹을 뿌리치는 남편을 비웃지만, 영화에서는 빌이 남자들 품에 안겨 있는 자신을 알아보았기에 그를 크게 비웃는다. 이처럼 영화는 소설에서 중요한 무게를 지녔던 알베르티네의 꿈을 축소하고, 그 대신 빌의 심리표현에 치중함으로써 앨리스의 내적 변화를 읽어내기가 더 어렵게 만들고 있다. 요컨대 소설에서는 프리돌린의 꿈같은 경험과 내적 진실을 말해주는 알베르티네의 꿈이 대칭적으로 비슷한 무게를 지닌다면, 영화에서는 이런 구조적 대칭성이 약화되어 있다(곽정연, 2006: 28-35).

셋째, 사랑 혹은 성과 죽음, 꿈과 현실의 연관을 암시하는 표현방식들에서 소설과 영화는 상당한 차이를 보인다. 우선 소설을 보자. 죽은 아버지의 시체를 옆에 두고 마리안네는 프리돌린에게 사랑을 고백하며, 비밀파티로 가는 마차는 마치 장례용 마차처럼 보이고, 꿈속에서 알베르티네가 성적 황홀경에 빠져 있는 동안 프리돌린은 사형을 선고받은 상황에 처해 있다. 그뿐만 아니라 성과 죽음을 상징하는 붉은색과 검은색의 대비적인 색채 묘사가 수없이 반복된다. 예를 들어 진홍빛 망토, 붉은 잠옷, 빨간 법복, 붉은 입술, 그리고 검은 모자, 검은 복장, 검은 가면, 검은 마차 등의 표현들이다. 또한 소설은 꿈과 현실의 경계를 모호하게 만드는 화법을 구사한다. 예를 들어 프리돌린이 경험하는 밤의 여정은 "실체 없는 허깨비"(137)가 떠나는 여정처럼 묘사되고, 비밀파티의 경험은 꿈속에서 경험한 것처럼 묘사된다. 비밀파티에 입장하기 위해 필요한 암호가 그의 무의식 속에 각인되어 있던 "덴마크"라는 단어인 것이 이를 잘 말해준다. 영화는 소설의 이러한 표현방식을 변형하거나 영화 매체적인 특수성을 이용하여 보완하는 방식을 취한다. 우선 사랑과 죽음의 연관성에 대한 묘사는 일부 축소되어 있다. 빌은 검은 마차가 아니라 택시를 타고 비밀파티로 이동하며, 빌이 사형선고를 받는 앨리스의 꿈 내용은 삭제되어 있기 때문이다. 또한 여기서 주목해야 할 것은 영화는 꿈과 현실의 상관관계를 영화 매체적 수단, 즉 색채조명이나 흑백 영상, 미장센 등을 통해 다른 방식으로 표현하고 있다는 점이다. 이 영화는 황톳빛의 따뜻한 색채와 파란빛의 차갑고 환상적인 색채의 반복되는 대비를 통해 현실과 꿈이 항상 마주하고 있음을 보여주려 한다. 이 경우 내부 공간의 황톳빛 조명과 대개 창문을 통해 구획되는 외부 공간의 파란 조명의 대비가 두드러지며, 앨리스가 꿈 이야기를 하는 장면에서는 두 사람을 비추는 파

〈아이즈 와이드 셧〉에서
대비적 색채를 보여주는 장면

란색 조명과 방안을 비추는 분홍빛 배경 조명의 대비가 선명하다. 또한 비밀파티 장면에서는 빨간색과 검은색의 강렬한 대비도 눈에 띈다. 그뿐만 아니라 영화는 앨리스의 꿈과 성적인 욕망에 대해서는 영상이 아니라 대사로 전달하고, 앨리스가 해군 장교와 육체적 관계를 가졌으리라고 빌이 상상하는 장면은 다섯 번이나 흑백 화면으로 제시하여 소설과는 다른 표현방식과 의도를 취하고 있다. 이 밖에 이 영화는 소설에 없는, 빌이 건물의 내부 공간으로 들어갈 때마다 빌에게 경고하듯이 서 있는 크리스마스 트리장식을 주도적 모티프로 선택하여 내러티브를 이끌게 하고 있다.

넷째, 〈아이즈 와이드 셧〉은 소설 《꿈의 노벨레》와 다른 시점을 채택하고 있다. 소설의 지배적인 시점이 '내적 초점화interne Fokalisierung'라면, 영화는 주관적 카메라 촬영기법을 활용한 '시점 숏'을 채택한다. 이 시점 숏은 주관적 카메라와 객관적 카메라 촬영이 결합한 형태의 숏을 말한다(정용환, 2011: 156). 물론 이는 이 영화만의 문제는 아니다. 주관적 시점이나 체험화법에 의존하는 소설을 영화화할 경우 늘 가능한 시점이기 때문이다.

다섯째, 시대적 · 공간적 배경의 차이가 드러난다. 소설은 세기 전환기 오스트리아 빈을 무대로 하고 있다. 그러나 영화는 20세기 말 자본주의의 최첨단을 걷는 뉴욕 사회를 배경으로 하고 있다. 그래서 영화에서 부부가 처음 다녀온 곳은 지글러로 대변되는, 도덕적으로 타락한 뉴욕의 부호들이 참석하는 크리스마스 파티이며, 빌이 정처 없이 헤매는 곳은 매춘과 폭력이 범람하는 뉴욕의 밤거리다. 또한 앨리스와 빌의 연락 수단은 핸드폰이고, 의상대여업자는 딸에게 매춘행위를 시키는 악덕 업주이며, 미치는 단순한 성병이 아니라 에이즈에 감염된 것으로 판명된 창녀이고, 빌이 비밀파티장으로 갈 때 이용하는 교통수단은 마차가 아니라 택시이며, 비밀파티장은 포르노에 가까운 집단섹스가 벌어지는 곳이다. 이처럼 큐브릭은 시간적·공간적 배경을 현대 뉴욕으로 설정함으로써 미국 사회가 안고 있는 문제점들을 부수적으로 들여다보게 한다.

여섯 번째, 장르 관점에서 차이가 보인다. 슈니츨러의 노벨레에서는 어디까지나 주인공의 대사, 내적 독백, 체험화법 등이 긴장감 있는 스토리를 구성한다. 반면에 큐브릭의 영화는 여기에 서스펜스 스릴러적인 요소(예: 빌의 미행, 긴장감을 주는 음악 등)를 가미하여 더 긴장감 있는 스토리를 만들어낸다. 하지만 끝에 가서는 비밀파티의 수수께끼가 명확하게 풀리는 통속적인 결말을 제시하고 만다(정용환, 2011: 165).

요컨대, 큐브릭은 할리우드 서사 관습을 벗어나면서도 또한 그것에 의존하는 독특한 방식으로 (이것이 큐브릭 영화의 미덕이자 한계일 수 있다) 슈니츨러의 문학을 영화화했지만, 문학 텍스트에 내재된 다의성을 제대로 드러내는 데는 실패했다고 볼 수 있다.

10.
프리쉬의 《호모 파버》와
슐렌도르프의 〈여행자〉

막스 프리쉬Max Frisch(1911~1991)는 스위스 출신의 극작가이자 소설가로 《스틸러Stiller》(1955), 《호모 파버Homo Faber》(1957), 《비더만과 방화범들Biedermann und die Brandstifter》(1958), 《안도라Andorra》(1961), 《내 이름은 간텐바인이라 하자Mein Name sei Gantenbein》(1964) 등 유명한 작품들을 남겼다. 이 중에서 《호모 파버》는 1950년대 프리쉬의 삶과 밀접하게 연결되어 있는 소설로 평가된다. 프리쉬는 1955년 《스틸러》 성공 이후 건축가로서의 삶을 정리하고 《호모 파버》를 내놓는다. 기술 지향의 건축가에서 예술 지향의 작가로 완전히 탈바꿈한 것이다. 그래서 《호모 파버》의 탄생은 프리쉬의 자전적 삶과 무관하지 않다. '만드는 자'라는 뜻의 이름을 가진 엔지니어가 여행 중에 예술과 사랑을 대변하는 여인을 만나 변화를 겪는다는 점에서 주인공 파버Walter Faber는 프리쉬 자신을, 자베트Sabeth와 한나Hanna는 다음의 일기에서 읽을 수 있듯이 그가 만났던 여인들을 모델로 하고 있다.

베를린 출신의 신부는 한나가 아니라 캐테Käte라는 이름을 가졌다. 그들은 전혀 같지 않다. (…) 그녀들은 역사적 상황을 함께했고, 이 상황에서 그녀들에게 나중에 불분명한 태도를 보인 한 젊은 남자가 있었다는 것이다. (…) 그녀가 나의 첫 번째 애인인데, 우리는 함께 살지 않았으나 매일 만났다. 그녀는 대학생이었는데, (…) 아이를 원해서 나를 놀라게 했다. 작가로서 실패하고 다른 직업교육을 받기 시작한 때라서 룸펜으로 머물지 않을 준비가 되어 있지 않았다. (…) 후에 그녀가 스위스에 머물도록 결혼을 준비했다. 그래서 우리는 취리히 시청으로 갔으나 그녀는 아이를 원하지 않는 사랑을 감지하고는 그것을 거부했다

(Frisch, Tagebuch, 1946~1949: S. 163).

그러나 《호모 파버》는 작가의 자서전인 삶과 연관된 로맨틱한 사랑 이야기에 머물지 않는다. 이 작품은 주인공들의 로맨틱한 관계를 기술, 테크놀로지를 비판적으로 바라보는 독일의 문화적 전통에 연결한다. 게다가 제2차 세계대전 이후 경제기적을 이뤘지만 이로 인해 위협받는 유럽인의 실존적 문제를 건드린다.

프리쉬의 《호모 파버》는 출간된 지 30년 이상이 지나서야 영화로 만들어졌다. 물론 이 작품이 출간되어 독일에서 엄청난 반향을 불러일으켰을 때 영화인들의 반응이 없었던 것은 아니다. 1960년대에 이미 영화사 파라마운트가 《호모 파버》의 영화 저작권을 사들였고, 빔 벤더스, 베른하르트 비키Bernhard Wicki, 루치노 비스콘티Luchino Visconti 등 많은 유명한 영화감독들이 관심을 가졌다. 하지만 우선 영화제작 비용이 문제가 되었다. 1950년대라는 시대적 배경과 미국, 남아메리카, 프랑스, 이탈리아, 그리스 등 공간적 이동이 많은 지리적 배경을 모두 담아내기 위

해서는 많은 비용이 필요했기 때문이다. 다음으로는 '근친상간'이라는 테마가 발목을 잡았다. 1960년대 이후 유럽과 미국에서 진보적인 물결이 사회 변혁을 가져왔지만, 이 테마로 특히 미국 관객의 호응을 얻어내기에는 이르다고 판단되었기 때문이다. 그래서 파라마운트 영화사는 영화제작에 착수하지 못하고 있다가 〈젊은 퇴어리스〉(1966), 〈미하엘 콜하스〉(1969) 등 독일 문학작품의 '영화화'를 통해 능력을 인정받은 슐렌도르프Volker Schlöndorff(1939~)에게 1976년 《호모 파버》의 영화화를 제안하기에 이른다. 그러나 세월이 흘렀음에도 슐렌도르프 역시 이런 터부 테마를 스크린에 옮기는 것은 시기적으로 곤란하다고 생각했을 뿐 아니라 당시에 〈카타리나 블룸의 잃어버린 명예〉를 촬영하면서 사회적인 주제에 집중하려고 했기 때문에 이를 거절한다.

미국의 영화학자 묄러Hans-Bernhard Moeller와 렐리스George Lellis는 슐렌도르프의 영화 이력을 그가 만든 작품들을 중심으로 다섯 시기로 구분한다. 첫 번째는 〈젊은 퇴어리스Der junge Törless〉(1966), 〈미하엘 콜하스Michael Kohlhaas–der Rebell〉(1969)를 만든 초년 시기이고, 두 번째는 〈바알Baal〉(1969), 〈카타리나 블룸의 잃어버린 명예〉(1975) 등의 문제작들을 탄생시킨 시기다. 특히 두 번째 시기는 슐렌도르프가 사회적 억압, 페미니즘 등 시대적인 문제들과 브레히트 서사이론의 영화적 적용에 큰 관심을 표방했던 시기다. 세 번째는 〈양철북Die Blechtrommel〉(1979)의 성공으로 세계적인 감독으로 부상한 시기이며, 네 번째는 미국에 체류하면서 할리우드 영화 생산시스템 내에서 〈세일즈맨의 죽음Death of a Salesman〉(1985), 〈핸드메이즈 테일The Handmaid's Tale〉(1990) 등을 만든 시기다. 마지막 다섯 번째는 베를린 장벽 붕괴 이후 다시 유럽으로 돌아와 〈여행자Voyager〉(1991), 〈리타의 전설The Legend of Rita〉(2000) 등을 내놓은 시기로 현재까지를 포함

한다.[45]

    이런 구분에 따르면, 슐렌도르프가 파라마운트로부터 《호모 파버》
의 영화화를 제안받은 시기는 브레히트의 영향을 받아 사회적 문제에
큰 관심을 가졌던 두 번째 시기에 해당하며, 마침내 그가 그 제안을 수락

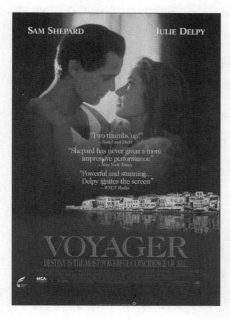

미국에 출시된 영화 〈여행자〉의 포스터

---

45) 슐렌도르프의 영화 이력을 그의 생애를 중심으로 살펴보면 다음과 같다.
    1939년 독일 비스바덴Wiesbaden에서 이비인후과 전문의의 둘째아들로 태어난 슐렌도르프
는 김나지움을 마치고 1955년부터 프랑스 파리에서 영화학교를 다녔으며, 프랑스 누벨바그
감독들과 친분을 쌓기도 했다. 1965년 독일로 돌아와서 데뷔작 〈젊은 퇴어리스〉(1966)를 내
놓는다. 이 영화는 1962년 오버하우젠 선언에서 이미 공식적으로 시작된 '뉴 저먼 시네마' 운
동을 알리는 가장 중요한 영화 중의 하나가 되었다. 이후 그의 〈양철북〉은 1979년 오스카상
과 칸영화제 황금종려상을 수상한다. 1982년 헬무트 슈미트의 퇴각에 이은 헬무트 콜의 정
권장악을 뉴 저먼 시네마 시대의 정치적 종언으로 간주하고 해외에서 영화작업을 계속할 생
각으로 미국으로 건너간다. 거기서 그는 〈세일즈맨의 죽음〉 등 세 편의 영화를 남기고 베를린
장벽이 붕괴하자 다시 독일로 돌아온다. 그리고 이후 유럽적인 영화를 만들기 시작한다.

했던 때는 미국 체류 시기로 영화화 제안이 있는 지 12년이 지난 후였다. 그는 미국에서의 오랜 체류로 인해 1971년 결혼한 배우 트로타Margarethe von Trotta와의 관계가 파국으로 치닫자 이것을 개인적인 위기 상황에서 벗어나려는 계기로 삼고자 했으며, 1991년 슈피겔지와의 인터뷰에서 밝혔듯이, 기존의 국가 이데올로기들이 근본적으로 무너져버린 시점에서는 1950년대의 존재론적 문제에 다시 천착하는 것도 좋을 것으로 생각[46]했기 때문에 이를 받아들인 것이다.

1970년대에 〈카타리나 블룸의 잃어버린 명예〉를 제작하기 위해 하인리히 뵐과 공동 작업을 한 경험이 있는 슐렌도르프는 이번에도 작가 프리쉬와의 공동 작업을 흔쾌히 수용했다.[47] 주인공 파버 역에는 미국 배우 샘 셰퍼드Sam Shepard를, 자베트 역에는 프랑스 여배우 줄리 델피Julie Delpy를 캐스팅했다. 그리고 영어판 영화의 타이틀을 소설의 제목 "호모 파버"가 아니라 로드무비를 연상시키는 "여행자Voyager"로 바꿨다. 그것이 미국 시장에 더 적합하다고 판단했기 때문이다.[48] 〈여행자〉는 슐렌도르프가 10여 년 만에 할리우드에서 유럽으로 돌아왔으나 여전히 할리우드 관객을 의식한 복귀작이 되었다.

결국 슐렌도르프의 〈여행자〉는 그가 프랑스 영화학교 시절부터 시작해서 할리우드 체류 시기까지 30년 이상 동안이나 영화의 예술적 ·

---

46) "Wenn wird man schon fehlen?" Homo Faber-Regisseur Volker Schlöndorff über seinen Film und seine Begegnungen mit Max Frisch, in: Der Spiegel 12/1991.

47) 프리쉬는 시나리오 작업뿐만 아니라 캐스팅 및 편집에도 참여했다. 그 때문에 프리쉬는 이 영화에 만족을 표시했으며, 1991년 1월에 열린 시사회에도 참석했으나 병환으로 영화가 개봉되고 나서 이틀 만에 사망하고 만다.

48) 독일에서는 〈호모 파버〉로, 우리나라에서는 로맨틱한 제목인 〈사랑과 슬픔의 여로〉로 출시되었다.

상업적 본질을 탐구해온 경험들을 집산하여 만들어낸 결과물이라 할 수 있다.

프리쉬의 소설《호모 파버》

소설은 2개의 정거장으로 나뉜다. 첫 번째 긴 정거장은 발터 파버가 뉴욕에서 출발하여 아테네 병원에서 딸의 죽음을 확인하는 이야기이며, 두 번째 짧은 정거장은 발터 파버가 아테네를 떠나 남아메리카, 독일 등을 거쳐 다시 아테네 병원에 입원해 수술하기 바로 전까지 기록한 일기 형식의 이야기로 구성되어 있다.

첫 번째 긴 정거장은 스위스 국적의 엔지니어 파버Walter Faber가 유네스코의 업무를 수행하러 뉴욕에서 베네수엘라로 떠나는 이야기로 시작한다. 숙명이나 운명 따위를 믿지 않았던 파버는 비행기 고장으로 멕시코 사막에 불시착하는 바람에 우연히 독일인 헤르베르트 헨케Herbert Hencke를 알게 된다. 그런데 그는 자신의 대학시절 애인인 한나Hanna와 결혼했던 친구 요하임 헨케Jochaim Hencke의 동생으로 밝혀진다. 얼마 후 사막에서 멕시코시티 공항으로 이송된 파버는 충동적으로 헤르베르트 헨케를 따라 과테말라에 있는 요하임 헨케를 만나러 가기로 작정한다. 어렵게 정글 막사에 도착한 그들은 그가 이미 자살해버린 것을 확인한다. 이후 헤르베르트 헨케는 거기에 남고 파버는 베네수엘라를 거쳐 애인 아이비Ivy가 기다리고 있는 미국으로 돌아간다. 그러나 아이비의 존재를 심각하게 받아들이지 않는 파버는 일주일 후에 있을 중요한 회의에 참석하기 위해 파리로 미리 떠나기로 한다. 그는 파리로 가는 선상에서 한나를 떠올리게 하는, 21세의 젊은 여자 자베트Sabeth를 만나 사랑에 빠진다. 파버는 자베트가 한나와의 사이에 태어난 자신의 딸이라는 것을 알지 못하고, 선상에서 맞은 50번째 생일날 저녁에 그녀에게 청혼한다. 파리 도착 후 잠시 헤어졌던 자베트를 파리의 루브르 박물관에서 다시 만난 파버는 그녀가 어머니를 만나기 위해 아테네로 가는 여행의 동반자가 되어 사랑을 나눈다. 도중에 우연히 그녀의 어머니 이름이 한나라는 사실을 알게 되지만, 자신의 친딸이라고는 생각하지 못한다. 그러나 그리스에 도착하여 자베트가 뱀에 물리는 사고를 당하고 난 후 아테네 병원에서 파버는 한나로부터 자베트가 자신의 친딸이라는 말을 듣게 되고, 자베트가 결국은 (나중에 확인한 것이지만 넘어질 때 다친 뇌혈관 손상으로) 사망했다는 소식을 듣는다.

두 번째 짧은 정거장은 발터 파버가 입원한 아테네 병원에서 과거를 회상하며 쓰는 일기로 구성된다. 자베트가 죽은 후 아테네를 떠난 파버는 여러 곳을 떠돈다. 뉴욕을 거쳐 카라카스로 향하던 파버는 도중에 헤르베르트 헨케를 만나고, 그곳에 도착해서는 위장병으로 2주 이상 누워 있게 된다. 그리고 나서 쿠바, 리스본을 거쳐 뒤셀도르프에 도착한다. 거기서 그는 이전에 자신이 과테말라에서 찍은 필름의 영상들을 회사 사람들에게 보여주다가 자베트를 촬영한 영상들도 함께 보게 된다. 이후 취리히로 가는 기차에서 오이디푸스 왕의 신화를 생각나게 하는 다음과 같은 고통스러운 독백을 내뱉는다.

창밖은 뭣 하러 내다보는가? 이제 보고 싶은 것도 없으면서. 이제는
그 어느 곳에도 더 이상 존재하지 않는 자베트의 두 손, 머리칼을 목덜

미 뒤로 쓸어 넘기며 머리를 빗던 그녀의 몸놀림, 그녀의 치아, 그녀의 입술, 그녀의 두 눈. 그 모두는 이제 그 어느 곳에도 더 이상 존재하지 않는다. 그녀의 이마, 그것을 어디서 찾을 수 있겠는가? 차라리 이 세상에 태어나지 않았더라면. 그것이 나의 유일한 바람이다. 도대체 취리히에는 뭣 하러 갈 것인가? 아테네에는 또 뭣 하러? 나는 식당차에 앉아 생각에 잠긴다. 이놈의 포크 두 개를 집어 들고, 내 얼굴에 내리 찍어 두 눈을 뽑아버리는 게 어떨까?(막스 프리쉬, 2003: 341)

결국 밀라노, 로마를 거쳐 아테네에 도착한 파버는 검은 상복을 입은 한나를 만나고 다음날 수술대에 오른다.

슐렌도르프의 〈여행자〉와 소설 《호모 파버》의 비교

'문학작품의 영화화' 유형에 따르면, 슐렌도르프의 영화 〈여행자〉는 해석적 변형에 해당한다. 문학작품을 매우 충실하게 옮겼다기보다는 변형을 허용하면서 주관적 경험을 바탕으로 문학작품을 잘 해석해냈기 때문이다. 문학과 영화의 두드러진 차이점들을 살펴보자.

첫째, 줄거리의 축소다. 소설의 2부에 해당하는 두 번째 정거장은 영화에서 거의 다 삭제되었고, 1부에 해당하는 첫 정거장도 약간 축소되었다. 그렇다면 왜 슐렌도르프는 영화의 줄거리를 축소했을까? 여기서 2시간 남짓한 상영 시간 내에 장편소설의 내용을 다 담아낼 수 없다는

독일에서 출시된 영화
〈호모 파버〉의 타이틀 화면

영화 매체의 한계를 또다시 거론할 필요는 없을 것 같다. 이 영화의 생성
사를 서술하면서 언급했듯이, 그 대신에 여기서 지적해야 할 것은 소설
의 주인공 발터 파버가 유럽과 아메리카 등지에서 행한 모든 여정을 영
상으로 모두 옮기려면 영화가 안아야 할 재정적 부담이 너무 컷을 것이
고, 소설의 2부는 자베트가 죽은 후 여러 곳을 떠도는 파버의 회상과 주
관적 성찰이 주를 이루고 있기 때문에 이를 영상화하는 일이 쉽지 않았
을 것이다. 그럼에도 불구하고 많은 영화 평론가들은 슐렌도르프 영화가
프리쉬의 소설미학에 온전히 접근하지 못했다는 아쉬움을 표시하고,[49]
줄거리의 축소를 통해 시대비판적 내용이나 철학적·신화적 내용이 많
이 약화되었다고 비판한다. 하지만 슐렌도르프가 주어진 상황에서 영화
매체의 한계를 극복하려고 노력한 점은 (이에 대해서는 다음에서 다시 언급될 것이지

---

49) 이와 같은 비판적 입장은 영화에서 통째로 생략된 2부가 소설에서 차지하는 중요성에 대한
인식에서 나온다. 즉, 소설의 2부는 1부의 서사를 보충할 뿐만 아니라 1부 서사와 대비되는
관계, 다시 말해 1부에서와는 달리 유럽이 아니라 주로 남아메리카를 대비적으로 제시하면서
사건의 서술이 아니라 회상 형식의 성찰적 진술들로 구성함으로써 작품 전체를 관류하는 대
비적 관계의 완결을 시도하고 있다는 점에 주목할 필요가 있다. 뮐러와 렐리스에 기대어 말한
다면, 기계 시대를 사는 유럽인 파버는 남아메리카에서 정글, 원시적 죽음 등과 직접 맞닥뜨
리는데, 이는 이성과 열정, 기술과 예술, 기계와 육신, 우연과 운명, 유럽과 아메리카 등의 대
립과 조응한다. 이에 대해 좀 더 자세한 것은 Moeller, Hans-Bernhard & Lellis, George: Volker
Schlöndorff's Cinema, Southern Illinois University, 2002, S. 277f 참조.

만) 높이 평가해야 할 것이다. 원작자인 프리쉬가 영화에 대해 만족을 표시한 것도 이 때문이 아니었을까?

둘째, 서술 시점의 차이다. 소설의 1부에 해당하는 첫 번째 정거장은 1인칭 화자가 자신의 여정을 보고하는 형식으로 시작한다. 소설은 주관적 개입이 가능한, 즉 자신의 주관적 체험과 심리적 변화 등을 잘 표현할 수 있는 시점을 택하고 있다. 반면에 거의 전적으로 카메라에 의존하는 영화는 기본적으로 1인칭 시점을 택하기 어려운 매체다. 그래서 슐렌도르프는 보이스오버 기법이나 주관적 카메라 시점, 과거 회상 장면, 음악 등을 이용해 이런 한계를 극복하고자 한다. 먼저 그는 소설의 1인칭 화자 대신에 보이스오버 기법으로 전달하는 독백을 의도적으로 이용한다. 관객은 영화의 도입부에서부터 이것을 총 15번에 걸쳐 들을 수 있다. 이 중에서 처음 도입부와 사막에 불시착했을 때의 두 번의 독백을 들어보자.

4월이 다시 올 수는 없을까? 모든 것이 그저 환상이었다는 말인가? 난 그냥 앉아 있었다. 거기에 있고 싶지도 않았다. 가고픈 곳도 없었다. 눈을 뜨고 본들 무엇 하나? 아무것도 볼 게 없는데. 어디에도 그녀의 손길이 없다. 묶은 머리를 찰랑이던 고갯짓도 없다. 하얀 치아도, 입술도, 눈빛도 이제는 더 이상 존재하지 않는다. 어디에선들 찾을 수 있으랴. 그녀는 이제 없는데.

나는 운명이라는 것을 믿지 않는다. 이런 불시착이 아니었더라면 결코 한나에 관한 소식도 듣지 않았을 것이다. 지금쯤 내가 아버지라는 사실도 몰랐을 것이다. (…) 이것은 모두 우연의 연속일 뿐이다. 그

것이 왜 운명이란 말인가?

이처럼 소설의 1인칭 화자를 대신하는 보이스오버 기법의 독백은 내부 이야기를 이끌어가는 역할을 한다. 즉, 첫 번째 경우는 과거로 돌아가 더 이상 볼 수 없는 "그녀"(자베트)에 대한 이야기를 하겠다는 것을 암시하며, 두 번째 목소리는 파버가 나중에 "한나에 관한 소식"을 듣게 될 뿐만 아니라 "자신이 아버지라는 사실"을 알게 될 것임을 예고한다.

또한 슐렌도르프는 1인칭 서술시점을 살리기 위해 의도적으로 회상 장면을 활용한다. 몽타주 방식으로 처리된 회상 장면이 네 차례나 나온다. 첫 번째는 파버가 멕시코 사막에 불시착해서 헤르베르트 헨케와 대화를 나눌 때 한나와 만났던 과거를 떠올리는 흑백 회상 장면이고, 두 번째는 파버가 목을 매고 자살한 요하임 헨케를 발견했을 때 파버가 그에게 한나의 낙태 수술을 부탁했던 순간의 흑백 회상 장면이다. 세 번째는 파버와 자베트가 이탈리아 유적지를 둘러보다가 자신이 그녀의 아버지일 수 있다는 생각이 들었을 때 한나가 낙태 수술을 하고 요하임과 살겠다고 말했던 순간의 흑백 회상 장면이 나타나며, 네 번째는 한나가 파버에게 자베트와의 관계에 대해 물었을 때 아비뇽에서 그녀와 같이 지낸 밤을 떠올리는, 이번에는 컬러로 나타나는 회상 장면이다. 영화의 이러한 내러티브 구조는 주관적 회상이 자주 겹치고 반복되는 소설보다는 한결 단순한 구조이지만, 할리우드식 상업 영화를 생각하면 관객을 훨씬 더 혼란스럽게 할 수 있는 구조임에 틀림없다(남완석, 2007: 90).

또한 슐렌도르프는 〈여행자〉에서 특별한 방식으로 주관적 카메라 시점을 활용한다. 이 영화는 카메라가 주인공 파버를 관찰하듯이 따라가며 비춰주는 장면들로 채워져 있는데, 여기에 특별한 장면이 하나 들어 있다. 파버가 전에 가지고 다니던 영사기로 자신이 직접 찍은 영상을 병실에 누워 있는 자베트의 마지막 모습과 함께 보여주는 장면이 바로 그것이다. 즉, 침대에서 벌떡 일어나는 모습이나 원피스 차림으로 뛰어다니는 자베트의 모습을 몽타주 기법으로 보여주는 이 장면은 파버의 주관적 시선에 포착된 것으로 카메라의 객관적 시점과는 차이를 보인다.

셋째, 스토리 구조의 차이다. 소설은 앞서 살펴보았듯이, 긴 1부(작품의 약 80%)와 짧은 2부로 나뉘어 있는데, 보고와 회상, 일기 형식의 문체로 연대기적 순서를 무시하면서 스토리를 진행한다. 이에 반해 영화는 액자식 틀 구조 형식을 취하고, 내부 이야기를 연대기적 순서에 따라 진행한다. 즉, 첫 장면과 마지막 장면을 아테네 공항에서 검은 선글라스를 낀 발터(페이버)가 한나(해나)와 작별하는 동일한 장면으로 구성함으로써 처음과 끝이 내부 이야기를 둘러싸고 있는 것처럼 보이게 한다. 이것은 기계적 인간 파버가 오이디푸스처럼 운명이라는 틀 속에 갇혀 있음을 비유적으로 강조하는 구조라 볼 수 있다.

넷째, 인물 묘사의 차이다. 소설에서 파버는 뉴욕에 살면서 댐 공사 같은 유네스코의 위탁업무를 수행하는 스위스 출신의 엔지니어다. 그러나 영화에서 그는 미국인으로 바뀌어 있다. 이에 대해서는 슐렌도르프가

루브르 박물관의 조각상 옆에
서 있는 자베트

1991년 슈피겔지와의 인터뷰에서 이탈리아나 그리스를 못 가본 50세 유럽인보다는 처음으로 루브르 박물관을 둘러보는 미국인을 내세우는 것이 더 설득력 있음을 밝힌 바 있다(Johannes Diekhans, 2004: 225f). 또한 파버의 성격적 변화는 소설에서는 2부에 가서야 비로소 알 수 있지만, 영화에서는 이야기의 틀을 구성하는 화자의 독백에서 이미 드러난다. 그리고 한나는 계산 불가능한 것에 대한 감각을 지닌 지적인 여성을 대변하는 인물로 그려져 있으나, 작은 차이가 있다면 소설에서는 자신을 위해 아이를 갖고 싶어 하는 에고이스트적인 성향을 드러낸 반면에, 영화에서는 아이에 대해 무관심한 파버를 비난하고 징벌하려 한다. 한편 자베트의 경우는 소설처럼 예술과 문화, 그리고 기술에 대해서도 지적 호기심이 많은 인물로 그려져 있다. 다만 소설보다 영화에서 더 자립적이고 에로틱한 모습을 띤다. 이 밖에 몽타주, 음악, 주도 모티프Leitmotiv 등으로 표현되는 영화의 형식적 요소들이 미세한 차이를 만든다.

결국 슐렌도르프의 영화 〈여행자〉는 영화감독의 오랜 경험에서 나오는 노련함과 창의성이 두드러진, 프리쉬 소설의 해석적 변형이요, 동시에 영화 매체의 본질적 한계를 드러낸 작품이라고 할 수 있다.

11.
달드리의 〈더 리더〉, 할리우드식 변형

　1995년 발표된 베른하르트 슐링크Bernhard Schlink의 소설 《책 읽어주는 남자Der Vorleser》(1995)는 귄터 그라스의 《양철북》(1959) 이후 독일 최고의 작품으로 평가받는다. 뉴욕타임스 베스트셀러 1위를 기록한 바 있으며, 40여 개 언어로 번역 출간되었다. 그리고 미국과 독일의 공동 투자에 의해 2008년 〈더 리더The Reader〉라는 타이틀로 출시되어 홀로코스트에 대한 담론을 새롭게 제기했다. 감독은 영국의 스티븐 달드리Stephen Daldry가 맡았으며, 케이트 윈슬렛Kate Winslet,[50] 다비드 크로스David Kross, 랄프 피네스Ralph Fiennes, 브루노 간츠Bruno Ganz 등 주로 영국과 독일 배우들이 캐스팅되었다.

---

50)　감독은 처음에 여주인공 역에 니콜 키드먼Nicole Kidman을 캐스팅하려 했으나 그녀가 임신으로 촬영이 어렵게 되자 대신에 〈타이타닉〉으로 유명해진 케이트 윈슬렛을 캐스팅했다. 케이트 윈슬렛은 이 영화로 오스카상(최우수 여배우상)을 수상했다.

소설과 영화의 스토리 차이

베른하르트 슐링크의 《책 읽어주는 남자》는 3부로 구성되어 있는데, 1부에서 열다섯 살 소년 미하엘과 서른여섯 살의 성숙한 여인 한나 사이의 특별한 사랑 이야기를 다루고, 2부는 법정에서 다시 만난 한나의 수치스러운 과거와 대면하고 이를 이해하기 위해 고통스럽게 노력하는 이야기를 다루며, 3부에서는 한나가 미하엘의 도움으로 문맹을 극복하고 자신의 범죄를 인정함으로써 자살하게 된다는 이야기를 다룬다. 줄거리는 다음과 같다.

1950년대 독일 소도시에 사는 미하엘 베르크Michael Berg는 황달에 걸려 학교에서 집으로 오다가 구토를 한다. 이때 전차 개표원으로 일하는 한나 슈미츠Hanna Schmitz가 그를 보살펴주고 집까지 바래다준다. 이를 계기로 열다섯 살 미하엘은 30대 중반의 여성 한나와 육체적 사랑에 빠진다. 미하엘은 한나의 집을 찾아가 책을 읽어준 다음 육체적 사랑 나누기를 반복한다. 우표첩을 팔아 자전거 여행하기, 부모님의 부재를 틈타 한나를 집으로 초대하기, 연극 《간계와 사랑》 관람하기 등은 그들의 사랑이 상승 곡선을 타고 있음을 말해준다. 하지만 미하엘은 학교 친구들과 어울리면서 한나에 대한 사랑의 진정성을 의심하기도 한다. 그러던 어느 날 한나는 아무런 말도 남기지 않고 갑자기 사라져버린다. 여러 해가 흘러 미하엘은 법과대학생이 되어 법정에서 그녀를 다시 만난다. 그녀는 아우슈비츠 수용소의 감시원으로서 저지른 범죄행위 때문에 재판에 회부되어 있었다. 미하엘은 재판을 지켜보면서 한나가 글을 읽지도 쓰지도 못하는 문맹자였다는 것을 알게 된다. 한나는 재판 과정에서 자신의 문맹을 드러내기보다 중죄를 떠안는 것을 선택한다. 미하엘은 재판관을 찾아가 그녀의 문맹 사실을 밝힐 수도 있었지만 그렇게 하지 않는다. 한나는 무기징역에 처해진다. 대학 졸업 후 미하엘은 법관이 되며, 결혼을 하고 딸 하나를 두지만 곧 이혼한다. 몇 년 후 그는 오디오 카세트테이프에 문학작품을 녹음하여 수감 중인 한나에게 보내기 시작하여 10년 동안이나 계속한다. 그러나 한나가 감옥에서 힘들게 글을 배워 그에게 보낸 짤막한 편지에 답장을 하지 않는다. 그리고 그녀가 감형되어 출소를 앞두지만 거리감 있는 태도를 취한다. 출소하는 날 아침에 한나는 자신의 감방에서 목을 맨다. 미하엘은 유언에 따라 그녀의 유산을 유대인수용소에서 유일하게 살아남아 자신의 범죄행위를 증언했던 여자에게 넘겨주기 위해 뉴욕으로 간다. 그러나 그녀는 돈을 받지 않고 유대인 문맹자들을 위해 기부하도록 한다. 그리고 그녀가 수용소에서 잃어버렸던 소중한 차 깡통에 대한 보상으로 한나의 저금통을 받는다.

영화는 소설의 내러티브를 비교적 충실하게 따른다. 하지만 영화를

〈더 리더〉에서 미하엘이
한나에게 침대에 누워 책을
읽어주는 장면

자세히 보면 미세한 부분들에서 꽤 많은 차이가 보인다.

첫째, 축소 또는 생략이 일어난다. 소설에서 미하엘과 한나가 행하는 책 읽기-목욕-섹스 의식은 영화에서 책 읽기-섹스 의식으로 축소되어 있고, 영화는 미하엘을 태워다준 트럭 운전사와 나눈 대화 등을 생략함으로써 강제수용소 방문 장면을 축소했다. 그리고 영화는 자전거 여행 중에 장미 한 송이를 사오기 위해 쪽지를 남겨두고 외출했으나 한나가 이를 보지 못했다며 화를 내고 심지어 허리띠를 휘두른 에피소드, 부모님이 집을 비운 사이 백화점에서 훔친 청바지와 풀오버로 환심을 사서 여동생마저 따돌리고 한나를 집으로 초대했을 때 한나가 아버지 서재의 책들을 손가락으로 문지르며 돌아다녔던 에피소드를 생략해버렸다. 이 에피소드들은 앞으로 드러날 한나의 정체를 암시하는 복선으로 중요한 역할을 하지만 영화는 이를 충분히 살리지 못한 셈이다. 또한 소설은 실러의 연극《간계와 사랑》관람과 재판관들의 이스라엘 방문에 대해 언급하고 있으나 영화에는 이 부분들이 생략되고 없다. 이 밖에도 소설은 한나가 홀로코스트 관련 책들을 접하게 된다는 것을 언급하지만 영화에서는 이와 관련된 장면을 찾기 어렵다.

둘째, 영화에는 변경이 일어난다. 미하엘이 한나를 만나기 위해 전차를 탔다가 다툰 일은 소설에서는 두 사람 사이의 육체적 관계 이후에 일어나지만 영화에서는 그전에 일어나며, 영화에서는 미하엘이 법정에서 비로소 그녀의 문맹을 알게 되지만 소설에서는 그전에 이미 그녀의 문맹이 의심된다. 또한 소설에서 미하엘은 한나의 문맹을 알고 이를 재판장에게 알려야 하는지의 문제를 아버지에게 상담하지만 영화에서는 법과대학 교수에게 자문을 구하며, 소설에는 재판장을 찾아갔다가 한나의 문맹에 대해 아무런 말도 꺼내지 않는 미하엘이 있다면, 그 대신에 영화에는 구치소로 한나를 면회하러 갔다가 돌아서는 미하엘이 있다. 이 밖에도 소설에서 미하엘은 한나의 무덤을 혼자서 찾아가지만 영화에서는 함께 간 딸에게 자신들의 이야기를 들려주는 것으로 끝을 맺는다.

셋째, 새로운 장면의 삽입이 눈에 띈다. 먼저 영화에는 자전거 여행 중에 작은 호수에서 한나가 수영하는 동안 미하엘이 시를 쓰고 있는 장면이 삽입되어 있다. 이 장면은 이전에 자주 등장했던 목욕 모티프를 다시 꺼냄으로써 과거를 씻으려는 한나의 이미지를 강화한다. 또한 영화에는 자전거 여행 중에 들른 교회에서 한나가 과거 강제수용소 교회에서 희생된 여자들과 아이들에 대한 기억을 떠올리며 눈시울을 붉히는 장면이 추가되어 있다. 이것은 과거 나치 범죄의 희생자들에 대한 동정이 아니라 나치의 범죄자 한나에 대한 동정을 불러일으킬 수 있는 장면으로 주제와 관련해서도 논란의 여지를 남긴다.

소설과 영화의 형식적 차이

우선 시점과 내러티브 구조의 차이를 보인다. 소설에서는 1인칭 화자(話者)가 자신의 과거 이야기를 연대기적 방식으로 서술한다. 소설의 처음과 끝 부분을 살펴보자.

"내 나이 열다섯이던 해에 나는 간염에 걸렸다. 나의 병은 그해 가을에 시작되어 다음 해 봄에 끝났다. (중략) 나의 첫 바깥나들이는 블루멘가(街)에서 (그 거리에 있는 세기 전환기에 지어진 한 육중한 건물의 3층에 우리 집이 있었다) 반호프가까지 가는 것이었다. 그곳 반호프가에서 나는 지난 해 10월의 어느 월요일 학교에서 집으로 돌아오던 길에 구토를 했다. (중략) 바로 그때 그 여자가 나를 보살펴주었다. 그녀는 손놀림이 좀 거칠었다."(베른하르트 슐링크, 2004: 6-7)

"그녀가 죽은 지 얼마 되지 않았을 때, 나는 한나와 나의 이야기를 글로 쓰기로 마음을 굳혔다. (중략) 하지만 막상 글로 쓰려고 하니까 기억들이 제대로 떠오르지 않았다. 그러던 중 나는 우리의 이야기가 내게서 빠져나가고 있음을 깨달았다. 그래서 나는 그것들을 어떻게든 글을 통해 붙잡아두고 싶었다. (중략) 나는 그 편지를 주머니에 넣고서 한나의 무덤이 있는 공동묘지를 향해 차를 몰았다. 내가 그녀의 무덤 앞에 선 것은 그것이 처음이자 마지막이었다."(베른하르트 슐링크, 2004: 231-233)

이처럼 소설은 1인칭 회상 문체로 시작한다. 곧 미하엘이 열다섯 살때 한나를 처음 만나게 된 과거 이야기로 시작해서 한나의 묘지를 방문하는 현재 이야기로 끝을 맺는다. 그런데 소설에서 좀 더 주의 깊게 들여다보아야 할 것은 현재 1인칭 화자의 시점과 과거로 돌아가 체험하는 1인칭 화자의 시점이 뒤섞여 있다는 점이다. 예를 들면 "내 나이 열다섯이던 해에 나는 간염에 걸렸다"는 현재로부터 과거를 회상하며 서술하는 '나'의 시점이며, "나는 지난해 10월의 어느 월요일 학교에서 집으로 돌아오던 길에 구토를 했다"는 회상 속에서 체험하는 '나'의 시점이다. 마찬가지로 한나의 범죄자로서 수치스러운 과거를 이미 알고 회상하는 '나'와 그것을 처음 알았을 때 깜짝 놀라는 회상 속에서 체험하는 '나'가 교차한다.

그렇다면 달드리의 영화는 이런 1인칭 화자의 시점을 어떻게 처리하고 있는가? 영화는 일반적으로 객관적인 카메라 시점에 의존하기 때문에 1인칭 주관적 시점의 소설을 영상화하기 어려운 속성을 지닌다. 그래서 영화는 이러한 한계를 극복하기 위해 보이지 않는 화자의 개입, 틀(액자) 구조 형식의 도입, 주관적 카메라 기법 등을 활용한다. 달드리의 영화는 이 중에서 틀(액자) 구조 형식을 취한다. 즉, 영화는 1995년 미하엘 베르크의 (호기심과 긴장을 불러일으키는) 사적인 생활을 보여주고 나서 1950년대 학창 시절로 돌아가 내부 이야기를 시작한다. 그리고 영화의 마지막 시퀀스는 딸과 함께 한나의 무덤을 방문한 미하엘 베르크가 그녀에 관한 이야기를 하는 것으로 마무리한다. 물론 내부 이야기를 하는 가운데 현재(1995년) 시점에서 미하엘이 재판 업무를 보러 가는 장면과 성인이 된 딸을 만나는 장면을 끼워 넣음으로써 틀(액자) 구조 형식임을 다시 확인시켜준다. 이처럼 영화는 외부 이야기와 내부 이야기로 짜여 있는데, 외부 이야기가 내부 이야기를 감싸는 구조로 되어 있다. 그러나 자주 틀(액자) 구조 영화에서 등장하는 보이스오버 기법의 화자는 이 영화에서 등장하지 않는다.

이 밖에도 영화는 미장센, 카메라 기법 등을 활용하여 소설을 시각적으로 보완하거나 변형하기도 한다. 예를 들어 한나가 자살하는 순간 책을 밟고 올라서는 모습을 하이앵글과 클로즈업으로 보여줌으로써 한나의 속죄의식을 강조하기 위한 장치로 활용하고 있다.

소설과 영화의 주제적 차이

영화는 소설 속 주인공의 주관적 심리나 성찰을 제대로 표현하지 못한다. 앞서 살펴본 것처럼, 이는 1인칭 시점 대신에 3인칭 시점을 택할 수밖에 없는 영화 매체의 속성과도 깊은 관련이 있는 것으로, 영화와 소설의 주제적 차이로 나타난다.

"나는 내가 그녀를 배반하고 부정했기 때문에 그녀가 내게서 떠나 버렸다고 확신하고 있었다. 그런데 사실 그녀는 단지 전차 회사에서 자신의 약점이 노출될까 봐 두려워서 도망친 것이다. 하지만 내가 그녀를 쫓아버린 것이 아니라는 사실은 내가 그녀를 배반했다는 사실을 바꾸어놓지 못했다. 그렇기 때문에 나는 여전히 유죄였다. 그리고 범죄자를 배반하는 것이 죄가 되지 않으므로 내가 유죄가 아니라고 해도 나는 범죄자를 사랑한 까닭에 유죄였다."(베른하르트 슐링크, 2004: 144-145)

"나치 범죄를 저질렀거나, 수수방관했거나, 그로부터 눈을 돌렸거나, 1945년 이후 그 범죄자들이 자신들과 사는 것을 묵인해주었거나, 심지어 그것을 수용한 사람들이 자신들의 아이들에게 무슨 말을 할 수 있겠는가?" 그러나 다른 한편으로 나치 과거는 자신들의 부모들에 대한 아무런 비난거리도 없거나 비난하기를 원치 않는 젊은이들에게도 하나의 테마였다. 이들에게 있어서 나치 과거와의 대결은 세대 간의 갈등이라는 모습을 띠지 않았으며 그 자체로서 문제였다(베른하르트 슐링크, 2004: 180-181).

위쪽 인용은 사랑했던 여인에 대한 미하엘의 복잡한 심리를 드러내며, 아래쪽 인용은 나치 범죄와 동조, 방관 그리고 연대책임에 대한 미하엘의 성찰을 보여준다. 그러나 영화에서 이러한 성찰 부분은 깊이 있게 다루어지지 않는다. 영화 매체가 가지는 한계 때문일 수도 있지만, 다른 영화처럼 이러한 한계를 뛰어넘으려는 노력도 보이지 않는다. 즉, 보이스오버로 등장하는 화자의 긴 해설로 내면 심리나 성찰을 대신할 수 있으나 달드리의 영화는 이런 선택을 하지 않는다. 또한 미하엘이 한나의 과거를 이해하기 위해 찾아간 강제수용소 장면을 축소하고, 출소하는 날 자살하게 된 주된 원인이 회복될 수 없는 미하엘과의 관계에서 비롯된 것처럼 보이게 함으로써 소설의 주제의식을 약화시켜버렸다. 결국 영화는 무게중심을 과거 극복과 연대책임에 대한 성찰에서 열다섯 살 미하엘과 서른여섯 살 한나의 사랑 이야기로 옮겨놓았다. 요컨대 수치스러운 과거에 대한 성찰에 더 무게를 두었던 슐링크의 소설이 할리우드 관객을 의식한 달드리 감독에 의해 멜로드라마적 요소가 강조된 영화로 변형된 것이다.

참고문헌

곽정연, 〈문학과 영화: 슈니츨러의 《꿈의 노벨레》와 큐브릭의 〈아이즈 와이드 셧〉 비교연구〉,
　　《독일어문학》 제32집, 2006, 21–40.

권혜경, 〈서구 민담에서 동화로, 동화에서 애니메이션으로서의 변용과정에 나타나는 정치적 전유:
　　그림(Grimm) 동화와 디즈니 애니메이션을 중심으로〉, 《새한영어영문학》 제49권 4호,
　　1–27, 2007.

그래엄 터너(임재철 외 옮김), 《대중 영화의 이해》, 한나래, 2001.

김경욱, 《할리우드 블록버스터의 전개과정과 이데올로기, 영화연구》, 2002, 171–190.

김명희, 〈독일청소년문학의 영화화와 문학교육〉, 《독일어문학》 제40집, 2008, 191–210.

김미숙·고부응, 〈할리우드 스펙터클 영화의 숭고와 이데올로기〉, 《문학과 영상》 12집, 2011,
　　895–926.

김성곤, 《영화로 보는 미국: 할리우드 영화의 문화적 의미》, 살림, 2012.

김호영, 〈영화 이미지와 얼굴의 미학: 유럽의 무성영화이론을 중심으로〉, 《외국문학연구》 제35호,
　　2009, 69–90.

남완석, 〈문학영화의 평가에 대한 비판적 고찰: 막스 프리쉬와 폴커 슐렌도르프의 〈호모 파버〉를
　　중심으로〉, 《현대영화연구》 3집, 2007, 77–96.

니콜라우스 슈뢰더(남완석 옮김), 《영화감독》, 해냄, 2004.

데이비드 노먼 로도윅(김수진 옮김), 《현대 영화 이론의 궤적》, 한나래, 1999.

로버트 리처드슨(이형식 옮김), 《영화와 문학》, 동문선, 2000.

막스 프리쉬(봉원웅 옮김), 《호모 파버》, 생각의나무, 2005.

미하엘 엔데(허수경 옮김), 《끝없는 이야기》, 비룡소, 2000.

박광자 외, 《독일영화 20》, 충남대학교출판부, 2010.

박언영, 〈노벨레와 꿈의 구조: 아르투어 슈니츨러의 《꿈의 노벨레》〉, 《독일문학》 제145집, 2018, 5-27.

박유신, 〈《슈렉》 시리즈는 정치적으로 공정한가?: 미국 내 문화충돌과 전복적 욕망의 알레고리〉, 《영상예술연구》 13집, 2008, 143-184.

베른하르트 슐링크(김재혁 옮김), 《책 읽어주는 남자》, 세계사, 2004.

볼프강 야콥센, 안톤 케스, 한스 헬무트 프린츨러 엮음(이준서 옮김), 《독일영화사 1, 2, 3》, 이화여자대학교출판부, 2009.

브르크하르트 뢰베캄프(장혜경 옮김), 《할리우드》, 예경, 2005.

서정남, 《할리우드 영화의 모든 것》, 이론과실천, 2009.

성례아, 〈애니메이션 백설공주의 내러티브 비교연구〉, 《한국콘텐츠학회논문집》 제7집, 2007, 199-206.

송희영, 〈소설과 영화의 서사비교: 막스 프리쉬와 폴커 슐렌도르프의 호모 파버를 중심으로〉, 《독일문학》 제88집, 2003, 162-181.

송희영, 〈카프카 소설의 영화화: 오손 웰즈의 〈심판〉〉, 《카프카연구》 제11집, 2004, 113-128.

슬라보예 지젝(주은우 옮김), 《당신의 징후를 즐겨라! 할리우드의 정신분석》, 한나래, 2017.

신강호, 《할리우드 명작 30편》, 커뮤니케이션북스, 2006.

신원경, 〈카프카 소송과 웰즈의 영화 소송의 비교 분석: 들뢰즈 이론을 중심으로〉, 고려대학교대학원 박사학위논문, 2014.

아르투어 슈니츨러(모명숙 옮김), 《카사노바의 귀·꿈의 노벨레》, 문학동네, 2010.

_____ (백종유 옮김), 《꿈의 노벨레》, 문학과지성사, 1999.

안주아, 〈애니메이션 영화 《슈렉》의 기호학적 분석: 등장인물의 이미지 및 이데올로기를 중심으로〉, 《사회연구》, 2004, 261-285.

에리히 마리아 레마르크(장희창 옮김), 《사랑할 때와 죽을 때》, 민음사, 2018.

_____ (홍성광 옮김), 《서부전선 이상 없다》, 열린책들, 2006.

엘프리데 엘리넥(이병애 옮김), 《피아노 치는 여자》, 문학동네, 1997.

오순희, 〈카프카의 법: 소설 《소송》을 중심으로〉, 《카프카연구》 제30집, 2013, 5-29.

오정민, 〈스탠리 큐브릭의 〈아이즈 와이드 셧〉의 신화적 해석〉, 《영화연구》 30호, 2006, 165-193.

윤성은, 〈빔 벤더스 감독론: 빔 벤더스를 향한 세 가지 시각〉, 《현대영화연구》 제6집, 2008, 131-146.

윤시향, 〈《운라트 선생 혹은 어느 폭군의 최후》와 〈푸른천사〉〉, 《브레히트와현대연극》 제11집,

2003, 404-423.

이광복, 〈독일 아동 및 청소년 문학의 '영화화'〉, 《독어교육》 제48집, 2010.

_____, 〈문학교육의 대상으로서 '문학작품의 영화화'〉, 《독어교육》 제23집, 2002, 67-88.

_____, 《영화예술의 이해》, 샘물, 2019.

_____, 〈클라이스트 노벨레 《미하엘 콜하스》를 바라보는 영화감독들의 시선〉, 《독어교육》 제66집, 215-233.

_____, 〈할리우드에서 독일문학의 수용: 엔데의 《끝없는 이야기》를 중심으로〉, 《카프카연구》 제28집, 2012, 399-417.

이상면, 〈유럽 영화와 할리우드 관계: 유럽의 스크린 쿼터제를 중심으로〉, 《서강커뮤니케이션즈》 제3집, 2002.

이성욱, 〈할리우드에 대항했던 전후 독일영화의 정치인〉, 《공연과 리뷰》 5집, 1995, 153-159.

이형숙, 〈1950년대 할리우드 장르와 사실주의의 다양한 변주: 〈하이눈〉과 〈워터프론트〉 연구〉, 《문학과 영상》, 2012, 765-793.

이형식, 《영화의 이해》, 건국대학교출판부, 2001.

일리아 에렌부르크(김혜련 옮김), 《꿈의 공장》, 눈빛, 2000.

임병희, 〈문학수업에서 애니메이션: 상호텍스트적, 상호매체적, 상호문화적 고찰〉, 《독일문학》 제93집, 2005.

임정택 외, 《세계영화사 강의》, 연세대학교출판부, 2001.

자클린 나카시(최은영 옮김), 《고전 할리우드 영화》, 동문선, 2004.

장 클로드 카리에르(조병준 옮김), 《영화, 그 비밀의 언어》, 지호, 1997.

정미경, 〈교훈이냐 오락이냐?: 《에밀과 탐정들》을 통해 본 아동·청소년문학의 영화화〉, 《독어교육》 제44집, 2009, 341-362.

정용환, 〈현대소설의 영화화와 양가성의 해소(I): 《꿈의 노벨레》와 〈아이즈 와이드 셧〉을 중심으로〉, 《브레히트와 현대연극》 제24집, 2011, 283-296.

_____, 〈현대소설의 영화화와 양가성의 해소(II): 《꿈의 노벨레》와 〈아이즈 와이드 셧〉을 중심으로〉, 《독일문학》 제117집, 2011, 153-171.

정태수, 〈기성사회에 대한 저항, 작가주의와 할리우드 상업주의와의 결합, 뉴 할리우드 시네마(1967-1975)〉, 《디지털영상학술지》 5집 2권, 2008, 247-283.

_____, 《세계 영화예술의 역사》, 박이정, 2018.

제임스 네어모어(정헌 옮김), 《큐브릭. 그로테스크의 미학》, 컬처룩, 2017.

조경식, 〈하인리히 폰 클라이스트의 노벨레 《미하엘 콜하스》에 대한 체계이론적 소고〉, 《뷔히너와 현대문학》 9, 1996, 158-185.

조미라, 〈애니메이션, 비사실성을 통한 현실의 재현: 몸의 재현을 중심으로〉, 《영상예술연구》, 2006, 91-115.

조성덕, 〈현대 예술 및 문화: 미완성 "서사극"의 필름 느와르 : 프리츠 랑의 반나치 영화 〈사형집행인도 죽는다〉 분석〉, 《브레히트와 현대연극》 제27집, 2012, 323-353.

지명혁, 《영화예술의 이해》, 집문당, 2002.

지빌 바게너(박미화 옮김), 《클라이스트》, 생각의나무, 2009.

차은정, 《판타지 아동문학과 사회》, 생각의나무, 2009.

최용찬, 〈영화 〈서부전선 이상 없다〉(1930)에 나타난 세대 전쟁과 반전(反戰)의 미학〉, 《서양사연구》 38, 2016, 211-236.

토마스 엘새서 · 말테 하게너(윤종욱 옮김), 《영화이론》, 커뮤니케이션북스, 2012.

토머스 샤츠(한창호, 허문영 옮김), 《할리우드 장르》, 컬처룩, 2014.

파트릭 쥐스킨트(강명순 옮김), 《향수》, 열린책들, 2007.

프란체스코 카세티(김길훈, 김덕수, 김건 옮김), 《현대 영화 이론》, 한국문화사, 2012.

프란츠 카프카(김현성 옮김), 《심판》, 문예출판사, 2017.

프리드리히 뒤렌마트(차경아 옮김), 《약속》, 문예출판사, 2015.

피종호, 《동독 영화. 생성과 붕괴, 그리고 영향사》, 사곰, 2016.

──── , 《유럽영화예술》, 한울아카데미, 2003.

하인리히 폰 클라이스트(황종민 옮김), 《미하엘 콜하스》, 창비, 2013.

홍성남 외, 《오슨 웰스》, 한나래, 2001.

홍진호, 〈《꿈의 노벨레》: 꿈 속의 현실과 현실 속의 꿈 (I)〉, 《카프카연구》 제23집, 2010, 203-227.

Albersmeier, Franz-Josef & Roloff, Volker, Literaturverfilmungen, Frankfurt am Main, 1989.

Allan, Robin, Walt Disney and Europe. European influence on the animated feature films of Walt Disney, London, 1999.

Andersen, Sven-Ole, Goethes Faust in Hollywood, Frankfurt am Main, 2013.

Assmann, Jan, Das kulturelle Gedächtnis. Schrift, Erinnerung und politische Identität in frühen Hochkulturen, München, 1999.

Beicken, Peter, Wie interpretiert man einen Film? Für die Sekundarstufe II, Stuttgart, 2004.

Berghahn, Klaus L.; Fohrmann, Jürgen; Schneider, Helmut J.(Hrsg.), Kulturelle Repräsentationen des Holocaust in Deutschland und den Vereinigten Staaten, New York, 2002.

Borstner, Nils / Pabst, Eckhard / Wulff, Hans Jürgen, Einführung in die Film- und Fernsehwissenschaft, Konstanz, 2002.

Braun, Michael & Kamp, Werner (Hrsg.), Kontext Film, Beiträge zu Film und Literatur, Berlin, 2006.

Braun, Michael, Kafka in Film, in: Braun, Michael & Kamp, Werner (Hrsg.), Kontext Film, Berlin, 2006.

Breuer, Ingo (Hrsg.), Kleist Handbuch. Leben –Werk –Wirkung, Stuttgart, 2009.

Cousins, Mark, The Story of Film, BCA, 2004.

Dawidowski, Christian / Wrobel, Dieter, Interkultureller Literaturunterricht, Baltmannsweiler, 2006.

Diederichs, Helmut H., Geschichte der Filmtheorie. Framkfurt an Main, 2004.

Diekhans, Johannes (Hrsg.), Filmanalyse im Unterricht. Zur Theorie und Praxis von Literaturverfilmungen, Paderborn, 2004.

——— (Hrsg.), Unterrichtsmodell. Heinrich von Kleist: Michael Kohlhaas, Paderborn, 2008.

Elsaesser, Thomas, Filmgeschichte und frühes Kino, Archäologie eines Medienwandels, München, 2002.

Elsaesser, Thomas / Hagener, Malte, Filmtheorie: Zur Einführung, Hamburg, 2007.

Ende, Michael, Die unendliche Geschichte, München, 2009.

Erlach, Dietrich & Schurf, Bernd (Hrsg.), Literaturverfilmung. Adaption oder Kreation?, Berlin, 2001.

Faulstich, Werner, Filmgeschichte, Paderborn, 2002.

———, Grundkurs Filmanalyse, München, 2002.

Felix, Jürgen (Hsrg.), Moderne Film Theorie, Mainz, 2003.

Fiedrich, Andreas(Hrsg.), Filmgenres. Fantasy- und Märchenfilm, Stuttgart, 2003.

Franke, Sabine, Die Mobilmachung des kolossalen Kindes, in: Braun, Michael & Kamp, Werner (Hrsg.), Kontext Film, Berlin, 2006. S. 128-146.

Garncarz, Joseph, Maßlose Unterhaltung, Frankfurt am Main, 2010.

_____, Hollywood in Deutschland, Frankfurt am Main, 2013.

Gast, Wolfgang (Hrsg.), Literaturverfilmung, Bamberg, 1993.

_____, Film und Literatur, Frankfurt am Main, 1993.

Glasenapp, Gabriele von & Wilkending, Giesela (Hrsg.), Geschichte und Geschichten, Frankfurt am Main, 2005.

Gräff, Thomas, Lektürhilfen. Heinrich von Kleist. Michael Kohlhaas, Stuttgart, 2006.

Grimm, Jakob und Wilhelm, Kinder- und Hausmärchen, Stuttgart, 1984.

Haase, Christine, When Heimat meets Hollywood, New York, 2007.

Haas, Gerhard, Aspekte der Kinder- und Jugendliteratur, Frankfurt am Main, 2003.

_____, Kinder- und Jugendliteratur im Unterricht, Baltmannsweiler, 2001.

Hake, Sabine, German National Cinema, New York, 2004.

Heydolph, Claudia, Der Blick aus das lebende Bild, F.W. Murnaus 〈Der letzte Mann〉 und die Herkunft der Bilderzählung, Kiel, 2004.

Hildebrand, Jens, Film: Ratgeber für Lehrer, Köln, 2001.

Hurrelmann, Bettina & Richter, Karin (Hrsg.), Kinderliteratur im Unterricht, München, 1998.

Jähner, Harald, Kleist-Neuverfilmung: Michael Kohlhaas, der Ur-Europäer, Berliner Zeitung 11.9.2013.

Kafka, Franz, Der Prozeß, Frankfurt am Main, 1981.

Kamp, Werner & Rüsel, Manfred, Vom Umgang mit Film, Berlin, 1998.

Keazor, Henry(Hrsg.), Hitchcock und die Künste, Marburg, 2013.

Kleist, Heinrich von, Erzählungen, Insel Verlag: Frankfurt am Main & Leipzig, 1996.

Koepnick, Lutz, The Dark Mirror. German Cinema between Hitler and Hollywood, University of California Press, 2002.

Köppen, Manuel / Schüty, Erhard (Hrsg.), Kunst der Propaganda. Der Film im Dritten Reich, Bern, 2008.

Korte, Helmut, Einführung in die Systematische Filmanalyse, Berlin, 2001.

Krusche, Dieter, Reclams Filmführer, 13. neubearb. Aufl. Stuttgart, 2008.

Krützen, Michaela, Dramaturgie des Films, Frankfurt am Main, 2011.

Lewandowski, Rainer, Die Filme von Volker Schlöndorff, Hildesheim, 1981.

Lindner, Theo, Friedrich Dürrenmatt: Das Versprechen, Hollfeld, 2001.

Maiwald, Klaus, Vom Film zur Literatur, Stuttgart, 2015.

Matzkowski, Bernd, Friedrich Dürrenmatt, Das Versprechen, Hollfeld, 2003.

Moeller, Hans-Bernhard & Lellis, George, Volker Schlöndorff's Cinema, Southern Illinois University, 2002.

Necking, Andreas Thomas, Wie Harry Potter, Peter Pan und Die unendliche Geschichte auf die Leinwand gezaubert wurden, Frankfurt am Main, 2007.

Neuhaus, Volker, Günter Grass, Die Blechtrommel: Interpretation, 4. Aufl., Oldenbourg, 2000.

Rauh, Reinhold, Wim Wenders und seine Filme, München, 1990.

Sahr, Michael, Verfilmte Kinder- und Jugendliteratur. Der literarische Kinderfilm – ein vernachlässigtes Unterrichtsmedium, Baltmanns- weiler, 2004.

———, Verfilmte Kinder- und Jugendliteraur, Baltmannsweiler, 2004.

Schäfer, Horst & Wegener, Claudia (Hrsg.), Kindheit und Film, Konstanz, 2009.

Schanze, Helmut, Literatur – Film, Fernsehen. Transformationsprozesse, in: Schanze, Helmut (Hrsg.), Fernsehgeschichte der Literatur, München, 1996, S. 82-92.

Schmid, Klaus M. & Schmidt, Ingrid, Lexikon Literaturverfilmung. Verzeichnis deutschsprachiger Filme 1945-2000, 2. Aufl., Stuttgart, 2001.

Schmidt, Jochen, Heinrich von Kleist. Die Dramen und Erzählungen in ihrer Epoche, Darmstadt, 2003.

Schmidt, Klaus M. & Schmidt, Ingrid, Lexikon Literaturverfilmungen, 2. Aufl., Stuttgart, 2001.

Schnauber, Cornelius, Spaziergänge durch das Hollywood der Emigranten, Zürich, 2001.

Sick, Franziska & Ochsner, Beate (Hrsg.), Medium und Gedächtnis, Frankfurt am Main, 2004.

Silberman, Marc, Hauff-Verfilmungen der 50er Jahre, in: E. Osterkamp, A. Polaschegg u. E. Schütz (Hrsg.), Wilhelm Hauff oder Die Virtuosität der Einbildungskraft, Wallstein Verlag, 2005. S. 237-261.

Staiger, Michael, Michael Kohlhaas im Medienwechsel, in: Der Deutschunterricht, 2011, S. 55-66.

Steck-Meier, Esther, Erich Kästner als Kinderbuchautor, Bern, 1999.

Stoyan, Hajna, Die phantastischen Kinderbücher von Michael Ende, Frankfurt am Main,

2004.

Töteberg, Michael, Fritz Lang, Hamburg, 2010.

_____ (Hrsg.), Wim Wenders: Die Logik der Bilder, Frankfurt am Main, 1993.

Völker, Beate, Kinderfilm. Stoff- und Projektentwicklung, Konstanz, 2005.

Wagenpfeil, Helmut, Modelle der Lietraturverfilmung im neuen deutschen Film: Fassbinders "Fontane Effi Briest" und Schlöndorffs "Homo Faber", Grinverlag, 2003.

Wagner, Benno, Franz Kafka(Orson Welles: The Trial – Steven Soderbergh: Kafka), in: Bohnenkamp, Anne(Hrsg.): Literaturverfilmungen, Stuttgart, 2005.

Wierlacher, A. (Hrsg.), Das Fremde und das Eigene. Prolegomena zu einer internationallen Germanistik, München, 2000.

Wilder, Billie, Emil und die Detektive. Drehbuch nach Erich Kästner zu Gerhard Lamprechts Film, München: edition text+kritik, 1998.

〈DVD〉

〈노스페라투〉, 감독: 무어나우, 아이씨디, 2003.

〈더 리더〉, 감독: 스테판 달드리, 누리픽쳐스, 2009.

〈라푼젤〉, 감독: 네이슨 그레노 & 바이론 하워드, 케이디미디어, 2011.

〈마리아 브라운의 결혼〉, 감독: 라이너 파스빈더, 미디어포럼, 2009.

〈메트로폴리스〉, 감독: 프리츠 랑, 아이씨디, 2003.

〈미하엘 콜하스의 선택〉, 감독: 팔리에르, 영화사 진진, 2014.

〈바그다드 카페〉, 감독: 퍼시 애들런, 에이나인미디어, 2004.

〈백설공주와 일곱 난쟁이〉, 감독: 데이비드 핸드 / 월트디즈니, S디브이디탑, 2007.

〈베를린 천사의 詩〉, 감독: 빔 벤더스, 시네존, 2001.

〈서부전선 이상 없다〉, 감독: 델버트 만, 다온미디어, 2018.

〈슈렉 3〉, 감독: 크리스 밀러 / 드림웍스, CJ 엔터테인먼트, 2007

〈심판〉, 감독: 오손 웰스, 클레버컴퍼니, 2008.

〈어느 날 밤에 생긴 일〉, 감독: 프랭크 카프라, HD 엔터테인먼트, 2003.

〈올림피아, 1부: 민족의 제전〉, 감독: 레니 리펜슈탈, PD 엔터테인먼트, 2008.

〈올림피아, 2부: 미의 제전〉, 감독: 레니 리펜슈탈, PD 엔터테인먼트, 2008.

〈인디펜던스 데이〉, 감독: 롤란트 에머리히, 이십세기폭스 엔터테인먼트, 2016.

〈카프카〉, 감독: 스티븐 소더버그, 예중미디어, 2011.

〈칼리가리 박사의 밀실〉, 감독: 로버트 비네, 아이씨디, 2004.

〈특전 유보트〉, 감독: 볼프강 페테르센, 콜롬비아 트라이스타 홈비디오, 2000.

〈푸른 천사〉, 감독: 요셉 폰 슈테른베르크, 폰즈트리 엔터테인먼트, 2010.

〈하이 눈〉, 감독: 프레드 친네만, 플레이스테이션, 2002.

Alice in den Städten, Regie: Wim Wenders, Kinowelt Home Entertainment, 2007.

All I desire, Regie: Douglas Sirk, Universal Studios, 2007.

Aschenputtel, Regie: Fritz Genschow, VCL Communications, 2003.

Das Parfum: Die Geschichte eines Mörders, Constantin Film, 2006.

Die unendliche Geschichte – Episode I–IV, Regie: Giles Walker, VCL Film, 2002.

Die unendliche Geschichte II, Regie: George Trumbull Miller, Warner Bros., 2001.

Die unendliche Geschichte, Regie: Wolfgang Petersen, Constantin Video/ Universum Film, 2002.

Emil and die Detectives, Regie: Peter Tewksbury, Feel Films, 2015.

Emil und die Detektive, Regie: Franziska Buch, Constantin Video/ Universum Film, 2001.

Emil und die Detektive, Regie: Robert A. Stemmle, Universum Film, 2003.

Emil und die Detektive, schwarz–weiß (1931) / coloriert (1954), Universum Film, 2003.

Es geschah am hellichten Tag, Regie: Heinz Rühmann, Universum Film, 2012.

Eyes Wide Shut, Regie: Stanley Kubrick, Warner Bros. Home Video, 1999.

Homo Faber, Regie: Volker Schlöndorff, Kinowelt Home Entertainment, 2007.

Im Westen nichts Neues, Regie: Lewis Milestone, Universal Pictures, 2005.

I was a Teenage Faust, Regie: Thom Eberhardt, Showtime Entertainment, 2001.

Kohlhaas oder Die Verhältnismässigkeit der Mittel, Regie: Aron Lehmann, Missing
    Films, 2014.

Lola rennt, Regie: Tom Tykwer, Movie GmbH, 2000.

M – Eine Stadt sucht einen Mörder, Regie: Fritz Lang, Kinowelt GmbH 2009.

Michael Kohlhaas. Der Rebell, Regie: Volker Schlöndorff, Winklerfilm, 2015.

Ragtime, Regie: Milos Forman, Studiocanal / Arthaus, 2015.

Schneewittchen (DEFA, 1961) Icestrom, 2001.

Schneewittchen und das Geheimnis der Zwerge, Regie: Ludvik Ráza, Omnia Film,
    1992.

Schneewittchen und sieben Zwerge (1937), Buena Vista Home Entertainment, 2001.

The Devil & Daniel Webster, Screenbound 2016.

The Jack Bull, Regie: John Badham, Capelight, 1999.

The Neverending Story II, Regie: George T. Miller, Warner Bros. Home Video, 1989.

The Neverending Story III, Regie: Peter MacDonald, Miramax Home Entertainment,
    1995.

The Pledge, Regie: Sean Penn, Warner Bros. Home Video, 2001.

The Shrek Collection, Dreamworks Pictures, 2001.

Wings of Desire, Regie: Wim Wenders, Anchor Baz Entertainment, 2002.

Zeit zu leben, Zeit zu sterben, Regie: Douglas Sirk, Universal Studios International,
    2014.

찾아보기